普通高校"十三五"规划教材
全国高等学校法学系列教材·基础与应用

国际商法

苏　盟　章帷儿　李玉婷◎主　编
翁　玮　刘文信　费赫夫◎副主编

清华大学出版社
北　京

内 容 简 介

本书资料翔实,兼具理论前沿性和实践生命力,充分运用最新国际案例,深入浅出地对相关法律问题进行详细诠释。在内容上,本书广涉国际法、民商法等领域;在方法上,本书综合运用了法学、经济学、社会学等多个领域的跨学科研究工具。同时,本书借鉴美国、英国等国家的相关法律专著,内容与国际接轨,具有一定的前瞻性。

本书封面贴有清华大学出版社防伪标签,无标签者不得销售。
版权所有,侵权必究。举报: 010-62782989, beiqinquan@tup.tsinghua.edu.cn。

图书在版编目(CIP)数据

国际商法/苏盟,章帷儿,李玉婷主编. —北京:清华大学出版社,2018 (2023.5重印)
(普通高校"十三五"规划教材 全国高等学校法学系列教材.基础与应用)
ISBN 978-7-302-50504-4

Ⅰ. ①国… Ⅱ. ①苏… ②章… ③李… Ⅲ. ①国际商法-高等学校-教材 Ⅳ. ①D996.1

中国版本图书馆CIP数据核字(2018)第134721号

责任编辑:刘 晶
封面设计:汉风唐韵
责任校对:宋玉莲
责任印制:丛怀宇

出版发行:清华大学出版社
    网 址:http://www.tup.com.cn, http://www.wqbook.com
    地 址:北京清华大学学研大厦A座 邮 编:100084
    社 总 机:010-83470000 邮 购:010-62786544
    投稿与读者服务:010-62776969, c-service@tup.tsinghua.edu.cn
    质量反馈:010-62772015, zhiliang@tup.tsinghua.edu.cn
印 装 者:涿州市般润文化传播有限公司
经 销:全国新华书店
开 本:185mm×260mm 印 张:13.25 字 数:388千字
版 次:2018年7月第1版 印 次:2023年5月第5次印刷
定 价:46.90元

产品编号:080172-01

前　言

编写这本双语国际商法教材，主要基于以下原因和背景：

随着全球一体化的逐渐形成，国际商事活动也越来越频繁。日益多变的国际局势和日新月异的商业行为，将对我们的生活、学习、工作带来什么样的影响？我们将如何应对未来的变化和发展？

社会对高校、对高校学生的要求也越来越高，各专业之间的交叉学习和相互辅助也成为越来越多高校的办学新特色。鉴于高校综合型、复合型人才培养的目标和需要，国际商法不仅适用于法律专业的学生，同时也适用于国际贸易、物流管理、市场营销等不同专业的学生。它可以帮助学生了解和认识国际商业的法律规则。我在多年讲解国际商法这门课程的过程中，发现针对不同的专业，国际商法的知识侧重点不同。由此，我根据具体授课的情况，提出国际商法中的几个主要内容并整理成册，希望能够便于不同学科的学生接受和掌握国际商法的内容。

本书具有以下特点：

1. 引用了多部国外、国内国际商法教材的内容

[美]理查德·谢佛、贝佛利·韦尔、菲利伯多·阿格斯蒂著，邹建华主译：《国际商法》，人民邮电出版社；

[美]约翰·H. 威尔斯著，金靖、肖敏、史苗苗、刘亚琦译校：《国际商法》，中国人民大学出版社。

姜作利著：双语版《国际商法》，法律出版社；

张学森编著：中英文双语版《国际商法》，复旦大学出版社；

沈四宝、王军、焦津洪著：《国际商法》，对外经贸大学出版社；

蔡四青编著：《国际商法》，科学出版社；

左海聪主编：《国际商法》，法律出版社。

2. 加入大量案例及法律阅读资料

通过110法律咨询网及其他法律网站的案例库,筛选适合章节所需的案例和阅读资料,帮助学生更快地对知识点所涉及的法律知识加以了解和分析,通过对案例和阅读资料的讲解,使国际和国内的法律规范的阐释简明、清晰并更具说服力。

3. 采用中英结合的编写方式

由于国际商法的特点,绝大部分知识都涉及西方国家的立法原则和精神,英文的加入和说明,使学生能更好地认识到国际商法的国际重要性以及国际商法的主要来源和主要法律立法原则。通过中英文的对照,学生也能对国际法律的专业术语、法律针对具体商业行为的专业术语等加以补充了解。

本书作为授课教材,还有许多需要不断完善和修订的地方,希望广大专家、教师、同学能多提宝贵意见和批评指导,不胜感激!

苏　盟

目 录

第一编　国际商务及国际法律环境

第一章　法律全球视角
第一节　文化、政治、经济等环境的相互依赖性 …………………………… 3
第二节　国际法律环境 …………………………………………………………… 4
第三节　国际商法的概念和渊源 ………………………………………………… 7
思考题 ……………………………………………………………………………… 11

第二章　国际组织
第一节　国际组织 ………………………………………………………………… 12
思考题 ……………………………………………………………………………… 24

第三章　国际商务
第一节　国际商务的形式 ………………………………………………………… 25
第二节　国际商务的风险管理 …………………………………………………… 44
思考题 ……………………………………………………………………………… 49

第二编　国际货物买卖、国际支付及金融、国际运输与保险

第四章　国际货物买卖与合同
第一节　国际买卖合同法的发展 ………………………………………………… 53
第二节　国际货物销售合同公约 ………………………………………………… 57
第三节　要约 ……………………………………………………………………… 61
第四节　合同的效力、履行、变更与转让、消灭 ……………………………… 69
第五节　违约责任与补救办法 …………………………………………………… 76

第六节　货物所有权与风险转移 ························· 87
　　第七节　谈判 ··· 92
　　思考题 ··· 94
第五章　国际货物运输与保险 ·································· 95
　　第一节　国际服务贸易概述 ································· 95
　　第二节　国际货物运输法 ···································· 98
　　第三节　跟单销售 ·· 106
　　第四节　海运提单 ·· 113
　　第五节　贸易术语 ·· 119
　　第六节　运输条款和风险损失（国际货运保险） ······ 129
　　第七节　货物运输与航空及海运承运人责任 ··········· 139
　　思考题 ·· 144

第三编　现代国际市场

第六章　电子商务的时代 ······································· 147
　　第一节　全球电子商务发展现况 ·························· 147
　　第二节　电子商务的概念 ··································· 149
　　第三节　各国电子商务的历史及发展 ···················· 151
　　第四节　国际电子商务知识产权法律环境 ·············· 159
　　思考题 ·· 162
第七章　国际产品责任法律要求 ······························ 163
　　第一节　概括产品责任定义及其法律的发展 ··········· 163
　　第二节　美国产品责任法 ··································· 171
　　第三节　欧盟产品责任法 ··································· 181
　　第四节　产品责任的国际立法 ····························· 186
　　思考题 ·· 189
第八章　国际环境法律 ·· 190
　　第一节　环境与人类 ··· 190
　　第二节　环保与贸易之潜在冲突 ·························· 195
　　第三节　作为反竞争工具的环境法 ······················· 196
　　第四节　对违背环保目标产品的管制 ···················· 197
　　第五节　不断涌现的问题和解决办法 ···················· 199
　　思考题 ·· 205

第一编 国际商务及国际法律环境

第一章 法律全球视角

本章介绍了影响国际商法的环境因素,从各国社会、文化、政治、经济等多方面延伸到国际环境来阐述国际商法在国际上的重要地位以及国际商法出现的主要原因。本章要求学生掌握国际商法的起源,熟悉国际商法的主要概念及其内容。

第一节 文化、政治、经济等环境的相互依赖性

Economic globalization, in recent years, particularly, as the Cold War and its threat of major disaster seems to have receded, has been one of the hottest focuses in the world. Although it is extremely difficult to define economic globalization, many economists and business experts believe that no business can be purely domestic, and the realities of the modem world make all business international. The causes of these developments are numerous: incredible advances in efficiency of communication, extraordinary reductions in transport costs, growing prevalence of instant tele-and-cyber-transactions, treaty and other norms causing reduction of governmental barriers to trade, and economic climate more favorable to principles of market economics, cross-border influences of competition which have driven increases in production and service efficiencies, and, last but not least, the blessing of relative peace in the world. Economic policies which are based on market principles are the best approach for maximizing human satisfaction is, of course, controversial, but it is mostly believed that markets can be very beneficial to the peoples involved though not absolutely equal to all. However, what is the role of law in the economic globalization? The Nobel Prize-winning economist Ronald Coase has stated: "It is evident that, for their operation, markets...requires the establishment of legal rules governing the rights and duties of those carrying out transaction...To realize all the gains from trade...there has to be a legal system and political order...Economic policy consists of choosing those legal rules, procedures and administrative structures which will maximize the value of production. " Another Nobel Prize-winning economist said: "That institutions affect the performance of economics is hardly controversial...

Institutions reduce uncertainty by providing a structure to everyday life... Institutions affect the performance of the economy by their effect on the costs of exchange and production."①

经济的相互依赖性是由许多因素引起的:珍稀的自然资源和原料被配置到世界各地;运输和通信领域的技术进步缩短了人与人之间的距离;各个国家摒弃了贸易保护主义,正在大力发展自由贸易。整个世界正在朝着经济一体化、各国间自由贸易区和"共同市场"方向稳步发展。日益稳定的政治环境为发展中国家带来了源源不断的外国投资、促进了工业化的发展以及世界经济一体化程度的加深。同时,这种相互依存的经济关系还可归因为科学技术和专有技术在世界范围内的分享。例如,经许可的专利权、版权、商标权可以像出售货物和服务那样在全球范围内使用。各个联系紧密的金融市场、世界范围内的资本流动以及各国间经济政策的协调,都对全球经济产生了巨大的影响。

第二节　国际法律环境

As for the skilled labor classes of metalworkers, masons, artisans, millers, and weavers, certain standards of skill and mercantile behavior began to emerge with the establishment of guilds for advancement of skill, training, trade, and, less admittedly, collective influence.

The merchant-nobles and the trade guilds produced an economic power shift in European nations, but not one that was wholly undesirable or unmanageable under royal authority. The total wealth of European kingdoms increased, thereby increasing domestic royal power through taxation and international power through trade. In fact, for a king having ultimate control of the appointment of the nobility and the armies and weapons to defend wealth, trade, and power, the results were a royally attractive outcome.

International business, since all but its earliest tomes, has not existed without some form of regulation or international business law, and certainly has not since the development of the city-state. This is true partly by definition, as any concept of "international" must be founded upon the existence of nations, or some proxy such as a society. Coupled with the nation-state has been some form of governance and power structure, and with the exception of rare collectives of independent individuals, the power structures of the nation-states have always been jealously guarded. Every nation-state has since recognized international business and international business law as comprising both economic elements and political responsibilities. This mix has varied through history with the relative power and resources of the actors. Wars of conquest

---

① John H. Jackson, *The Jurisprudence of GATT & the WTO*, Higher Education Press 2002, p.7.

such as the expansion of the Roman Empire simply expanded the realm and reach of the domestic law and made the need for international law irrelevant. Only at the frontiers of ancient empires did any need arise for regulation of international business.

在国际商务中交易中失败的最直接的原因之一就是忽视文化的重要性。反之,走向成功最便捷的方式就是对不同文化的基础和内涵有很好的领悟。同时,对本国的社会文化和商业文化有细致的理解,并能将社会文化与商业文化有效地结合。因为社会文化塑造了商业行为方式,同时也规范了商业行为本身。每当为国际商务进行跨文化准备工作时,事实上也是对成功的一种风险投资。尤其是在海外市场上,对出口商品的命名不当这种失败是经常发生的。例如,通用汽车的一款汽车名字为 NOVA,在西班牙语中"NOVA"是"不会动"的意思;又如一款名称为 IRISH MIST 的威士忌酒,"MIST"在德语中是"马粪"的意思。我们可以预测,这两个产品在这个国家的销量将十分惨淡。

【背景与案情】

麦当劳打入南非市场的经历,说明了跨国公司可以仅仅凭借其强大的品牌取得成功,但同时当地品牌、口味也很重要。如果有哪家食品品牌企业的经理傲慢自大却可以得到原谅,那只能是麦当劳的经理们。这家汉堡包连锁企业的商标被国际著名品牌咨询公司评为世界最驰名商标,可口可乐被挤退至第二位。麦当劳在 104 个国家经营两万余家快餐店。从莫斯科到马尼拉,麦当劳的金色拱形标志都高高竖立在广场和购物中心旁。

近些年,面临着来自美国国内日益激烈的竞争,麦当劳公司更多地依靠海外市场来获取利润……麦当劳的经理们感到骄傲,因为他们懂得如何调整巨无霸以适应当地市场(例如,公司在东京推出一种 teriyaki 的汉堡包),并且总是在推行同样的理念:让拥有强大家族品牌的公司在洁净的环境中提供优质的快餐。

1995 年,作为其海外帝国的一部分,麦当劳在撒哈拉沙漠附近进行了一次"冒险",这里是市场的最远边界。同许多美国跨国公司一样,麦当劳也将目标投向了南非市场,但是在进入之前,它们一直在等待,直到南非种族隔离政策结束。在 20 世纪 80 年代,由于美国强烈反感种族隔离的团体,再加上联邦、州以及地方贸易法规的约束,这些都使在南非投资成为一项存在很大公众关系风险的行为。在这种压力下,一些已经在南非展开贸易的美国公司离开了这个国家,而其他公司,包括麦当劳在内,都没有进入。

但是麦当劳只是在等待时机。早在 1968 年,麦当劳就已将其驰名世界的商标在南非注册。1993 年,在南非举行第一届无种族全民选举的前一年,麦当劳终于决定迈出这一步,在该国投资。然而很明显,自从第一家麦当劳餐馆于 1995 年在南非开业,麦当劳这个美国巨人就进入了一个不寻常的市场。麦当劳对全球其他新兴市场的开拓大体上是成功的,但是这种典型的模式对南非却不起作用:这个国家已经在几乎完全隔离的商业环境中发展了消费品产业,并且还受到政府审批制度和保护性关税的保护。因为得到关照,南非自己的快餐企业已经建立起几个强有力的民族品牌,而且还特别迎合南非人的口味。麦当劳公司中没有人意识到进入这个市场将会是多么困难。

McDonald's 与 MacDonalds

在南非,第一次使麦当劳感到不快的事件发生在 1993 年中期,那时麦当劳公司发现当地一个商人也申请注册了"麦当劳"这个商标并在使用,此人还拥有美国麦当劳公司在南非已被撤销的"麦当劳"商标的权利(从技术角度上讲,美国麦当劳公司的商标注册因过期而被撤销了)。麦当劳立刻起诉该商人,同时又重新注册商标。那时,麦当劳的经理们没料到诉讼会如此麻烦。作为世界驰名商标之一,并且快餐店遍布世界上许多国家,麦当劳与其他世界知名商标一样,理所当然期望得到南非法院的保护。尽管其在南非的注册商标已经到期,但对此可以有很好的理由。麦当劳争辩说,根据南非一项法律条款,"特殊环境"阻止它进入该市场:即对南非的贸易制裁以及美国反种族隔离团体的压力。

1995 年 10 月,案件被提交至高等法院,事情发展并非完全同麦当劳所预想的一致。实际上,当时同时有两起诉讼:这两起诉讼是由南非 Joburgers Drive-Inn 餐馆与 DaxProp 引起的。两者都在以"MacDonalds"为名经营一家快餐店,并且都希望能够夺取该品牌的权利以从事经营活动。第三起诉讼由麦当劳提出,它起诉其他公司模仿并使用其品牌。

这种诉讼以两个问题为基础:一个是麦当劳是否是一个"知名商标"。如果是,麦当劳公司将立即得到保护以防止当地商人的模仿,并且冒牌者必须关掉餐馆。另一个是麦当劳声称的"特殊环境"是否成立。对于麦当劳的经理们来说,第一个问题的答案不言而喻。尽管他们意识到南非拥有自己相对较复杂的快餐业,拥有许多牛肉和鸡肉汉堡包的品牌,但如果说麦当劳这样一个全球著名的商标在非洲最南端无人知晓,那听上去是十分荒谬的。作为辩论理由的一部分,麦当劳给出了两份在南非的调查报告的结果,这两份报告显示此商标的确知名。两项报告都指出,被采访者中的大多数都至少听说过这个名字一次,超过半数的被采访者表示知道此商标并且认识麦当劳的标志。上诉法院首席法官认为此结果非常理想化,但是这两次调查都是在白人生活的高级住宅区进行的,且"任何想象都不能代表全体南非人民",76% 的南非人都是黑人。法官同样认为麦当劳提出的其他证据也不够明确,因此对此主张不予支持。

关于麦当劳提出的第二个问题,即"特殊环境"把麦当劳赶出南非市场。麦当劳于 1968 年首次在南非注册,然后在直到 1985 年的这段时间内有规律地间隔着重新注册。根据南非当时的法律,如果一个公司 5 年内不景气并且不使用其注册商标,它将会失去有关商标的权利,除非有合理的理由。法官不相信,"特殊环境"——来自反种族隔离的压力和对南非的贸易制裁——是麦当劳将其商标保留了这样长一段时间不使用的真正原因。

麦当劳得到准许,在准备向上诉法院上诉的同时可以开办餐馆。1996 年,这家美国汉堡包连锁企业在上诉中取得胜利:因为考虑到是白人构成了麦当劳的目标市场,上诉法院采用了一种较为宽松的测试以验明在南非"著名"所代表的意思,最后接受了前两项报告的结果。尽管法院第一次判决没有给麦当劳公司带来什么直接损失,但这个案件成为麦当劳在南非将要遇到的种种麻烦的先兆。同时南非也对美国产生了一种想法,即巨无霸并非同美国人的所作所为一样令人敬畏……①

经济全球化对世界各国所产生的影响已经是不争的事实,同时,区域经济一体化也正显现出迅猛的势头,各国的经济制度和法律制度都无法逃避它们的"冲击"。也因为全球经济的变化和发展,世界各国对国际商法的需求也越来越迫切。其中,不论是针对法律本身的不断完善还是针对越来越多的企业加入国际经济的浪潮中,法律对国家、对企业、对个人的规范和要求也越来越明确。

第三节　国际商法的概念和渊源

一、国际商法的概念

International business law is the body of rules and norms that regulates activities carried out outside the legal boundaries of states. In particular, it regulates the business transactions of private persons internationally, and the international relationships of international commercial organizations.

国际商法是指调整国际商事关系的法律规范的总称。由于国际商法调整的国际商事关系既包括国际交易关系,又包括国际商事组织关系,所以它通常又被认为是调整国际商事交易和国际商事组织的法律规范的总和。

国际商法的调整对象是国际商事关系,这种关系是各国商事组织在跨国经营中所形成的商事关系。

商事关系是指人们在实际商事行为过程中产生的各种社会关系。

"商事"并不仅仅限于商业活动,而是包括买卖、代理、租赁、建造工厂、咨询、工程、许可证交易、投资、银行、保险、项目开发、广告、娱乐、饮食和其他形式的商业合作以及货运或旅客运输等一切经济活动。

"国际"的含义是指"跨越国境"。具体而言,是指商事关系具有下列情形之一:当事人的营业地处于不同国家;当事人具有不同国籍;商事行为发生在当事人一方或多方所在国以外的国家或地区;商事关系的对象位于当事人一方或多方所在国以外的国家或地区。例如,法国 A 公司与中国 B 公司所签订合同,合同规定:"A 公司供应 B 公司 100 台

---

① Reprinted from The Economist, © 1997, The Economist Newspaper Group, Inc. Reprinted with permission.

拖拉机。每台 100 马力,价格 4500 美元。合同订立后 5 个月装船,不可撤销即期信用证付款。"此合同因为是法国 A 公司与中国 B 公司所签订,当事人的营业地处于不同国家且当事人具有不同的国籍,故为国际商事合同。

二、国际商法的渊源

Sources in legal sense refer to something such as a constitution, treaty, statute, or custom that provide authority for legislation and for judicial decisions.[①] The sources of international business law are what international tribunals rely upon in determining the content of international business law, and they include national law, international model law, international commercial customs and usages, etc.

国际商法的渊源是指国际商法产生的依据及具体的表现形式。国际商法有四个主要渊源:国际条约、国际商事惯例、各国商事立法、判例。

(一) 国际条约

条约是指两个或两个以上的国际法主体之间依照国际法缔约的据以确立其相互权利与义务的书面协议。

国际条约或公约是指国家间共同制定的商事规范,双边性质的称为条约,多边性质的称为公约。各国缔结的有关国际商业和贸易的国际条约或公约是统一国际商法的重要渊源。其中一种是属于统一实体法规则的国际条约,如《1980 年联合国国际货物买卖合同公约》《1978 年国际海上货物运输公约》《国际汇票和国际本票公约》等;另一种是属于冲突法规则的国际公约,如《国际货物买卖合同适用法律公约》《产品责任适用法律公约》等。

(二) 国际商事惯例

国际商事惯例是国际商法的另一个重要渊源。一般而言,某一特定领域内的惯例由习惯形成,而习惯又来源于一般的做法。它常常始于一些有影响的企业的商业活动过程,而后成为建立在平等交易行为基础上的特定贸易中的一般做法,再发展为贸易习惯做法,最终取得具有稳定性的惯例的地位。其本身不是法律,不具有普遍的约束力,但是,按照各国的法律,一旦当事人双方在合同中采用了某项国际惯例,则该项惯例对合同双方当事人就具有法律约束力。有些国家的法律还规定,法院有权按照有关的贸易惯例来解释双方当事人的合同。目前,受到全球普遍承认或在一定的重要区域内普遍接受的国际商事惯例主要有:国际商会制定的《2010 年贸易术语解释通则》《1995 年托收统一规则》《跟单信用证统一惯例》,美国对外贸易协会编纂的《美国对外贸易定义(修订本)》,国际海事协会制定的《1974 年约克—安特卫普规则》。

国际商事惯例应具备的三个条件:

① 具有确定的商事内容,即具体包括确定参加国际商事活动的当事人的权利和义务

[①] Bryan A. Garner, *Black's Law Dictionary*, ST Paul, Minn, 1999, p. 1401.

的规则;

② 已成为国际商事活动中反复使用的习惯;

③ 是各国普遍承认具有约束力的通例。

(三) 各国商事立法

各国商事立法又称为国内法,是指各国制定的关于调整涉外商事交易关系的法律、法令、条约、规定等规范性法律文件。一方面,国际条约、国际惯例的适用、效力皆来自各国国内立法的规定;另一方面,国内法也直接调整国际贸易或商事关系,如当事人的能力、合同的效力基本上都是由国内法规定,而商事争端的解决也多适用国内法。而且,当事人从事跨国经贸和商事活动,也可能选择某国的国内法作为准则,此时该商事关系的内容、当事人之间的权利、义务等就由该国内法进行调整。作为国际商法重要渊源,其涵盖了实体法、程序法和冲突法。

需要注意的是,各国的商事立法根据大陆法系和英美法系,具有不同的表现形式。

1. 大陆法系

大陆法系强调成文法的作用,结构上强调系统化、条理化、法典化和逻辑性,并将全部法律分为公法和私法。前者指与国家状况有关的法律,包括宪法、行政法、刑法、诉讼法和国际公法;后者指与个人利益有关的法律,包括民法和商法。从法律渊源来看,大陆法系作为成文法国家,宪法、法典以及其他的法律条例是大陆法系国家的主要法律渊源,判例在原则上不作为法的正式渊源。大陆法系形成于西欧,主要代表是法国和德国,其他国家和地区还有瑞士、意大利、比利时、卢森堡、西班牙、葡萄牙、荷兰、日本等。

2. 英美法系

英美法系又称为普通法系,传统上是由基于以往判决的判例而逐步形成的一种在全国普遍通用的法律,分为普通法和衡平法两个部分。前者是通过国王法院的判例逐步形成的一种全国普遍适用的法律;后者是在 14 世纪,为补充和匡正普通法的不足,由英国枢密法院发展起来,不受普通法约束,按公平与正义原则作出判决的判例法。

(四) 判例

在英美法系中,判例是国家法律的重要渊源,上级法院的判决对下级法院的审判具有约束力已成为这些国家的通例。例如,英国作为世界上对外贸易较早的国家之一,有关国际商法方面法院判决中的"先例",对西方国家甚至全世界都产生了很大的影响。

三、国际商法的发展阶段

Rome began to be more and more prosperous economically in 450 B. C., and as a result the law there was in quick development. The Roman law then was known as Jus Civil (civil law) (市民法) which regulated the relationships of Romans and Jus Gentium (public international law) (万民法) which regulated mostly the business affairs of Romans and foreigners. Romans conquered Greece in 146 B. C., and received the Rhode law which was popular in a Greek colony. During the mid and late Middle Ages, along with the rapid development of economy, there in Europe developed a system of customary law known as law merchant, which regulated the dealings of mariners and merchants in all the commercial countries of the world until 17th century. Many of the law merchant's principles came to be incorporated into the common law, and modem international business law.

国际商法是随着国际商事交往产生和发展的,从历史来看,早在古罗马法中就出现了关于代理、冒险借贷、海运赔偿等调整涉外商事关系的法律,但当时还没有制定专门的商事法,商事法只是作为私法的内容之一。

国际商法的发展主要经历了三个阶段。

(一) 商人习惯法阶段

10—15 世纪,欧洲地中海沿岸是世界各国贸易的中心,意大利的威尼斯、热那亚等一些城市则是这一贸易中心的"中心"。当时的法律不能为商业交易提供必要的保护,这显然不能适应商业发展的需要。为了方便并促进商业交往,商人行会组织——商人基尔特便制定和编纂了习惯规则,组织了商事法庭,通过行使商事裁判权等职能,来解决商事纠纷。这些习惯规则逐渐形成了中世纪所谓的"商人习惯法"。它包括货物买卖合同的标准条款、两合公司、商事合伙制度、商事代理制度、票据制度、海商制度、保险制度、破产制度等,尤其以海商法最为发达。这种商人习惯法后来随着航海贸易的发展逐渐扩展到西班牙、法国、荷兰、德国及英国。

商人习惯法的特点:

① 具有跨国性和统一性,普遍适用于各国从事商业交易的商人;

② 它的解释和运用不是由一般法院的专职法官来掌握,而是由商人自己组织的法院来完成,其性质类似于现代的国际仲裁或调解;

③ 其程序简易、审理迅速,不拘于形式;

④ 它强调按公平合理的原则来处理案件。

(二) 国内法阶段

17 世纪以后,随着欧洲中央集权国家的强大,欧洲各国都采取各种方式把商法纳入本国的国内法,使之成为国内法的一部分。例如,大陆法系的法国颁布了《商事条例》(1673 年)、《海商条例》(1681 年) 和《法国商法典》(1807 年);德国颁布了《德国商法典》(1897 年);日本制定了《日本商法典》(1899 年);瑞士制定了《瑞士债务法典》(1882 年)。英美法系的英国于 18 世纪中叶,由当时担任大法官的曼斯菲尔特把商人习惯法纳入普通法中,使之成为普通法的一部分。还陆续在商品买卖、公司、票据、保险、海商、破产等方面制定了单行商事法律,如《货物买卖法》(1893 年)、《汇票法》(1882 年),但判例依然为法源。美国于 1952 年通过了一部由各州自由采纳的《统一商法典》,现在已经被大多数州所采纳。

(三) 现代国际商法阶段

第二次世界大战后,特别是 20 世纪 60 年代以后,随着世界生产力的增长,各国之间的经济联系日益密切,经济生活越来越国际化,相互依赖的程度也大大增加。为了减少法律冲突,为国际经济交往提供一个良好的法律环境,西方国家再一次提出了国际商法国际化、统一化的需求,由此,国际商法进入了一个新的发展阶段。目前,许多政府和国际组织,如联合国国际贸易委员会、国际统一私法协会、国际商会、国际法协会等都积极研究和制定更为适合现代国际商事发展的法律、惯例等,一部新的统一的国际商法正在逐渐形成并完善之中。

思 考 题

1. 国际商法的渊源有哪些?
2. 国际商法的出现受到哪些因素的影响?
3. 国际商法不同发展阶段的特点是什么?
4. 国际商法的特征是什么?

第二章 国际组织

每个国际组织都是特定区域范围或特定问题的"国际论坛",是一种常设的国际形式,是联结、沟通各成员国的纽带和渠道。国际组织在一定意义上充当了国际社会共同事务的管理者角色。本章介绍了几个国际组织,让同学们认识和了解并关注国际组织的重要性。

第一节 国际组织

International organizations, both governmental and nongovernmental (NGO) play an increasingly important role in today's global society as forums for legal, political, and economic issues. The part of this chapter examines the structures and functions of several of these organizations, and pays particular attention to how they impact on international business.

A number of organizations affiliated with the United Nations undertake activities affecting the international business environment. The United Nations Economic and Social Council consists of members elected by the General Assembly for three-year terms and coordinates the efforts of all specialized agencies "established by Governmental agreement and having wide international responsibilities... in economic, social, cultural, educational, health, and related fields."

国际组织,如粮农组织、劳工组织、世界银行(IBRD)、国际货币基金组织(IMF)、联合国教科文组织(UNESCO)、世界卫生组织(WHO)、世界国际财富组织(WIPO),包括政府和非政府组织(NGO),在今天这个全球性社区里发挥了越来越重要的作用——无论是在法律、政治还是在经济领域。

同时,国际上还建立了许多委员会处理特殊事务。例如,联合国贸易和发展会议(UNCTAD)促进贸易的发展,尤其是促进发展中国家的贸易。UNCTAD 促成各种多边贸易协定的签订,并将贸易法律与政策系统化。例如,UNCTAD 草拟了技术转让规则(TOT-Code),但至今尚未实施。它还制定了限制性经营办法(RBP-Code),也未实施。联合国国际贸易法委员会(UNCITRAL)的目标是通过协调各国不同的贸易法,以促进国际贸易的发展。该机构的代表来自不同的国家。它的一项重要成就是促成了《联合国国际货物销售合同公约》的实施。1978 年签署的《联合国海上货物运输公约》是由 UNCITRAL 发起的,该公约提出了用于货物运输中的国际海运提单。1976 年联合国国际贸易法委员会通过了仲裁规则,现在得到广泛使用。其他的任务包括:草拟法律范本以应用于各国,例如电子基金转让的法律范本。还有两个组织也致力于国际法的统一,是对联合国国际贸易法委员会的补充:国际私法海牙会议和国际私法统一协会(UNIDROIT)。

联合国工业发展组织(UNIDO)和联合国贸易和发展会议一起致力于支持欠发达国家的工业发展。联合国跨国公司委员会制定了关于指导跨国公司行动的规则草案,然而这一法案至今尚未被许多国家接受,包括美国。[①]

一、国际货币基金组织

After World War Ⅰ, a confluence of economic conditions resulted in many countries facing dramatically similar problems, including inflation, unemployment, and currency fluctuations. Many nations turned toward protectionism as a way to deal with these problems. Although these measures were largely unsuccessful, the onset of World War Ⅱ absorbed the world's attention. While World War Ⅱ was still in progress, several major meetings were held laying the groundwork to prevent future economic and military catastrophes. A multinational conference was convened at Bretton Woods, New Hampshire, in 1944 to focus on short-term financial problems, ways to promote free trade, and the creation of a bank that would help finance the necessary rebuilding after the war. The conference culminated in the creation of the International Monetary Fund (IMF) and the International Bank for Reconstruction and Development (World Bank).

第一次世界大战后,萧条的经济使各国戏剧性地面临着相似的问题,包括通货膨胀、高失业率、货币贬值,许多国家采取保护主义来解决这些问题,由于"二战"的爆发吸引了全世界的注意力,这些措施绝大多数没有获得成功。"二战"仍在进行时,一些重要的会议在秘密地进行,以防止更多经济和战争悲剧的发生。1944 年在新罕布什尔的布雷顿森林举行了一个多边会议。会议的焦点为解决短期融资问题,促进自由贸易,建立一个银行,旨在为"二战"重建提供必要的资金。这次会议最大的成就是创建了国际货币基金组织(IMF)和国际复兴与开发银行(世界银行)。

一般而言,IMF 的目标是促进国际间货币合作,方便国际收支平衡以及维持外汇稳定。IMF 借钱给发展中国家以支持它们解决阻碍发展的基本问题,如高利率和石油价格上涨。在这方面 IMF 和商业银行合作紧密。

IMF 的成员国必须按照布雷顿条款中的规定承担义务。成员国必须采取措施维持汇率的稳定,实施有效的经济和财政政策以促进经济稳定增长。其目的是避免重蹈

---

① http://www.un.org/MoreInfo/ngolink/partners.htm.

20 世纪 30 年代经济危机的覆辙。成员国必须注意不能和别国进行政策竞争,以免伤及第三方成员国。IMF 的总部设在华盛顿。

二、IMF 和世界银行

The "World Bank" encompasses two institutions, the International Bank for Reconstruction and Development (IBRD) and the International Development Association (EDA). The IBRD does not make high-risk loans, and the loans it makes are generally at market terms. Thus, it cannot achieve its goals as much as it might hope. The IDA was created in 1960 to bridge this gap between IBRD objectives and reality. The IDA makes loans to poor countries with average per capita GNP of less than $410 on more favorable terms than the EBRD. Loans can be made only to government, however, which stifles some private initiatives. The IDA and the IBRD usually share staffs.

The idea behind the IBRD and EDA is that countries should "graduate", moving first from the assistance of the IDA to the assistance of the EBRD and then eventually becoming a contributor to the IBRD.

许多人都不能区分 IMF 和世界银行,这不难理解,因为这些国际组织确实有很多共同之处。它们都是在 1944 年布雷顿森林体系中创建的。它们有相同的成员国,致力于解决相同的经济问题。另外,这两个组织虽然有不同的名字,但它们紧密合作,每年都在一起召开大会。

尽管它们的工作很相似,但 IMF 和世界银行毕竟是两个不同的组织。正如前面所述,IMF 的主要任务是监管国际货币体系,促进汇率稳定,使成员国之间汇率关系有序。IMF 帮助成员国处理国际收支平衡问题,无论该国是穷还是富。而世界银行则致力于促进欠发达国家的经济发展,通过特定的发展计划和项目融资援助发展中国家。

三、国际复兴开发银行

世界银行由两个机构组成:国际复兴开发银行(IBRD)和国际开发协会(IDA),这些机构必须与 EBRD(欧洲复兴开发银行)区分。IBRD 建立于 1945 年,因为当时恰逢"冷战"(战后苏联与美国的竞争)的开始,所以当 1946 年运行时,苏联并未参加。IBRD 并不发放高风险贷款,通常只按市场规则发放贷款,因此,它并不能达到本应实现的目标。

四、国际开发协会

1960 年国际开发协会(IDA)的建立,是为了填补 IBRD 目标和现实之间的距离。IDA 贷款给人均 GNP 低于 410 美元的贫困国家,其贷款条件优于 IBRD,IDA 贷款的对象只能是政府,这样可以避免私人机构有机可乘。

IBRD 和 IDA 的目标:这些国家应当"不断进步",从 IDA 的受助者,到 IBRD 的受助者,最终成长为 IBRD 的捐助者。日本就是一个从借款人"过渡"成长为捐助者的典型例子。

五、国际金融公司(IFC)

A separate entity, the International Finance Corporation (IFC), was created in 1956 to address the issue of loans to private enterprises in developing countries. The IFC works jointly with commercial banks and also advises countries on developing capital markets. The IFC does not have the backing of a governmental guarantee when it borrows.

作为一个独立的实体,国际金融公司(IFC)建立于1956年,向发展中国家的私人企业贷款。IFC像商业银行一样运营,也参与指导一些国家开发资本市场。IFC对于贷款不要求有政府担保。

六、关贸总协定(GATT)

In the aftermath of World War II, many nations reflected on recent history and tried to devise ways to avoid repeating past mistakes. The 1930s had brought a wave of protectionism and high tariff rates to keep foreign goods out. The United States jointed this trend by passing the Smoot Hawley Tariff Act of 1930, thereby exacerbating the Depression. As part of the postwar examination, in 1947-1948, fifty-three nations negotiated the Havana Charter, which established the International Trade Organization (ITO). The United States, although a participant in the conference, changed its mind about signing as a result of ensuing Cold War tensions. The GATT (General Agreement on Tariffs and Trade) was signed on January 1, 1948, as a temporary measure to salvage some of the principles of the ITO.

The purpose of GATT was to commit member countries to the principles of nondiscrimination and reciprocity, meaning that if a bilateral trade treaty is negotiated between two GATT members, those provisions will be extended to other members. Countries that are members are granted "most favored nation" (MFN) status. All member nations must harmonize their laws with GATT of face sanctions.

GATT members bargain in multiyear rounds of discussion on tariff reduction, quantitative restrictions, and settlement of disputes. Although it has delivered dramatic reduction in tariffs, promoted the international trade, the GATT process has been criticized for its leisurely pace and, indeed, the group has been said to be so slow to agree that it should be called the "gentlemen's agreement to talk and talk." The GATT became the World Trade Organization (WTO) in 1995.

"二战"之后,许多国家都试图避免再犯过去的错误。20世纪30年代的经济危机使保护主义抬头,高关税将外国商品拒之门外。美国1930年通过的《斯穆特-霍利关税法案》加重了这一趋势,加剧了经济萧条。作为战后反思的一部分,1947—1948年间53个国家参与谈判,制定了《哈瓦那宪章》,建立了国际贸易组织(ITO)。美国尽管是会议的参与者,但因为"冷战"的关系,在签字时改变了主意。关贸总协定(GATT)于1948年1

月 1 日签订,为 ITO 的原则提供了暂时的条款约束。

GATT 旨在使成员国遵守非歧视性、互惠的原则,这就是说,如果 GATT 的两个成员国进行双边贸易谈判,它们之间的协定自动适用于其他成员国。成员国之间被赋予最惠国待遇。各成员国必须使其法律与 GATT 保持一致或得到 GATT 的认可。到目前为止,GATT 有近 100 个成员国。

GATT 的多边谈判围绕关税削减、配额限制、争端解决等问题展开。因此,双边贸易谈判被多边贸易谈判所替代(并不全是),欠发达国家会得到一个额外的缓冲期。GATT 的组织中心在日内瓦。会议由成员国代表组成,负责规则的实施和争端的解决。GATT 使关税得到很大程度的削减,但在随后的谈判中进展不大,收效甚微。后来 GATT 改组成为世界贸易组织(WTO)。实际上 GATT 起初被认为不仅仅是一个协定,本打算成为"国际贸易组织"在联合国体系内作为世界银行和国际货币基金组织的补充。计划通过繁荣三个联合国顶梁柱来阻止战争的发生:发展与重建(世界银行)、支付平衡中的经济畅通(货币基金组织)、贸易自由化(国际贸易组织)。

(一) GATT 六大基本原则

GATT 六大基本原则包括普遍最惠国待遇原则、国民待遇原则、数量限制普遍禁止原则、关税减让原则、减少非关税贸易障碍原则和咨商原则。

(二) GATT 对国际贸易的贡献

1. 消除国际贸易障碍

GATT 借着多边贸易谈判,有效促进各盟员降低关税及减少非关税障碍。例如,在经过 GATT 七回合谈判之后,使第二次世界大战后,各国之平均关税由 40% 降至 5%,而工业先进国家更进一步降至 3.5%;减让之关税项目超过 10 多万项,减让税金总额高达 4000 亿美元等。

2. 制定国际贸易规范

GATT 为建立一套范围广泛而且有效的贸易体制,必须适应不同时期的世界贸易情势,制定不同的国际贸易规范,以便能有效扩展 GATT 之适用领域,并且强化非关税措施的规范,促使发展中国家加速发展经贸往来。

3. 维持国际贸易秩序

在国际贸易发展过程中,贸易摩擦的发生实难避免。GATT 对于争端的解决,有其公平合理的解决程序,至今已处理上百件的贸易纠纷,有助于维系自由贸易的体系。

七、世界贸易组织(WTO)

1993 年 12 月 15 日,乌拉圭回合谈判完成当日,由参与谈判盟员达成一份最终协议。该协议分为三大部分:"最终协议""成立 WTO 协议"及"十二项部长宣言与决定"。"最终协议"第一条承认,置于附件中的"成立多边贸易组织协议"及"各项部长宣言与决定"为谈判结果及为整个最终协议不可分割的部分("多边贸易组织"当天又更名为"世界贸易组织",即 WTO)。

WTO 协议除协议本身之外,尚经由附件的方式将范围扩及多边贸易协议(MTAS)及复边贸易协议(PTAS)等。多边贸易协议由商品贸易协议、服务贸易总协议及附件、与贸易有关的知识产权、争端解决规则及程序谅解备忘录、贸易政策检讨机制等五大项协议组成;多边贸易协议具有强制性,所有成员国均要接受 MTAS 中的各项协议的约束。复边贸易协议是由民用航空器协议、政府采购协议、国际乳品协议、牛肉协议等四项协议组成,PTAS 并不具有强制性,仅对接受的成员具有约束力。

WTO 设立的宗旨,在于经由 WTO 的组织内的完整结构,以确使 WTO 协议内所涵盖的各项协议能得到有效的履行。该组织主要功能有:

1. 强化 WTO 协议的履行、管理与运作以及长远目标的达成。同时并为复边贸易协议的履行、管理与运作,提供一个框架。

2. 提供一个论坛给成员,以利于成员间进行多边贸易关系的协商。

3. 掌握争端解决规则及程序处理谅解备忘录。

4. 掌握及处理贸易政策检讨机制。

5. 适时地与国际货币基金组织、国际复兴银行及国际开发银行等附属机构密切合作。

(一) WTO 与 GATT 的异同

1. 涵盖范围及功能

WTO 系为执行乌拉圭回合各项协议及决议所设立之"共同组织架构",其涵盖范围不仅包括回合谈判后修正之 GATT 及其相关法律文件,同时涵盖服务业、与贸易有关之知识产权和贸易政策检讨机制等新领域,其范围及功能较原有之 GATT 扩大并完善。

2. 法律地位

GATT 仅是过渡性国际性协议,并不具备严谨的国际组织的完整条件,WTO 则具备国际组织之法人地位。

3. 决策方式

GATT 以往在做决策之时,除入会申请、授予豁免及修改条文等之外,传统上很少付诸投票表决,而采取共识表决方式。在 WTO 架构之外,原则上虽沿袭 GATT 之共识表决方式,但在决策无法达成共识之时,可改为投票表决方式。

4. 组织架构

WTO 有明确的执行架构,依赖于层级关系明确的各相关机构,以监督执行、管理各项协议。不似 GATT 之组织架构是运作后因业务需求方逐渐形成。

5. WTO 设有贸易政策检讨机制

WTO 可对各成员国之贸易政策与措施作全面性的定期检讨,以促使各成员贸易政策的透明化,检讨的次数按成员贸易量占全球贸易量的比重而定。

6. WTO 统一争端解决程序

GATT 的争端程序分散于各项东京回合规约及法律文件之中,各项规约均有个别的争端解决程序,并未予以统一;WTO 成立之后,各项争端改由 WTO 一般理事会根据争端解决规则及程序处理谅解备忘录统一处理。

【背景与案情 2-1】

近年,欧共体成为世界上最大的香蕉进口商,占世界香蕉贸易份额的 38%。1991 年,欧共体进口了 365 万吨香蕉,其中 2/3 产自拉美,约 19% 来自曾是英国、西班牙和法国位于非洲、加勒比海和太平洋殖民地的发展中国家(称为 ACP 国家)。ACP 国家的香蕉种植者无法与高效率的非 ACP 国家(主要在拉美)的生产者进行竞争。为了鼓励进口 ACP 国家的香蕉和帮助 ACP 国家的经济发展,欧共体采用了一系列针对非 ACP 国家香蕉的关税与非关税壁垒。例如,复杂的配额制度使每年只允许有限数量的非 ACP 国家的香蕉进口。进口 ACP 国家香蕉的许可证一般都可得到,但只有符合严格要求的进口商才能得到从拉美或其他非 ACP 国家进口香蕉的许可。ACP 国家的香蕉免关税,而对其他的香蕉则要征收高关税。一些拉美国家要求调查,认为欧共体的管制歧视了它们生产的香蕉,违反了 GATT。美国也加入这几个拉美国家的行列,认为在此问题上与自己有很大的关系。虽然美国不是香蕉出口国,但美国政府觉得美国公司,诸如 Chiquita Brands 和其他一些公司等,每年都要做上亿美元的香蕉批发生意,会因欧共体的行为而失去市场份额。欧共体则坚持美国无权起诉欧共体,因为它不是生产者或种植者。WTO 组成专家小组,其决议并被提交到 WTO 上诉机构。

上诉机构报告

欧共体对专家小组根据 1994 年 GATT 宣布美国有权起诉的裁决存有争议,认为这违反了争端解决谅解(DSU)的第 3.2 条。欧共体坚持,作为一条总原则,在包括国际法在内的任何法律体系中,原告通常必须具有合法权利或预期利益……欧共体称,美国没有与其要求相匹配的实际或潜在的贸易利益,因为其香蕉产量是最低的,从没有出口过香蕉,而且由于美国的气候和经济条件,这种状况也不大可能有所改变。欧共体认为,专家小组不能解释美国为什么具有潜在的香蕉贸易利益,而且生产本身并不足以说明潜在的贸易利益。欧共体推理,美国无权利用 WTO 法律,保护其国内市场不受欧共体香蕉区域的间接影响……

我们同意专家小组的说法——没有一条争端解决释义中的条款明确要求成员必须有合法利益作为召集小组的前提。对在争端解决释义或任何其他 WTO 协议条款中,必须有合理权益的说法,我们不能接受。我们认为成员国具有确定是否根据争端解决释义起诉另一成员的判断力。

此案上诉的参与人提到一些国际法院和常设国际法庭做出的在国际法中合法权益

是否是起诉必要条件的判决。我们没有看到任何这样的判决,在所有的国际法中,被作为规定起诉方必须有合法利益才能起诉的总规则的依据。这些判决也没有否认多边条约中争端解决条款下考虑该问题的必要性。

在该案件中,根据1994年GATT,美国最终被证明是有权提出诉讼的,对此我们感到满意。美国是香蕉的生产者,美国潜在的出口利益不能不予考虑。美国的国内香蕉市场会被欧共体香蕉区,特别是该区世界香蕉的供应和价格影响。我们也同意专家小组的主张:"……在日渐提高的全球经济互相依赖下,成员国在促使WTO实行其规则上,比以前有了更大的利益,因为任何对权利和义务平衡的背离,都更多地直接或间接影响到它们。"

因此,我们相信,成员国具有决定是否根据1994年GATT起诉另一成员国的判断力。而且,成员国应在决定这些行动是否有效时更加自律。

裁决:上诉机构认为,虽然美国出口没受到直接的影响,但可以召集WTO专家小组审查欧共体的进口壁垒问题。

【法律阅读2-1】

2009年6月26日,美国众议院通过了《美国清洁能源与安全法案》(ACESA),该法第四部分(Title Ⅳ:Transitioning To A Clean Energy Economy)第768节规定了"国际储备配额项目"。基于在实施"温室气体排放总量限制和交易制度"后可能出现对本国产业的不公平竞争情况,美国要求没有设定排放总量限制的国家或没有可比性的能源强度减少标准的国家出口到美国的高耗能产品,需要提交与产品制造相关的、专门的碳排放配额,以反映产品的碳排放。没有配额的外国产品向美国出口时必须经由碳交易购买"国际储备配额"(international reserve allowance)。[①] 该法案全文没有"碳关税"这一名词,一些美国官员和媒体将这种针对外国产品施加的额外成本理解为增加了关税,该条款成为"碳关税"名称的法律文本渊源。碳关税虽名为"关税",但性质上具有多元性和交叉性,不一定是传统意义上的关税,还可能是国内税费、配额、许可证等。在联合国气候变化谈判中,碳关税常被称为"边境碳调整"或"边境税调整"。欧盟因担心区内企业向环境限制宽松的国家进行产业转移而引发所谓"碳流出",要求对发展中国家征收碳关税的呼声也日益高涨。

一、碳关税:十年来美国单边主义与WTO多边主义交锋的续演

耗时八年之久的乌拉圭回合谈判,各方外交家纵横捭阖却始终围绕着一个重心,即愿意在何种范围内、何种程度上限制本国经济主权、接受WTO框架下多边协商的规制。对于是否接受乌拉圭回合谈判成果《WTO协定》,美国国内"主权担忧派"担心授予WTO

---

① American Clean Energy and Security Act of 2009, H. R. 2454, Aug. 17, 2009. http://energy commerce. house. gov/Press_111/20090701/hr2454_house. pdf. 2009206230.

的决策权力,尤其是"反向协商一致"(negative consensus)的争端解决机制决策原则,会侵害到美国独立自主的最高决策权力,认为接受此协定是"违宪"行为。虽然经过国内多方力量的博弈,由共和党出面提议通过专门立法,建立一个"专门委员会"负责审查日后WTO争端解决机构通过的、不利于美国的专家小组报告书,美国最终成为了《WTO协定》的缔约国,但是,从思想根源来看,在国际社会处事中的"实用主义"和"双重标准",一直根植于美国式的"主权信念"而从未淡化。参加WTO这一全球性多边体制之后,美国仍然"有权"不受多边主义的约束,继续推行其单边主义政策,乃是美国国会当初批准《WTO协定》的思想基础和理论前提,是美国参加WTO之初就已确立的既定方针和行动指南。[①]

事实证明,美国在近十几年来也是在单边霸权立法和WTO多边贸易体制的碰撞中努力实现"左右逢源"的预期目的。典型的就是《美国贸易法》"301条款"争端案(1998—2000)和"201条款争端案"(2002—2003),一攻一防的单边主义霸权立法试图构筑保护本国产业的坚固壁垒,"201条款"钢铁争端案中WTO多边主义的初步小胜也未能遏制美国一贯的霸权做法。因为美国已从其推行了21个月之久的单边主义"保障措施"中捞到大量实惠,已达到"预期目的"。

时至今日,"低碳经济"已成为引领新一轮国际竞争的制高点,哥本哈根全球气候峰会等环境谈判也使美国意识到加入世界碳减排队伍才会居于道义上的有利地位。在此时代背景下,美国通过国内立法承诺碳减排目标、规制碳贸易虽值得称道,但达不到美国"碳排放"可比性测试的国家出口到美国的产品必须购买"国际储备配额"的单边主义立法却难以掩盖其经济霸权性质,它置发达国家限制碳排放的历史责任于不顾,背离WTO的多边贸易体制原则,妄图将其他国家也纳入自己设立的规则,是美国单边主义与WTO多边主义交锋的续演。此"碳关税"条款虽然披着环境保护的"绿色外衣",使自由贸易规则与单边环境措施在WTO框架下的利益平衡问题再次引发理论争议热潮,但从美国历史上的惯常做法来看,其单边主义经济霸权做法的内在逻辑十分顺畅和明显。

二、WTO框架下"碳关税"不具合法性分析

素有"经济联合国"之称的WTO,致力于建立一个完整的、更具活力和永久性的多边贸易体制。其根本目标就是实现贸易自由化,切实降低关税和其他贸易壁垒,在国际贸易中消除歧视性待遇。但针对"碳关税"问题,WTO发布的一份报告称:"只要起草得当,理论上可以使这样的税收符合WTO法律,但很难证明它们并非一个幌子,目的是对国际贸易进行非法限制",言辞中透露的模糊态度,为讨论该问题留下了空间。

[①] 1994年3月23日,美国对外贸易代表公署总顾问杰克逊教授曾声明:"WTO和乌拉圭回合订立的各项条约并不会自行贯彻在美国法律之中,它们不能自动地变为美国法律的一部分。相反,通常是经过美国国会正式立法,美国才必须履行各种国际义务或执行专家组报告书做出的结论。一旦美国认为问题十分重要,以至明知自己的某种行为可能不符合自己承担的国际义务,却仍然有意地违背有关的国际性规范准则,那么,根据美国宪法体制,美国政府仍然享有如此行事的权利。"该论证在国会居于上风,最终促使美国众议院和参议院在1994年11月29日和12月1日分别以288∶146和76∶24相继批准了《WTO协定》。

(一)"碳关税"违反 WTO 相关原则

将"碳关税"放在 WTO 框架内分析,不难看出其对 GATT 基本原则的违反,而正是这些基本原则构成了 WTO 多边贸易制度的基石。首先,关于非歧视原则。"碳关税"若作为国内税收调节措施适用,则必须适用 GATT 第 3 条"国内税和国内法规的国民待遇"。美国该法案对其国内产业实施排放限额制度,但大多数初始排放配额将免费分配,而对来自外国的产品强制要求购买排放配额,必然违反"国民待遇"原则;GATT 第 1 条"普遍最惠国待遇"既适用于国内措施,也适用于边境措施。现今碳足迹、碳捕捉等技术的不成熟性[①]和各国环保措施、减排义务的不平衡性也难以保证美国在评定特定产业部门的年度能源或温室气体浓度、发展程度、占全球碳排放量的比重等标准方面的精准性和公平性,最惠国待遇原则也很难保障。其次,对发展中国家成员的特殊和差别待遇原则。[②] "碳关税"条款显然没有考虑发展中国家在经贸方面的特殊需要和环保技术的实际情况,该技术法规、标准及评定程序显然会给发展中国家出口产品造成巨大障碍。

(二) GATT1994 例外条款难以为"碳关税"提供理论支持

有观点认为,GATT1994 第 20 条"一般例外"条款的规定为"绿色保护主义"留出了一条门缝。[③] 美国在 WTO 框架下可以以"保护人类、动植物的生命健康所必需"和"与保护可用尽的自然资源有关"为自己的单边法律措施抗辩,但笔者认为此路途障碍重重。

尽管 WTO 争端解决机制没有"遵循先例"(stare decisis)的规定,但在条约解释的实践中,专家组和上诉机构试图确立自身裁决的先例地位。在 1995 年"美国汽油标准"案中,上诉机构认为:虽然美国环境保护局发布的《汽油条例》属于 GATT1994 第 20 条(g)款的范围,"清洁空气"属于"可用尽的自然资源";无论是各自的还是法定的汽油标准,都是与保护可用竭的自然资源"有关"的措施,但是该条例不符合此条款的"序言"的条件,因为其适用时会造成"无理的歧视"和"对国际贸易的隐蔽限制",《汽油条例》因此被否定。在 1990 年"泰国香烟案"和 2001 年"加拿大诉欧盟石棉案"中,争端解决机构在考察"必需"的时候,已经开始从其"是否为专属的与 WTO 规则唯一相符或损害程度最小的措施"的审查标准逐步过渡到"该措施是否可用于实现被诉方所确立的公共健康保护水平"。对"必需"解释的松动扩大了该例外条款的适用范围。

---

① 应用"碳足迹"测定碳排放量的方法存在争议,如据美国 planet.org 报道,过去 6 个月内,美国布鲁金斯学会(the Brookings Institution)以及美国国家航空航天局(NASA)的研究员分别将洛杉矶列为排碳量第二多和第二少的城市。根据两个机构的计算方法,他们获得的结果都是正确的,其中原因在于《京都议定书》测量碳足迹的办法是基于该地区生产中排放的温室气体,而另一种方法是基于该地区所消耗的产品在生产中的排放量,不考虑产品的产地排放。这两种方法所获得的结果通常大相径庭。

② 《技术贸易壁垒协议》第 12 条规定:各成员方在履行该协议的过程中,应给予发展中国家成员方差别和更优惠的待遇。

③ GATT1994 第 20 条:在遵守关于此类措施的实施不在情形相同的国家之间构成任意或不合理歧视的手段或构成对国际贸易的变相限制的要求前提下,本协定的任何规定不得解释为禁止任何缔约方采取或实施以下措施……(b)为保护人类、动物或植物的生命或健康所必需的措施……(g)与保护可用尽的自然资源有关的措施,如此类措施与限制国内生产或消费一同实施……

"碳关税"作为美国炮制的又一披着"绿色外衣"的单边法律措施,发展中国家若将争议提交WTO裁决,参照先例分析,即使"碳关税"条款符合GATT第20条(b)(g)项的环保目的获得证明,即认定该措施可用于实现保护公共健康或者与保护清洁空气这一可用尽的自然资源有关。但对于没有违反"序言"显然是存在证明障碍的,因为美国这一单边措施事实上会对来自发展中国家的出口产品造成任意或不合理的歧视,对发展中国家出口产品形成价格控制机制,操纵制造业大国的出口市场,对国际贸易无疑是一种变相限制。而且,该法案也违反了WTO争端裁决推理过程反复强调的多边贸易体制的稳定性和可预见性。

(三)WTO体制下贸易事项与非贸易价值的对接趋向亦不能为"碳关税"提供事实支撑

随着WTO争端解决机制运作的日趋成熟,贸易与环境、劳工标准、国际反垄断等新的时代问题交融的案例层出不穷,但从立法层面来说,WTO还未制定出上述事项的多边贸易规则。GATT1994在序言中宣示性地引入了"可持续发展"等环境保护目标,但最多也是在WTO争端解决中专家组和上诉机构试探性地做有利于此价值取向的解释。

所以,现今WTO体制下贸易事项与非贸易价值的对接仍存在理论争议,各国间缺乏系统地解决环境污染、全球气候变暖等问题的政治上的协商一致。① 美国单方面征收"碳关税",试图引入环境等非贸易价值而使本国居于道义上的有利地位,但是WTO贸易与环保等非贸易价值对接实践的试探性和争议性,未必能给其提供充分的先例支持,美国若依据GATT1994第20条进行抗辩亦须考虑环境因素将在多大程度上被专家组认同,环境价值纳入WTO体制依旧难以为其单边贸易措施保驾护航。

八、经济合作与发展组织(OECD)

The Organization for European Economic Cooperation (OECD), born out General Marshall's plan to aid recovery of Europe after World War II, was formed in 1948 by the Western European nations, with the United States and Canada as associate members. The purposes of the OECD are to establish the principle of "national treatment" for corporations, meaning treatment consistent with international law and no less favorable than domestic corporations receive. Other principles include disclosure of information, competition policy, financing, taxation, employment and industrial relations, support of trade unions nondiscrimination, and the goal of utilizing "reasonable terms" when transferring technology.

欧洲经济合作组织(OEEC),源于旨在战后援助欧洲复兴的马歇尔计划。1948年由西欧各国组成,外加美国和加拿大为合作成员。经济合作与发展组织(OECD)1961年取代OEEC,外加美国、加拿大和日本作为成员国。其目标相同,但增加了援助欠发达国家

---

① WTO成员方还没有使用现存的方法来协调环境标准,或是阐明执行环境标准的单边贸易措施是否有违成员方在WTO协定项下的义务。

发展的合作目标。

1976年,OECD发表了"国际投资和跨国公司宣言"和"跨国公司指导纲领"。宣言旨在建立公司的"国民待遇"原则,就是投资方受到的待遇与国际法规定保持一致,并不少于东道国企业在本国受到的待遇。这个纲领并没有强制力,只是作为一国在制定对跨国公司(MNC)政策和目标时的参照。其他的原则包括信息公开、竞争政策、金融政策(国际收支和信贷政策)、税收、劳资关系、工会支持、非歧视、转让技术时利用"合理条款"的目标等。

OECD的文件存在以下问题:①它们并无约束力;②发达国家和发展中国家对文件解释不能取得一致。[①]

九、国际商会(ICC)

The International Chamber of Commerce (ICC) is a worldwide organization that draws its members from all sectors of the business community. The basic purposes of the organization are stated in itsbrochure:

(1) Permanently represent business vis-a-vis the major intergovernmental institutions and conferences.

(2) Harmonize, codify, and standardize international business practices.

(3) Provide practical services for its members and for the international business community.

(4) Provide a link between countries with different economic systems, or a meeting place for sectors of economic activity with different interests.

The ICC can point to many achievements that have facilitated the development of multinational business. It developed the Uniform Customs and Practice for Documentary Credits, which are used in financing, and incoterms, the uniform definitions used in trade. The ICC also created a forum for the settlement of disputes, the International Court of Arbitration. The ICC serves as a liaison with the United Nations and its agencies to help advocate the views of the private sector.[②]

国际商会(ICC)是一个世界性组织,成员来自商业社会中的各个层面。组织的宗旨印在手册上:

1. 长期代表面对政府间主要机构与会议的商务;
2. 协调、统一、规范国际商务惯例;
3. 为成员和国际商业团体提供实质性服务;

---

① http://www.oecd.org.
② Richard Schaffer, Bverley Earle, Filiberto Agusti, *International Business Law and Its Environment*, West Publishing Company 1996, p.73.

4. 为不同体制的国家提供联系纽带,作为不同经济利益体活动的会面场所。

ICC 为多边商业活动的发展做出了许多贡献。它促成了《跟单信用证统一惯例》的出台,这对贸易中的融资和术语统一做出了巨大贡献。ICC 建立了一个争端的法庭,即国际仲裁庭。ICC 作为联合国的一个联盟,同时还作为联合国的代理机构,帮助倡导个人权利。

思 考 题

1. 国际组织形成的主要原因有哪些?
2. 国际组织在国际商事活动中的作用有哪些?
3. WTO 与 GATT 之间的关系是什么?
4. 国际组织对国际商事活动的影响有哪些? 举例说明。

第三章 国际商务

本章讲授的是国际商事方式,包括最基础的国际贸易理论、进出口、国家对国际贸易的管理及国际许可证协议等内容。国际商法是国际贸易发展的必然结果,而绝不仅仅是几个国际贸易惯例或法条,如果不了解国际贸易的基本理论,对国际商法有深刻的理解会较有难度。由于国际贸易理论体系极为庞杂,本章只能介绍最基本的几个理论,目的是让学生对国际贸易理论略知一二,启发其阅读相关的书籍。另外,自我国对外开放以来,国际许可证协议成为我国充分利用外国先进技术的主要方式之一,希望学生对其能有所了解。

第一节 国际商务的形式

国际商务分为三类:(1)贸易;(2)国际技术与知识产权(商标权、专利权和版权)许可贸易;(3)外国直接投资。对商人来说,这种分类说明了三种进入外国市场的重要方式。而对律师来说,这种分类方法也反映了在外国从事商务活动的形式以及贸易双方的法律关系。对公司而言,不同方式意味着不同系列的问题,因为每一种方式中的外国渗透程度(foreign penetration)和纠纷关系在每个国家都是不同的。通常,这三类中贸易的纠纷最小,也相应地代表了最低限度的政治、经济和法律风险。

一、贸易

As the most important form of business' trade is as old as the oldest civilization. throughout history, countries traded to obtain needed items that were not readily available in their country. The marketplaces of Europe, Africa, Asia, and the Middle East had been the scene of trade for hundreds of years before seaborne trade became established. By the sixteenth century, the first international sea trade routes were established by the Europeans. With the advent of great naval power, Portugal and Spain opened the Americas, India, and the Pacific to trade. By the eighteenth century, the Dutch had created a great trading empire based on pepper and spices, and England relied on America for tobacco, corn, and cotton. Since World War Ⅱ, the U.S. trade has increased dramatically and become the biggest trader in the world.

The creation of GATT and WTO helps to push international trade develop significantly faster.

A. Specialization

Why nations trade? Economists in western countries believe that the reason is that all nations benefit from specialization. All nations have particular talents and resources; like individuals, whole nations are able to specialize in one or many activities. For example, the islands of the Caribbean have abundant sunshine and good weather year round, and so the islands specialize in tourism. Specialization here means that each nation should specialize by applying the law of comparative advantages to its resource endowment. It enables nations to emphasize the activities at which they are most efficient and at the same time gain certain advantages through trade. Nation A will specialize in X, if that is where its comparative advantage lies, and produce all X demanded by itself and Nation B. It will obtain from B since B produces enough for both. If costs rise as outputs increase, specialization will not be complete; trade will be carried to the point where costs are equalized in the countries.

B. Absolute Advantage

Adam Smith said trade between nations would increase real wealth via the division of labor. He assumed an absolute advantage necessary, in that an exporting industry must be able to produce, with given inputs, a larger output than any rival. Assume that two nations use the same composite input mix of land, labor, and capital with the result that nation A produces twice as much of two commodities as nation B. Nation A has absolute advantage with respect to both commodities; therefore, B cannot produce for export trade.

C. Comparative Advantage

Comparative advantage means that countries will specialize in producing several products and services in which they have lower opportunity costs than their trading partners.

D. Opportunity Cost

Opportunity cost theory is one of the most important theories in international trade and the well-known concept of sustainable development of world economy. Opportunity cost means the value of the benefit that is given up to produce one economic good as opposed to another.

从人类最早的文明社会出现时起,贸易就产生了,各个国家通过贸易获取了在本国很难得到的各种物品。纵观整个历史,早在海上运输产生前几百年,欧洲、非洲、亚洲以及中东地区的集市贸易就已经是一派繁荣景象了。但直到16世纪,才由欧洲人建立了第一条海上国际贸易航线。随着强大的航海力量的发展,葡萄牙和西班牙人开发了美洲、印度和太平洋以进行贸易,葡萄牙语成了海上贸易者的通用语言。到18世纪,荷兰人以香料为基础,建立起一个强大的贸易王国,英国也依靠美洲获取烟草、谷物和棉花。300多年来(指16世纪中到19世纪末),马匹、武器和奴隶的贸易始终兴旺不衰。

今天，尽管存在成千上万种不同的产品，但经济学概念始终是相同的。在理论界的术语中的"绝对优势"(absolute advantage)这一概念所表述的是：各国应该集中资源生产效率最高、投入和浪费最小的产品。任何国内消费后的剩余产品都被用来交换另一个国家在同样情况下的剩余产品。

大卫·李嘉图(David Ricardo)是一位19世纪的英国经济学家，他认为即使一国可能无法通过制造某种产品获得绝对优势，但该国仍可以通过贸易获益，这种观点构成了比较优势(comparative advantage)理论的基础。将生产成本同产品价格相比，如果将产品在外国出售可获得比在国内出售更高的价格，则存在比较优势。如果所有国家都集中生产本国具有比较优势的产品，则每个国家都会生产出比以前更多的产品，同时也消费更多的产品，社会财富和就业就会增加。例如，早在16世纪，葡萄牙就已经越过印度洋建立了从事丝绸、布匹以及香料贸易的前沿基地，同时它们也同遥远的中国进行贸易。在这一过程中，葡萄牙商人发现，尽管从本国在波斯或印度的基地购买丝绸非常便利，但从中国购买丝绸却能给他们带来最大的利益。中国拥有更丰富的资源和更先进的生产方法，这使中国的产品成本较低且质量优于葡萄牙商人从其他地方购得的同类产品。另外，中国对香料的需求量也非常大，而香料正是葡萄牙能够很容易地从其在印度的基地所取得的物品。其实，中国也可以自己制造香料，但质量和产量却不及葡萄牙商人提供的。尽管葡萄牙拥有自己的蚕丝资源，中国也有自己的香料，但它们的利益来自从对方处获取各自所需、但优势较小的产品。因此，葡萄牙在香料的生产上具有比较优势，而中国生产丝绸具有比较优势。通过将各国的资本和劳动集中于生产各自优势较大的产品，则每个国家都能够生产更多本国的优势产品并消费更多的外国商品。

二、进出口

Trade is often a firm's first step into international business. Compared to the other forms of international business (licensing and investment) trade is relatively uncomplicated. It provides the inexperienced or smaller firms with an opportunity to penetrate a new market, or at least to explore foreign market potential, without significant capital investment and the risks of becoming a full-fledged player (i. e., citizen) in the foreign country. For many larger firms, including Multinational Corporation, exporting may be an important portion of their business operations. In today's world, almost all the well-known multinational corporations in developed countries rely heavily on exports for significant revenues. Happily, more and more Chinese firms have started to take international market as their main targets, and resulted tremendous increases of their exports.

Exporting is generally divided into two types: Direct and Indirect.

贸易包括货物和服务的进口和出口。出口通常是指将货物运离一国国境；进口(importing)是指将货物运入一国国境。然而，更加精确的定义是：出口是指为外国购买商提供货物及货物的运输或服务；进口是指向外国供应商购买商品并使商品进入该国海关关境的过程。

贸易通常是一个公司涉足国际商务的第一步。同国际商务的其他形式（许可证贸易和投资）相比，贸易相对而言较为简单。

以前从未从事过国际商务活动的公司应该首先准备一份出口计划，这份计划意味着要组建一支出口团队，这支团队应由管理层、外部顾问以及贸易专家组成。计划应该包括对公司出口准备情况的评定，产品或服务的出口前景，公司打算如何配置资源（包括资金、产出和人力资源）以及产品销售渠道的选择。公司或许需要变更产品，设计新的包装和外文标签，满足外国对产品性能和质量标准的要求。公司还必须精确估算自身在出口过程中所能承担的职责权限，或者考虑这些职责是否可以间接通过一家独立的出口公司予以最优化处理。出口职责包括国外市场调查、销售、运输以及资金转移。

公司要对货物运输、货款的清偿以及其他出口职能承担各种程度的责任。出口商经验越丰富，他们自身承担的责任就越大，也越愿意将货物直接出口到外国客户的手中。对于那些选择承担较少责任的公司，例如，在与外国客户打交道和安排运输方面不愿过多插手的这类公司，就必须将其某些出口职责授权给其他公司。因此，出口大体上可分为两种类型：直接出口和间接出口。①

直接出口（direct exporting）同出售货物给国内购买商差不多。例如，一个有远见卓识的外国客户或许在某个贸易展览会上见到了某家公司的产品，或许在一本工业指南手册中找到了一家公司，也或许是由另一位客户介绍认识了某家公司。一家公司接到外国客户发来的订货通知和询价函，它也许能够按常规进行处理并直接将货物出口至买方。如果得到某些协助，这家公司可克服几乎所有的困难，将货物按要求包装并运输，然后按预期收讫货款。尽管许多这种一次性销售被演化为长期商业成功的典型范例，但更多情况却并非如此。然而，即使在直接出口中也会遇到各种各样繁杂的问题，一般情况下，公司也希望能与其新的外国客户发展一种规范的商业关系。许多在规范性基础上从事直接出口贸易的公司会发生这样的情况：它们必须雇佣全职的出口贸易经理和国际销售专家，这些人共同参与出口市场决策的制定，包括产品开发、定价、包装以及为出口印制标签。这些人基本的责任是同外国客户打交道，参与国外的贸易展览会，遵守政府的进出口规则，负责货物的运输以及贸易过程中货物和货币的交付。直接出口通常由国外销售代理（foreign sales agents）以委托的方式完成，也可以通过直接向国外分销商销售的方式来实现。国外分销商（foreign distributors）是独立的公司实体，通常位于进口国，它们购买商品的目的是将商品转售给国内的顾客。在本国市场内，分销商承担购买和储存货物的风险，同时还提供额外的产品维修服务。通常，分销商为出售的产品提供服务，因此减轻了出口商的相应责任。分销商经常培训最终用户学习如何使用产品，向顾客提供信用担

---

① http://www.ita.doc.gov.

保并负责产品在当地的广告宣传和推广。

有的公司由于缺乏经验、能力和资本,无法寻找国外客户或者还没有学会如何去操作贸易机制,它们希望最大限度地减轻其在国外的参与程度,因此通常采用间接出口(indirect exporting)的贸易形式。间接出口有许多不同的种类。出口贸易公司(export trading companies),通常叫作 ETCs,是指在国外市场销售其他制造商生产的产品的公司。这类公司拥有大量的海外订单,同时在航空及海洋运输方面拥有丰富的经验。它们经常得到大银行的帮助和信贷支持,因此对那些生产出口贸易公司所销售的产品的制造商来说,获取资源以及同大银行在海外的分支机构签订国际合同也就显得较容易。

出口管理公司(export management companies),或称为 EMCs,从某种意义上讲,也可以将其看成是向制造商和其他出口商提供建议的顾问,它们向那些无法正确处理出口事宜的公司提供服务。这类公司从事国外市场研究,联系国外销售代理,在国外商品展览会上展出商品,准备与出口相关的文件,并且处理语言翻译及货物运输安排等方面的问题。间接出口贸易的所有形式都包括通过代理商或分销商进行销售的方式。

三、关税

Importing and exporting is governed by the law and regulations of the countries through which goods or services pass. Nations regulate trade in many ways. The most common methods are tariffs, nontariff-barriers and export restrictions.

Tariffs are taxes placed on imports either by value (ad-valorem duty) or per unit of quantity (specific duty). They are imposed for many reasons, including (1) the collection of revenue, (2) the protection of domestic industries from foreign competition, and (3) political control.

Nontariff-barriers are all barriers to importing or exporting other than tariffs. Nontariff-barriers are generally a greater barrier to trade than are tariffs, because they are more insidious. Unlike tariffs, nontariff-barriers are often disguised in the form of government rules or industry regulations and are often not understood by foreign companies. Countries impose nontariff-barriers to protect their national economic, social, and political interests. Imports might be banned for health and safety reasons. Imported goods usually have to be market with the country-of-origin and labeled in the local language so that consumers know what they're buying. One form of nontariff-barrier is the technical barrier to trade, or product standard.

国家采用多种方式对贸易进行管制,其中最普遍的是关税和非关税壁垒。

关税,是指货物进入一国关境时所征收的进口税费。征收关税的原因有许多,包括:(1)政府税收的来源;(2)保护国内产业免受外国竞争;(3)政治管制。

非关税壁垒,是指除关税以外的一切限制进口或出口的壁垒。这一广义概念可以分成直接非关税壁垒和间接非关税壁垒。总体而言,非关税壁垒会比关税壁垒给贸易带来更大障碍,因为非关税壁垒更加隐蔽。关税通常都要对外公开并且很容易了解,而与关税不同,非关税壁垒通常由政府控制或被产业规则所掩饰,外国公司通常无法了解。各国采用非关税壁垒来保护本国经济、社会以及政治利益。进口可能会因为健康或安全原因被禁止,进口商品通常必须标明原产地,而且商标还要用当地语言写明,以便顾客了解他们所买的商品是什么。

(一)技术性贸易壁垒

技术性贸易壁垒(technical barrier to trade),或者称为产品标准(product standard)。例如,产品标准包括安全标准、电气标准以及环境标准等(例如,德国汽车在美国受到放射性标准的限制,但在欧洲却没有这样的要求)。

(二)配额

配额(quota)是指对进口实行数量上的限制,它可以基于商品的价值或数量(如重量、件数等)进行计算。一项配额还可以表述为某种产品在国内市场中的一个百分比。配额可以针对来自各个国家,或者某些国家,或者某一个国家的一个特定种类的所有商品。全球配额(global quotas)是由一个进口国对一种特定产品实行配额限制,而不考虑这些产品的来源国。这些配额实行先到先得制。双边配额(bilateral quotas)是在产品生产国的基础上,对某一种特定的产品实行配额限制。零配额(zero-quota)是指只允许进口零数量,即对一种产品实行完全的进口禁止。

(三)禁运

禁运(embargo)是指制裁国政府绝对或部分地禁止本国与特定国家发生贸易,有时会采取军事行动予以强制执行,而且通常是出于政治目的。禁运是最具有限制性的直接非关税壁垒,它可以是对一个特定国家实行完全的贸易禁令;也可以是对特定产品(如象牙)或技术(如核武器)实行的销售或运输的禁令。禁运可以针对从某个国家的进口或者对某个国家的出口。

(四)联合抵制

联合抵制(boycott)通常是指在政治或其他背景下,由某一特定国家发起的、拒绝同某些公司进行贸易和商务活动的行为。

【背景与案情 3-1】

1982年,美国国际贸易委员会进行了一项调查,判定发动机排气量为700cc以上的摩托车是否正被大量进口到美国,并成为造成国内生产相似或生产直接竞争性产品行业受到严重损害的显著性原因或威胁性因素。这项调查是根据已备案的一家名为Harley Davidson摩托有限公司的美国公司的进口援助请求而展开的。调查表明,从1977年到1981年,美国的摩托车装运增长了17%,国内生产力也增长了近82%(大部分是由美国本田汽车公司在美国增加产量造成的),且同一时期,美国就业增加了30%。然而在

1982年,消费下降,国内装运减少且就业也有所下降。1982年的前9个月,国内装运下降了13%且存货增加,留下了一大批没销售出去的摩托车。那一段时期,生产减少36%,利润下降了20%,就业率降低了12%。但同时进口摩托的存货增加了一倍,这对Harley Davidson而言是一个巨大威胁。整个国家处于经济衰退之中,对重型摩托车的需求也处于低谷。

主席艾尔弗雷德·埃克斯(Alfred Eckes)的观点

对国内产业造成损害威胁的基本因素包括进口商和经销商的存货。自1979年以来,进口商的存货增加了3倍,并且大部分是在1982年的头9个月,这比1981年同期翻了一番。1982年9月30日,经销商和进口商手中的进口摩托车存货,已经超过了1980年1—9月美国国内的实际消费量。从另一个角度分析可以很明显地看出,这些存货是同期进口商总装运量的158%。简单地说,国内生产商、进口商和经销商手中的摩托车,已足够满足大约一年的对进口和国产摩托车的总需求。

没有任何确凿的证据表明,从日本进口的重型摩托车在近期会有减少的趋势。相反,日本的摩托车产业属出口导向型——1982年出口的重型摩托车有大约91%产自日本。由于按照日本目前的法律,超过750cc的摩托车,也包括这里调查的商品,是不准在日本本土售卖的,日本生产商无法用国内市场的销售替代出口。另一种在1982年推行的方式,是将出口销售推向需求正在减少的美国市场。这一策略帮助生产国维持了出口和就业,但却将调整带来的部分负担,转嫁给了进口国的竞争者。日本汽车生产商协会的一份评估书中有证据表明,日本生产商试图保持向美国出口销售的高水平。这个组织估计,1982—1983年出口到美国的700cc或者高于700cc的摩托车,两年加起来平均有45万辆或稍少一点。这一数字导致进口水平要高于近期水平。

怀疑国内经济衰退是造成美国产业受到损害或威胁的显著原因,是有其他原因的。在目前的经济衰退中,来自日本的进口产品已从本国生产商手中抢了大约6%的新增市场份额。进口商品已从国内本田(Honda)、川崎(Kawasak)以及Harley-Davidson手中抢占了市场份额。

而且,在当今经济衰退毫无疑问地抑制了国内重型摩托车市场需求的时候,国内的经济条件正在改善……当需求对这种改善做出反应的时候,国内产业会由于一个为期一年的摩托车供给均衡的出现,而从增长中率先获得市场份额。因此,不是衰退,而是未来进口预期的摩托车存货,将给未来的几个月带来最大的损害威胁。

裁决:委员会建议除了目前4.4%的从价税之外,应该在今后5年内以45%、35%、20%、15%、10%的递减税率征收增值税。

(五)出口限制

出口限制(export restriction)是针对商品类型进行限制,以防止该种商品被运送到某一特定国家。这种管制方式通常出于经济和政治目的而实施。

【背景与案情 3-2】

自1967年以来,韩国对牛肉及其他358种进口商品实行了配额和其他限制。1979年,牛肉进口的关税降低了。随着牛肉进口的增加,其在韩国国内市场上的价格下跌。为了提高价格,韩国的牛肉生产者要求政府减少进口。韩国由此对牛肉进口制定了严格的控制措施,包括配额、许可证要求,由国家垄断部门管理。虽然韩国在1988年部分开放了其市场,但在1985—1988年,牛肉进口完全停止了。在GATT国际收支委员会的一次会议上,韩国声称它是根据GATT第十一条的收支平衡紧急情况,为避免外汇外流而设定配额。对此,委员会并不认同,并发现韩国的经济状况保持良好,有12%的增幅。1988年,韩国的经常账户美元储备达120亿。在双方谈判破裂后,美国要求GATT总理事会成立专家小组。

专家小组在1989年4月25日发给各方的并于1989年11月7日被采纳的报告

美国认为,韩国政府的配额、进口限制、国家贸易的垄断和其他限制,违反了GATT第2、第10、第11、第13条,而且根据第23条的规定,上述行为剥夺、损害了属于美国的利益……美国认为,以国际收支作为限制牛肉进口的理由是不成立的,因为韩国已不再有国际收支的问题。专家小组注意到,韩国自1967年起,就以国际收支为理由,持续地对牛肉进口加以限制。专家小组指出,GATT第18条第9款规定:"所建立、维持或加强的进口限制不得超过:(a)为了预防货币储备严重下降的威胁或制止货币储备下降所必需的程度;(b)货币储备不足的缔约国,为了使货币储备能够合理增长所必需的程度。"专家小组还注意到第11条的如下规定,限制应该在"条件改善"时逐步放松,并在"条件不再允许限制存在"时完全撤销。专家小组指出,包括韩国官方公布的数据和国际货币基金组织在1989年2月提供的建议在内的各种信息,都表明在1988年韩国的储备增长、国际收支状况自1987年11月的磋商以来,一直不断地改善,而且现在韩国的经济指标也让人满意。根据国际货币基金组织向专家小组提供的信息,韩国总的官方储备,到1988年年底已经由90亿美元增长到120亿美元(相当于3个月的进口额),专家小组得出结论,考虑到韩国国际收支状况的持续改善,以及GATT第18条第11款的规定,韩国应该迅速制定消除以国际收支改善为由的牛肉进口限制的时间表,正如1987年国际收支委员会报告所指出的那样。

基于以上事实,专家小组建议缔约各方采取以下措施:(a)韩国撤销其1984—1985年开始实施,并在1988年进一步修正的牛肉进口限制,或者改而采用符合GATT规定的进口方法;(b)由韩国与美国及其他利益相关各方进行协商,并在理事会采纳专家组报告的3个月内,制定出一个时间表,消除从1967年便以改善国际收支状况为由而实施的牛肉进口限制。

裁决:GATT允许在紧急经济环境下,暂时性地使用配额的"国际收支例外"条款已不再适用。专家小组建议,韩国应遵守其GATT成员国的义务,撤销对进口的限制。

四、限制不公平贸易行为法规：倾销和反倾销税

在国际贸易发展史上,贸易各国逐渐就遵循国际贸易准则达成共识,这种国际贸易准则被各国认为是有效的并被普遍接受。为实施这些国际贸易准则,各国也努力调整各国的国内法以期使之与国际准则相适应。国际贸易准则的建立,其本意就是要维护各国的贸易利益并以此来规范各国在国际贸易关系中的权利义务。实施国际贸易准则的最大好处在于,贸易各国得以在国际贸易竞争中互相实现机会均等与互利共赢。

在遵循共同的国际贸易准则的同时,各国也认为,各国有权在多边国际贸易准则框架下针对双边贸易关系中的不公平贸易行为采取相应措施。有鉴于此,为了消除国际贸易中的不公平贸易行为或者应对外国政府采取的损害国际贸易市场秩序的政府措施,各国在国内法中相应制定了反倾销法律规范,与此同时,反倾销协定也被纳入了世界贸易组织的法律体系中。

【法律阅读3-1】

美国的国内彩电厂家声称来自中国和马来西亚的部分彩电在美国国内市场的低价倾销导致了美国国内彩电厂家的经营困境；美国反倾销案件受理部门经调查和审理后,裁定对来自中国的部分彩电采取反倾销措施。然而,在美国反倾销措施的大力保护下,本案中的美国国内彩电厂家有没有走出经营困境呢？在美国采取本案中的反倾销措施后,美国国内彩电产品的消费者和中国彩电出口厂家是不是双双成了美国贸易保护主义行为的受害者呢？

在美国提起的反倾销案件,是根据美国国内法采取的法律程序,包括行政调查程序、行政裁决程序以及司法审查程序,其目的是查清在美国(进口国)市场上销售的外国产品是否构成低于正常价值销售,即是否构成倾销。裁定进口产品是否在美国国内构成倾销,不仅仅要通过调查查清进口产品是否在美国国内低于正常价值销售,还要核实：进口产品是否对美国涉及相同产品的国内产业产生了实质性损害或有产生实质性损害的威胁；或者,进口产品是否对美国相同行业的建立产生了实质性阻碍。如果反倾销案件的行政裁定最终确认倾销以及损害的事实成立,那么美国将对案件涉及的进口产品在征收正常进口关税的基础上征收反倾销税,反倾销税的征收数额相当于涉案的进口产品在美国国内市场的倾销幅度。

各国在根据国内法实施反倾销法律规范时,世界贸易组织要求每一个成员,采取必要步骤以使各国国内法及国内行政程序与《关于实施关贸总协定GATT1994第6条的协定》保持一致。关贸总协定GATT1994的第6条以及《关于实施关贸总协定GATT1994第6条的协定》都明确规定,各国根据国内法采取的反倾销措施必须符合上述国际协定规定

的条件。

美国是世界贸易组织成员,美国涉及反倾销案件的国内法也应当与相关国际协定保持一致。事实上,美国是制定国际法律秩序的主导国,与其说美国应当采取必要步骤使其涉及反倾销的国内法与相关国际协定保持一致,还不如说涉及反倾销的国际协定本身就是以美国国内法中有关反倾销的法律为蓝本来制定的。

自1995年1月1日至2007年6月30日,有42个成员向世界贸易组织总共报告了3 097起反倾销案件的调查立项。其中,印度提起了474件反倾销案件的调查立项,是世界贸易组织成员中提起反倾销案件调查立项最多的国家;美国排在第二位,调查立项375起;欧盟以调查立项363起排在第三位;中国的反倾销调查立项是138起,位列第九。

以被提起反倾销调查的出口国为统计对象,自1995年1月1日至2007年6月30日,针对中国的反倾销调查高达551起,中国是全球被提起反倾销调查最多的出口国;针对韩国的反倾销调查有235起,位列第二;中国台北被提起了178件反倾销调查,位列第三;针对美国的反倾销调查是176起,位列第四。

以被采取了反倾销措施(进口国经调查认定倾销成立)的出口国和地区为统计对象,自1995年1月1日至2007年6月30日,中国被各进口国采取反倾销措施(征收反倾销税)高达397起,位列第一;韩国被进口国采取反倾销措施139起,位列第二;中国台北和美国分列第三和第四位。

以产品分类为统计对象,自1995年1月1日至2007年6月30日,针对金属和金属制品的反倾销调查高达862起,显示此类出口产品最容易被进口国提起反倾销调查;此外,有627起反倾销调查针对的是化工产品,位列第二。中国是金属和金属制品以及化工产品这两类出口商品最大的出口来源国,同时也是这两类商品出口来源国中被提起反倾销调查最多的国家,分别被提起了119起和120起反倾销调查。

从以上世界贸易组织的统计数据来看,反倾销法律被世界贸易组织成员普遍实施。有国际法学者指出,反倾销案件反映的是政策制定者的贸易保护主义倾向,这种狭隘的贸易保护主义的害处不仅仅在美国存在,而在世界其他国家也同样存在。

显然,中国是世界贸易组织成员实施反倾销法律的最大受害国。考虑到中国正在经历持久的经济快速增长,以及中国的出口外向型经济政策导向下出口额的逐年大增,大量的反倾销调查和反倾销措施指向中国是不足为奇的。

自2007年1月至11月,中国进出口总额是1 968 360 880 000美元,其中出口1 103 604 340 000美元,进口864 756 540 000美元。就中美双边贸易而言,自2007年1月至2007年11月,中美双边贸易总额是354 157 700 000美元,其中中国向美国出口295 817 600 000美元,中国向美国进口58 340 100 000美元。相应地,美国自1995年1月1日至2007年6月30日针对来自中国的进口产品提起了64起反倾销调查,占同期各成员针对来自中国的进口产品提起的反倾销调查的11.6%。而在上述64起反倾销调查中，美国商务部最终裁定对来自中国的进口产品采取反倾销措施的案件高达54起，占同期各成员对来自中国的进口产品采取反倾销措施的案件的13.6%。

在中国从1978年开始经济改革的过去40年里，中美两国的双边贸易不断发展，两国经济的互相依存度越来越高。发生在中美两国双边贸易中的反倾销案件，就像倾销行为本身一样，正在对中美两国的贸易和经济产生实质性的损害，或者有产生实质性损害的威胁。由于中国经济迅猛增长的脚步现在并没有停止的迹象，中美双边贸易间的反倾销案件的阴影将毫无疑问地投射在中美贸易关系中。

五、限制不平等进口行为法规：补贴和反补贴关税

补贴（subsidies）是指政府给予国内企业或行业的财务援助或利益，以实现一定的经济或社会目标。补贴可以支持创办新企业，淘汰旧的工厂，帮助企业适应新环境的规定，或者保护诸如钢铁、航空、农业或对国家安全至关重要的产业等。补贴的形式多种多样，有低息贷款、直接的现金支付、出口融资和信用担保、优惠税收待遇等。所有工业国家几乎都对所有经济部门进行补贴，而不只限于制造业。欧盟、美国和日本，每年仅对农业的补贴都有数百亿美元，其中包括对农民的直接支付。

补贴长期以来一直被认为会危害世界经济。受补贴的行业可以用比常规价格更低的价格，在外国市场销售产品，这会扭曲以比较利益理论为基础的贸易模型，给受补贴的行业提供不平等的竞争优势。补贴同样鼓励私营企业进行商业冒险，一旦停止补贴，或许就会导致无利可图的商业灾难。由此就产生了被禁止的补贴，被禁止的补贴（prohibited subsidies）包括出口补贴和进口替代补贴。出口补贴（export subsidy）是基于国内企业产品的出口而设置的，或者在出口业绩基础上有条件地给予。进口替代补贴（import substitution subsidy）是指因经常使用或购买国内生产的产品而非进口产品所获得的政府补贴。这两种补贴都是GATT完全禁止的。反补贴税会通过进口国的行政的或法律的程序，对出口补贴进行征收。在反补贴税征收过程中，必须证明出口补贴已对国内生产类似产品的行业导致实质性损害或具有实质性损害威胁。出口补贴的例子包括：根据出口产品的数量付给现金，对出口运输全免费用或给予补贴，对出口产品折减税收，低于市场利率的出口信贷担保以及出口销售收入享受特殊税收待遇。

【背景与案情 3-3】

墨西哥政府以低于市场价格向墨西哥生产商提供炭黑原料和天然气一事，国际贸易局判定并不构成可抵消的补贴，原告Cabot公司对此提出质疑。炭黑原料和天然气是原油的副产品，可用于生产颜料、墨水、塑料和复写纸，在墨西哥通过国有石油公司PEMEX进行销售。按照综合的经济发展规划，PEMEX以低于市价的价格向两家墨西哥复写纸生产商供应炭黑原料和天然气。原告是一家美国炭黑生产商，它认为根据美国法律，墨西哥政府的行为已构成可抵消的国内补贴。

法官卡曼(Carman)

提交法院的主要问题在于,这种不需要特别照顾就可以得到的利益——即任何企业或行业均可获得的利益——是否构成"一种被禁止的补贴"并因此是可抵消的。既然墨西哥的任何工业品用户,都能按照同样价格购买到炭黑原料和天然气,那么国际贸易局认为 PEMEX 以大大低于市场价格的售价出售这些原材料,并不构成可抵消的行为。国际贸易局的观点建立在"普遍可得利益规则"的基础上。

这项由被告引用的"普遍可得利益规则"的主旨在于,在一经济体系内可被所有公司和行业获得的利益,实质上并不是可抵消的补贴。被告的结论主要来自于联邦法规,该法令把可抵消的国内补贴视为向"某一具体企业或行业,或者某一企业集团或行业"提供的补贴。因此被告反驳说,这种所有企业和行业都可以"普遍获得"的利益,按照联邦法律并非补贴……

在本案中,以控制价格获得炭黑原料和天然气这点,并不能判定这两家炭黑生产商实际获得的收益就是可抵消的补贴。这项方案旨在促使特定数量的炭黑原料和天然气供应给具体指定的企业。虽然无论从理论上还是从实际上讲,其他企业和行业也能参与进来,但这并不妨碍该方案已构成可抵消的补贴。尽管该项目表面上可为所有墨西哥企业获得,但在实际运行中,可能的结果是为特定的企业带来具体的赠予……

裁决:法院推翻了国际贸易局的裁决,并将该案发回给国际贸易局,要求作更进一步的调查。法院否定了国际贸易局以"普遍可得"这一法则来判断是否存在国内补贴的做法。法院坚持,当事实上的确给予一个特定的企业或行业一种收益的时候,就会存在国内补贴。

【法律阅读 3-2】

根据《中华人民共和国反倾销条例》的规定,商务部于 2009 年 11 月 6 日发布立案公告,决定对原产于美国的排气量在 2.0 升及 2.0 升以上的进口小轿车和越野车进行反倾销调查;同日,根据《中华人民共和国反补贴条例》的规定,商务部发布立案公告,决定对原产于美国的排气量在 2.0 升及 2.0 升以上的进口小轿车和越野车(以下简称被调查产品)进行反补贴调查。

商务部对被调查产品是否存在倾销和倾销幅度、补贴和补贴金额、被调查产品是否对中国汽车产业造成损害及损害程度以及倾销、补贴与损害之间的因果关系进行了调查。根据调查结果和《中华人民共和国反倾销条例》第二十四条、《中华人民共和国反补贴条例》第二十五条的规定,商务部于 2011 年 4 月 2 日发布初裁公告,认定被调查产品存在倾销和补贴,中国国内汽车产业受到了实质损害,而且倾销和补贴与实质损害之间存在因果关系。

初步裁定后,商务部继续对倾销和倾销幅度、补贴和补贴金额、损害和损害程度以及倾销和补贴与损害之间的因果关系进行调查。现案件调查结束,根据调查结果,并依据

《中华人民共和国反倾销条例》第二十五条和《中华人民共和国反补贴条例》第二十六条的规定,商务部做出最终裁定。[①] 现将有关事项公告如下:

一、最终裁定

经过调查,商务部最终裁定,在案件调查期内,原产于美国的排气量在2.5升以上的进口小轿车和越野车存在倾销和补贴,中国国内排气量在2.5升以上的小轿车和越野车产业受到实质损害,且倾销、补贴与实质损害之间存在因果关系。

二、被调查产品及调查范围

经审查,商务部调整了被调查产品范围。调整后,被调查产品的调查范围:原产于美国的排气量在2.5升以上的进口小轿车和越野车。

名称:排气量在2.5升以上小轿车和越野车。英文名称:Salooncarsand Cross-countrycars(ofacylindercapacity>2500cc)。

具体描述:所用发动机排气量在2.5升以上的小轿车和越野车,主要由发动机、底盘、车身和电气设备等基本部分组成。

主要用途:广泛应用于公路交通运输,主要用于载运乘客及其随身行李和/或临时物品。

三、终裁倾销幅度

终裁确定的各公司倾销幅度如下:

1. 通用汽车有限公司 8.9%

(General Motors LLC)

2. 克莱斯勒集团有限公司 8.8%

(Chrysler Group LLC)

3. 梅赛德斯—奔驰美国国际公司 2.7%

(Mercedes-Benz U. S. International,Inc.)

4. 宝马美国斯帕坦堡工厂 2.0%

(BMW ManufacturingLLC)

5. 美国本田制造有限公司及美国本田有限公司 4.1%

(Honda of America Mfg.,Inc.,American Honda Motor Co,Inc.)

6. 其他美国公司 21.5%

(All Others)

四、终裁从价补贴率

终裁确定的各公司从价补贴率如下:

1. 通用汽车有限公司 12.9%

(General Motors LLC)

[①] 《中华人民共和国商务部关于原产于美国的部分进口汽车产品反倾销调查和反补贴调查的最终裁定》。

2. 克莱斯勒集团有限公司 6.2%

(Chrysler Group LLC)

3. 梅赛德斯—奔驰美国国际公司 0%

(Mercedes-Benz U. S. International, Inc.)

4. 宝马美国斯帕坦堡工厂 0%

(BMW Manufacturing LLC)

5. 美国本田制造有限公司及美国本田有限公司 0%

(Honda of America Mfg., Inc., American Honda Motor Co, Inc.)

6. 福特汽车公司 0%

(Ford Motor Company)

7. 其他美国公司 12.9%

(All Others)

六、知识产权和国际许可证协议

Intellectual property rights are a grant from a government to an individual or firm of the exclusive legal right to use a copyright, patent, or trademark for a specified time. Copyrights are legal rights to an artistic or written work, including books, software, films, music, or to a layout design of a computer chip. Trademarks include the legal right to use a name or symbol that identifies a firm or its product. Patents are governmental grants to inventors assuring them of the exclusive legal right to produce and sell their inventions for a period of years. Copyrights, trademarks, and patents compose substantial assets of many domestic and international firms.

The exchange of technology and manufacturing know-how between firms in different countries through arrangements such as licensing agreements is known as technology transfer. Transfer of technology and know-how are regulated by government control in some countries. This control is more common when the licensor is from a highly industrialized country such as the United States and the licensee is located in a developing country such as those in Latin America, the Middle East, or Asia. The licensee may, in a manner to benefit his own country to industrialize, modernize, and develop a self-sufficiency in technology and production methods, require the licensor to transfer most modem technology to its country, or train workers in its use, while the licensor may be reluctant to do so.

Franchising is a form of licensing that is gaining in popularity worldwide. The most common form of franchising is known as a business operations franchise, usually used in retailing. Under a typical franchising agreement, the franchisee is allowed to use a trade name or trademark in offering royalty based on a percentage of sales or other fee structure. The franchisee will usually obtain the franchiser's know-how in operating and managing a profitable business and its other "secrets of success". For example, franchising in the United States accounts for a large proportion of total retail sales. In foreign markets as well, franchising has been successful in fast-food retailing, hotels, video rentals, convenience stores, photocopying services, and real estate services, to name but a few.

（一）知识产权,是指由政府向个人或公司授予的、在一段特定的时间内可以独占使用某种版权、专利和商标的法律权利。

（二）版权,是指作者对艺术品或文学作品所具有的法律权利,包括书籍、软件、影视作品、音乐以及类似电脑芯片设计的作品。

（三）商标权,是指使用某种名称或标志的法律权利,这种名称和标志可以将某一特定企业及其生产的产品同其他企业和产品区别开来。

（四）专利权,是指政府授予发明者独占的法律权利,以保证发明者在一定时期内对其发明拥有生产及出售的专有权。

版权、商标权和专利权构成了许多国内及外国企业最有价值的资产。作为有价资产,知识产权可以通过许可证贸易的形式被出售或许可他人使用。

（五）国际许可证协议,是指在特定时期、特定条件下知识产权持有人为将其某项知识产权转让给外国企业而签订的合同。对于拥有可市场化知识产权的企业而言,许可证贸易代表了一种非常重要的进入外国市场的途径。例如,一家企业可以通过许可证方式转让制造和分销某种电脑或手机芯片的权利,或者将某个商标转让用于牛仔裤或品牌服饰的权利,也可以通过许可证方式转让好莱坞影片的分销权,或在国外市场复制和销售Word程序软件的权利,或者通过许可证方式转让其生产和出售高科技产品或药剂的权利。美国企业已经大规模采用许可证方式将知识产权在全世界进行转让,同时也从不同的国家购买大量技术的使用权。

由于采用许可证贸易方式比出口更容易进入外国市场,因此,企业更倾向于选择前者作为其市场进入方式。企业意识到同单纯向国外市场输出成品相比,以知识产权为基础,由外国公司生产并销售产品具有许多优势。如果向外国市场出口产品,企业必须克服许多困难,如远距离运输以及在履行订单时可能造成的延误。出口也需要熟悉当地文化,针对国外市场对产品或技术进行重新设计有时是十分必要的。此外还有一点非常重要,出口商不得不克服种种由外国政府设定的贸易管制,如配额或关税。而许可方向外国企业进行技术转让后,可通过将产品生产当地化来对付贸易管制,并且这样可以使进入外国市场的初期成本最小化。作为回报,许可方可以选择以总投入的一定百分比为基础,收取有保证的回报。这种方式确保了无论被许可方盈利与否,许可方都可以得到一定报酬。当然,即便许可方可以通过许可协议对被许可方使用其知识产权进行控制,问题也还是会产生。例如,许可方可能会发现无法监管被许可方的生产或者质量控制过程。而且,对许可方而言,保护自身版权、专利权或商标权不受侵权使用或被协议外的不道德的第三人使用也是一个需要注意的问题。

如果不受法律保护,各种权利就会变得没有价值。保护知识产权是一国法律中十分重要的内容(在美国,知识产权主要受到美国联邦法律的保护)。但是,在一国得到授权的知识产权在其他国家可能无法得到合法认可和保护,除非所有者按照该海外国家的法律采取某些法律措施来保护其权利。大多数发达国家,如加拿大、美国、日本等,已经制定了完善的保护知识产权所有者权益的法律并且强制实施。然而,版权、专利权和商标权在亚洲、拉丁美洲、非洲、俄罗斯、东欧等国家和地区仍然遭到严重侵害,中东国家的版权保护法律或者根本不存在,或者不能被强制执行。实际上,有些发展中国家出于经济增长这一目的而纵容了盗版侵权行为。在这些国家中,一些与居民生活息息相关的产品,如医药制品和化学制品,通常根本无法受到专利法保护。

目前,每年海外假冒商品的销售给美国企业造成的利润和版税损失高达数百亿美元,但同时国际社会也正在努力解决这个问题。应美国电影及唱片制造商、药剂制造商、软件生产商以及出版商的要求,美国政府已经开始鼓励这些发展中国家制定法律以保护知识产权并确保实施。

(六)技术转让,是指技术和生产技术在不同国家企业间的转移让渡,通常采用许可证转让等方式。在某些国家,技术和专有技术的转让受到政府管制。特别是在许可方来自高度工业化国家(如美国),而被许可方位于发展中国家(如拉美国家、中东和亚洲国家)的情况下,这种管制就更加普遍。在努力实现工业化、现代化以及技术和生产方法自给自足的过程中,这些国家通常以对本国有利的方式对许可证的授权合同的条款进行约束。例如,政府法规会要求许可方将其最先进的技术转让给发展中国家或者在这些技术使用中培训工人。

(七)国际特许经营,是当今世界流行的许可证方式之一,它最普遍的一种形式是商务特许经营,通常用于零售业。根据典型的特许经营协定,受让方可以在向公众提供产品或服务的过程中使用授权方的商标;作为回报,授权方可以按照销售额的一定百分比或其他费用结构获得一定授权费。在美国,特许经营在零售业销售额中占相当大比例。同样,在国外市场,特许经营也在快餐、零售、酒店、便利店、影印服务以及不动产服务等领域取得了成功。一些著名的美国企业擅长在海外从事特许经营,因而成为世界范围内新型特许经营服务的主体。特许经营在外国市场发展前景广阔,特别是在拉丁美洲的发展中国家。例如,在墨西哥,美国快餐和零售业的特许经营非常普遍。目前,巴西为特许经营业的发展提供了最好的机会,有约 2.5 万家特许经营销售商处在运营当中。1994 年,美国的两家公司——塞百味公司和百视达音像公司宣布它们已经在巴西展开了特许经营业务,并希望在近年内拥有 200 家以上的营业网点。

特许经营是进入外国市场的一种很好的手段,因为当地受让方会提供资本、企业家赞助以及现场管理来处理当地的关税和劳务问题。但是,许多法规都会对特许经营产生影响。有些国家特许经营业务需要政府批准。其他国家则出于商业目的对进口商品(如番茄酱、床上亚麻类制品、纸制品等)进行各种限制,以保护本国企业。但是,更多较先进的发展中国家目前正在废除这类严格的法规,因为它们欢迎特许经营,欢迎高质量的消费品以及市场管理技能。由于对外国企业日渐接纳的态度,墨西哥和西班牙已经成为许多利润丰厚的新型特许经营交易的大本营。

【法律阅读3-2】

1988年,美国国际贸易委员会(United States International Trade Commission,ITC)致美国贸易代表(署)(United States Trade Representative,USTR)的报告中指出,在其调查的431家美国公司中,由于国外对于知识产权保护的不足,使其于1986年一年中总共损失238亿美元。根据此项估计,当时的USTR Clayton Yeutter认为,整个美国经济的损失大约在500亿美元。① 鉴于此,美国商业界呼吁世界各国制订与美国相同的保护标准并要求美国政府能以法律手段禁止外国侵犯其知识产权的产品进入美国市场。然而由于外国制造商在美国一般没有经营场所,使无法对外国制造商起诉,而只能对美国国内的进口商起诉,这就使其无法通过法律途径达到限制外国侵权产品进入美国的目的。再者,通过司法程序,法院也很难判令非当事人的外国制造商提供起诉所需的资料,令侵权事实的调查取证变得困难起来。所以美国关税法设置了"337条款",以此在司法程序上解决对知识产权保护不足的问题。

所谓337条款,是美国的一项进口贸易救济制度,其得名于美国《1930年关税法》第337节②。该条款经过不断的修订③,从实体到程序,其内容越来越丰富,也越来越严厉,成为美国贸易法中调整外国产品进口的法律制度的重要组成部分。目前,适用的"337条款"是指经1994年修订的《1988年综合贸易及竞争法》第337条款,在《美国法典》中为第19编第1337节。④

"337条款"又称"不公平贸易作法"条款,它将美国进口中的不正当贸易分为两类:一般不正当贸易和有关知识产权的不正当贸易。据统计,"337调查"的案件大多涉及知

---

① 罗昌发:《美国贸易救济制度》,269~270页,北京,中国政法大学出版社,2003。
② "337条款"的前身系1922年关税法的316条款。其规定系就未在其他法律所涵盖的不公平行为纳入规范。故其性质属于总括性之规定。《1930年关税法》的337条款修正了316条款,但仍然维持其总括规定之性质。参见:罗昌发:《美国贸易救济制度》,274页,北京,中国政法大学出版社,2003。
③ 《1930年关税法》历经多次修改,有时经修改后形成新法公布实施,这些修订《1930年关税法》的新法是:《1974年贸易法》《1979年贸易协定法》《1984年贸易与关税法》《1988年综合贸易与竞争法》《1994年乌拉圭回合协定法》。参见李涛:《"中国制造"的困境与出路》,载《电子知识产权》,2004年3月,第23页。
④ 韩立余译:《美国关税法》,1页,北京,法律出版社,1999。

识产权纠纷,因此前者在此不作论述;有关知识产权的不正当贸易:①是指所有人、进口商或者承销人向美国进口、为进口而买卖或者进口后销售属于侵犯了美国法律保护的版权、专利权、商标权、掩模作品的行为。与前者不同的是,只要美国存在与该产业相关的行业或者正在建立该行业,有关知识产权的不正当贸易做法即构成非法,而不是以其对美国企业造成损害为要件②。

研究"337 条款"的修改和沿革,不得不提及《1994 年乌拉圭回合协定法》。1984 年 4 月 18 日的"化学纤维案"③直接导致了《1994 年乌拉圭回合协定法》的诞生。该法以关税与贸易总协定(GATT)专家小组裁决为参考,从以下三方面对"337 条款"进行了修正:(1)原该条款限定了 ITC 审理期限为 1 年,而涉及国内货物的侵权案件无此规定,因此,新法取消了 1 年的时限,取而代之的是规定调查和仲裁应在"可行的最早时间内"完成,并要求 ITC 在发起调查后 45 天后确定做出仲裁决定的期限;(2)原该条款允许受害方可以向 ITC 和联邦地区法院同时申诉和起诉,加重了被控方的负担,明显违反"国民待遇原则",新法仍允许受害方采取双重救济措施,但要求申诉人向 ITC 请求发起调查 30 天内,经被申诉人请求,地区法院应当中止案件审理,待 ITC 做出最后裁决后再行审理,并允许法院利用 ITC 的相关记录;(3)原该条款规定 ITC 不允许被申诉人反诉,新法改变了这一做法,明确了被申诉人如果向 ITC 提出反诉,该反诉将被迅速移送到对同案有管辖权的地区法院审理,并且该地区法院仅对源于本诉的同一事件的反诉有管辖权。

然而,该修改并没有产生对进口货物和国内生产的货物在知识产权保护方面适用相同的法律程序,并且未打破"337 条款"法律救济的整体上的有效性,没有消除 337 条款适用造成的对进口货物国内法上的歧视。因此,美国关税法"337 条款"仍与 WTO 多边贸易体制相冲突,并且一直不断引发他国对该条款的不满和挑战。

二、"337 调查"对中国企业的影响

1. 针对中国的"337 调查"数量不断增长

近年来,随着中国出口产品结构的不断升级,高附加值、高技术含量的产品出口比例

---

① [美]理查德·谢佛、贝佛利·韦尔、菲利伯多·阿格斯蒂著:《美国法典》,邹建华主译,第 19 编第 1337 节 (a)(2),北京,人民邮电出版社,2006。

② 《1982 年美国关税法》337 条款规定:货物进口到美国时……且其有摧毁或者有相当程度的损害一个有效率且符合经济效益运营中的美国产业的效果者……均宣告为违法。就此规定,国会认为,其要件过于严格,且其程序所需花费支出过于巨大,故于《1988 年综合贸易与竞争法》中,对"337 条款"之要件给予修正放宽。其中最重要之修正为就知识产权之案件,取消国内产业损害之要件。

③ 1984 年 4 月 18 日,杜邦公司向 ITC 申诉,指控荷兰阿克佐化工集团等多家公司在一种高度化学纤维(Aramid Fibres)生产中侵犯了杜邦公司 756 号加工方法专利,属于违反"337 条款"的不公平竞争方式和不公平行为,请求 ITC 展开调查。ITC 最终裁决阿克佐公司违反了"337 条款",并发出限制性排出进口令,禁止阿克佐公司侵权产品进口美国。1987 年 4 月 29 日,欧共体通知 GATT 全体缔约方,请求就 337 条款的适用与美国进行协商,最后专家小组做出最终裁决,美国对于进口的被控侵权产品和原产于国内的侵权产品适用不同的法律程序和法律管辖,使外国被诉方和被告在调整合诉讼中处于不利地位,违反了"国民待遇原则"。美国接受了这一裁决,并于 1994 年制定并实施《乌拉圭回合协定法》。参见李巍:《对美国关税法第 337 条款的剖析》,载《政法论坛(中国政法大学学报)》,1997(5)。

日趋上升,涉及知识产权的纠纷也随之日益增加。自 1986 年我国遭遇第一起美国"337 调查"以来,截至 2006 年 6 月,我国共遭受 53 起"337 调查"。

20 世纪六七十年代,美国反倾销的主要对象是日本、韩国;80 年代后期日本、韩国逐渐成为美国"337 调查"的主要对象。① 美国针对中国的反倾销调查不断增加是从 20 世纪 80 年代开始的,而最近几年,中国又成了美国 337 调查的主要国家。随着中国制造业的发展以及科技水平的不断提高,中美贸易中知识产权冲突日益激烈,至今"337 调查"已成为继反倾销调查后中国产品出口美国市场的主要障碍,可以预见越来越多的美国企业将选择"337 调查"限制中国竞争对手的产品进入美国。

2."337 调查"增长迅速对中国企业造成严重后

我国企业遭受美国"337 调查"造成的损失,包括达成和解所支付的专利许可费,败诉后支付的赔偿金、律师费和利息、知识产权使用费、应得利息收入和侵权人不正当的利润损失等。一般来说,高的可达数亿美元,低的也有上百万美元。如果被判定为恶意侵权,还将被处以补偿性赔偿金额的 2~3 倍的惩罚性赔偿金。过去五年,中国涉案企业很少进行抗辩,而且大部分没有出庭,久而久之,越来越多的中国企业成为"337 条款"的牺牲品。② 然而,根据"337 条款"的相关规定,如果被诉企业不参加应诉,则 ITC 将认定被申诉企业为自动败诉而发出"普遍排除令"③,使所有生产该产品的中国企业都无法进入美国市场。

拿我国橡胶行业来说,自 2002 年以来我国对美国的轮胎出口稳步增长,无论出口品种还是出口数量都排在美国轮胎进口国前四位,同时美国也成为我国轮胎出口第一大国外市场。面对中国进口的强大压力,2005 年 3 月 23 日,应美国俄亥俄州阿克伦城的 Flexsys America LP 公司的申请,ITC 决定对进口橡胶助剂进行"337 调查",山东圣奥化工股份有限公司成为被调查对象之一。④ 如果圣奥公司完全败诉,可以预见的后果是,一方面,国内生产的橡胶防老化剂可能无法再进入美国市场,市场将出现缺口,原告必将占据这些市场,今后中国企业再想进入美国可要费一番周折了;另一方面,含有这种产品的轮胎将不能再进入美国市场,整个世界轮胎销售格局将发生重大变化。⑤ 可以说间接损失

---

① 张玉蓉、刘平:《由美国"337 条款"对知识产权边境保护看我国企业的应对策略》,载《电子知识产权》,2002(12)。
② 资料来源:http://www.ipr.gov.cn/cn/zhuanti/337.htm,2007 年 3 月 2 日。
③ 《美国法典》第 19 编第 1337 节(g)(2)规定:除答辩人出席抗辩关于违反本节的调查、委员会享有发布普遍排除令的权限外,如果(A)没有人出席抗辩有关违反本节规定的调查;(B)大量的经证实的可信证据确定存在本节的违反且(C)本节(d)(2)的要求得以满足,可不管产品的来源或进口商,发布普遍排除令。
④ 李洪江:《美国福莱克斯对山东圣奥化工股份有限公司的"337 调查"案》,载《中国海外企业亮剑》,2007。
⑤ 2006 年 2 月 17 日,行政法官在关于橡胶防老化剂的第 337 款调查案中,初步判决为:圣奥公司和美国 Sovereign 公司有专利侵权行为,而另一被告韩国锦湖化工公司没有侵权行为。在初裁中,ITC 行政法官建议对圣奥公司和美国 Sovereign 公司发布有限排除令(limited exclusion order)。至 2006 年 5 月 11 日,美国国际贸易委员会发出通告,通告表明 ITC 将推迟案件终结日期到 2006 年 7 月 12 日。2006 年 7 月 12 日,ITC 发布最终裁决,维持行政法官的初步裁决。2006 年 7 月 25 日,富莱克斯公司宣布将继续在俄亥俄州北部地方法院的诉讼,该诉讼要求 2000 万美元的赔偿和其他救济。2006 年 9 月 1 日,圣奥公司宣布已向联邦巡回上诉法院提起上诉。

主要就是出口市场的丢失,如果我国出口企业遭受普遍排除令,那么相关的上、下游产品出口,都将遭到封杀。

第二节 国际商务的风险管理

国际商务的管理就是风险的管理。没有哪个经营管理者可以在不对相应风险进行充分评估的情况下,贸然制定战略性的商务决策或达成重要的商品交易。许多最佳的商务计划都毁于一次错误估算、一次错误或一次判断上的失误,而这些错误都是可以通过正确的计划避免的。例如,一位"野营帐篷"的进口商以为帐篷的关税税率和"运动用品"一样,但是最后才发现美国海关部门将其视为纺织产品并征收了更高的进口关税。又如,某艘游艇被装上海轮由亚洲运往目的地,但货主没有在货运单据中注明其价值,结果游艇在装船时被毁,这时他才发现根据国际相关法律自己仅仅能得到500美元的赔偿等。

如果不能通过事先计划和谨慎执行来减少风险,或许可以将风险转移给交易中的其他各方。例如,如果货物的卖方不想承担货物在海上灭失的风险,他是否能够在合同谈判的过程中将风险转移给买方?如果美国出口商向委内瑞拉买方出售商品但又担心收不回货款,那么他是否可以通过要求买方以开立银行信用证的方式将贸易风险转移给买方呢?毕竟,在这些案例中,贸易双方有的担心货物灭失的风险,有的害怕得不到支付,但他们可以谈判。不论是货物销售合同、专利或商标许可协议或者建立工厂的合资合同,风险始终都是贸易双方谈判的焦点。

如果无法将风险转移给贸易中的另一方,那么可以将其转移给保险公司。许多风险可以得到保险,包括海上货物损毁的风险、在发展中国家投资损失的风险以及其他许多种风险。最后,在尽全力管理风险之后,一家企业必须评估潜在的收益是否能够弥补存在的风险。

如果一家企业考虑进入或扩展到某一外国市场,它必须权衡所有选择并以其目标、能力和承担风险的意愿为行动标准做出决定。例如,一家企业的全球商业战略,必须考虑企业为进入外国市场而愿意承担的风险的大小。

一家生产工业设备的美国制造商向欧洲出口产品,但是面临欧洲企业日益增强的竞争、较高的远洋运输费用和不断增加的欧洲进口限制。而且,这家企业在为其设备提供售后服务以及持续提供零部件的问题上也遇到了困难。该企业采用对欧洲国与国之间商业环境分析的方法,对其克服出口方面的问题以及扩展其在欧洲市场的现有规模等选择进行了评估。考虑到劳动、税收以及其他因素,该企业决定最佳行动方案是通过西班牙进入欧洲市场。这项决定最显著的地方在于目前在西班牙已经存在一家企业,这家企业得到美国企业在金融和技术上的支持,这无疑是一个良好的合作伙伴。

通过谈判,两家企业初步达成协议,美国企业占有新合资企业40%的少数股权,并同合作者分享利润。美国人审查了全部的往来账目、信用报告,并向以前与西班牙企业有业务关系的其他企业进行了调查。尽管除了一些海外管理上的失误,其他一切正常,美国企业仍然希望其审计员参观西班牙企业并审阅账簿。在西班牙参观期间,有人问审计员们想要审阅"哪一套账簿和数字"——是西班牙企业的真正财务记录,还是那些用来向西班牙税收部门汇报时用的记录。这时美国企业开始对其作为这家企业的少份额外国投资合作人身份的潜在危机感到忧虑。它们不仅担心会被"合作者"欺骗,还害怕合作者的行为会有悖西班牙法律和税收部门的规定,这些是他们很难或无法控制的。结果,美国企业决定不与西班牙企业合资经营,而决定将其工艺和专有技术采用许可证授予的方式转让给西班牙企业;作为回报,美国企业以销售情况为基础获得当期的现金支付和未来的许可费。这种安排使美国企业既赢得了欧洲客户,又避免了以现金投资以及在那里建厂所带来的风险。

一、远程管理和沟通

在外国从事商业活动的风险不同于在国内的风险。例如,一家得克萨斯企业会发现在日本甚至在邻国墨西哥从事商业活动与在俄克拉荷马州完全不同,但在俄克拉荷马州与在奥斯汀进行商业活动却根本没什么不同。奥斯汀和俄克拉荷马拥有共同的语言和风俗、共同的货币、相同的商法、紧密连接的网状通信系统等。而得克萨斯的企业在外国是找不到这些相似性的。在外国经商面对的是更加遥远的距离;沟通方面的问题、语言和文化障碍;种族、道德观以及宗教信仰方面的差异;接受奇特的外国法律和政府管制;不同的货币。所有这些因素都是海外经商的风险。

面对面销售国际贸易中的交易双方必须找到减少它们之间距离的解决方法。尽管卫星通信、可视电话会议以及传真机的出现使商人间的距离比以往任何时候都要近,但还没有发现有什么可以替代面对面的会谈。在亚洲进行商务活动需要多次前往该地区并且进行多年不断的磋商,以建立彼此之间的信任。面对面的会谈对沟通来说非常重要,因为它使双方能够更好地表达自己的需要、展现自己的能力以及产品和服务。它们可以更好地交流并解释各自的处境,最重要的是,可以估计对方的意图、态度和诚实性。面对面会谈多用于金融业,也用于其他产业。国际银行家经常出国与外国银行家、外国政府代表团和外国客户会晤,因此,他们可以自己评估贷款或其他银行业务的风险。

二、参加国际贸易展览会

一个认识新客户,更新陈旧的商业关系以及在某一产业内增加合作的机会就是参加国际贸易展览会或者交易会。大部分产业都有这样定期召开的展览会——计算机和软件、家用纺织品、餐馆用品、航天器材、船舶、运动用品、布匹和服装、纸类以及工业设备等。它们通常由产业贸易协会或代表中心组织,这些展览会使销售者有机会向全球展示其产品和服务以及同未来的买主见面并签下订单。

三、语言和文化差异

随着世界经济进一步朝着全球化发展,语言和文化差异对国际商务来说已经不再是十分重要的障碍。虽然英语在世界范围内的商务活动中被广泛使用,但某一特定贸易所使用的语言仍然取决于商务活动的类型以及在世界上所处的地区。在进出口的案例中,许多实际情况是,如果你是购买方,则销售者会想办法说你的语言;但是,如果你是销售者,你就应该找一个恰当的方式同客户交流。例如,当一家企业向外国市场进一步渗透,就许可证或投资合同进行谈判时,使用会说当地语言的人或者当地人是至关重要的。那些合同通常以双方语言所制定,因此使用外国律师也就十分必要。在其他有关社会习俗的案例中:有礼貌地做介绍并表现出自己花了时间学习他们的语言和文化,以及正确认识东道国文化氛围和宗教信仰等绝对重要。在向外国推销的过程中,使用当地销售机构和代理会使语言和文化问题变得简单,他们会为你在他们国家遇到的文化差异提出很好的解决建议。而且,许多国家正在推行统一法,采用许多国家普遍同意并采纳的法律和法规,并用多种语言书写。

四、货币和汇率管制风险

1. 货币风险(currency risk)是企业在购买、出售或持有外国货币,或者用外国货币进行支付时所面临的风险。货币风险包括:汇率风险和货币管制风险。大部分国际交易都会涉及外国货币的使用和兑付,当企业必须进行货币汇兑时,就会存在货币风险。

2. 汇率风险(exchange rate risk)是由于在国际金融市场上买卖相关货币时,它们的相对价值发生波动而产生的风险。实际上每一笔国际交易都会受到汇率风险的影响。

3. 管理汇率风险的方法,企业管理货币风险的能力取决于它的规模、资信以及全球资源。国内小企业可能采用"买远期货"或套汇的方法。套汇是指企业与银行签订合同购买某种外国货币,并规定在未来某个日期按合同中规定的价格进行交付。跨国公司采用许多更复杂和老练的方式管理外汇风险,例如,跨国公司在外国的附属公司可能因为当地的收益而拥有过量的当地货币,这种资产可以转移给母公司的各附属公司,以便在世界各地使用。

【背景与案情 3-4】

国际金属公司(IM)是一家新泽西州的公司,主要从事钢材和其他金属的国际贸易。布鲁塞尔朗贝银行(BBL)是一家比利时银行,在纽约有一家分支机构。IM董事长特劳布在与BBL的外汇套汇方面颇有经验,于是,特劳布开始同这家银行的代表讨论其他投机性更强的外汇交易。IM开了一个账户同BBL进行投机性外汇交易,这些交易由BBL的外汇经纪人管理。这些交易在"现货交易市场"上完成而非期货市场交易。现货交易要求在两日内结清。经纪人以事先达成的美元价格为 IM 购买或出售外汇,然后在两天内支付结清。购买外汇需要推测在结清前美元对外币会相对贬值,出售外汇则需要做出预期在两天内美元对外币会相对升值。当合同在两天内到期后,经纪人或者赚了美元,或者赔了,也可能又参加了另一项投机性交易。BBL 总是即刻用电话向 IM 汇报每笔交易并记录每笔交易。IM 无法控制交易决定,盈利被记入 IM 的银行账户,若出现损失,也会从 IM 的账户中扣除。如果损失超过盈利,则 BBL 会允许 IM 透支。经过一年的交易,IM 的损失超过 150 万美元,BBL 要求 IM 偿还,而 IM 拒绝承担责任,于是 BBL 提出诉讼要求弥补差额。

地区法官莱华尔(Leval)

IM 的主要理由是它与 BBL 达成合同性协议,保证将其损失限制在 5 万美元以内,而事实上我并没有发现有这样的契约性协定……IM 密切关注着其账户每天交易的结果。在 1989 年 6 月第一段交易期间,IM 账户上的损失已超过了允许损失限额的 6 倍,尽管如此,IM 还继续该项目并投入数百万美元去冒险,直到有一天意识到损失已远远超过了规定限额。因此,IM 不可能以为交易是在规定损失限额内进行的,除非它相信银行会承担全部损失。而且,银行代客户进行大量投机性外汇交易,若盈利则归客户,损失由银行承担,这种想法是不可能且十分荒谬的。

IM 做出大量 BBL 诈骗以及违反信托义务的陈述,它认为 BBL 夸大了经纪人的技能和专业知识,没有能够发现外汇交易的风险,没有发现其费用和补偿金结构,而且没能意识到自己在 IM 的许多交易中充当的是主要对手。出于对经纪人专业知识的敬重,IM 只是对其给予了许可性的赞扬。

至于没能发现此类投机的风险,至少可归纳为 IM 辩解中两方面的欠缺:第一,它并没有证据表明 BBL 有向 IM 提出风险忠告的责任;第二,有证据表明 IM 十分了解其中的风险。特劳布是一位经验丰富的商人,尽管他在 1988 年 2 月以前没有进行过外汇交易,但他在开始投机性交易之前就懂得外汇波动的风险。的确,他同 BBL 第一笔外汇交易——远期外汇交易,是出于规避风险的意图而达成的,IM 赚了 30 万美元。这笔钱以后将以德国马克的形式支付……从那以后,IM 所从事的交易都是在懂得外汇汇率波动的前提下进行,试图通过这种风险获利。从 1989 年 2 月到 6 月,IM 在外汇交易中共损失 23.7 万美元;而 1989 年 6 月至 11 月,它又通过投机性外汇交易获利 50 万美元。对 IM 来说,通过投机性交易赚了 50 万美元又轻易损失,这已不是什么秘密了。IM 从这种交易中获取超过 20 万美元的利润,这一点也极有力地说明了它知道这种行为的投机性本质。直到 IM 在外汇交易中大量亏损,它已经进行了大约一年的主动交易,其中既有大笔损失,也有大量利润的获取。IM 在风险方面受过良好的教育,当它在外汇波动中以 5 000 万美元冒险时,它并不需要银行的指导。

IM 认为 BBL 在为其账户进行和管理交易活动过程中存在疏忽,尽管毫无疑问,BBL

对其客户负有合理的注意义务,但 IM 无法证明 BBL 违反了这一义务。当然,法律中也没有规定投机一定要成功这一义务。

法院认为原告 BBL 有权收回其在外汇交易中向被告 IM 提供的大约 150 万美元加上利息的贷款。

裁决:银行胜诉。银行并没有欺诈和违反合同,或在代理其客户国际金属公司进行投机外汇交易的过程中玩忽职守。投机交易本身具有风险,像国际金属公司这样的企业应被认为了解有关风险。

五、交货风险

买方无法根据合同收取货物的风险称为交货风险。这种风险可能是由于运输延迟,也可能是由于卖方根本就没有装运货物,或者由于货物运输与合同规定不符,还可能是因为发生了诸如罢工、海难等不可抗力事件以及卖方不守信用。不论什么原因,买方必须评估同国外供货商合作的风险。一家国际企业的采购经理曾说过这样的话:"除了了解你的销售商,别无他法。"商业信用报告、贸易查询、货物样品以及参观其工厂都是评估销售商非常重要的方法。

六、货物风险或海上风险

有一种特别的风险被称为货物风险或海上风险,是指在远距离运输过程中货物可能遭受的损失和破坏。从贸易双方最初签订协议到货物到达目的地的这段时间内,任何意想不到的事件都可能对合同的一方或多方造成损失。例如,货物可能受到海水或含盐分空气的破坏、货船可能沉没、飞机可能坠毁、集装箱的冷藏设备可能发生故障、食物可能腐烂、谷物可能生虫,而且职员罢工可能会延迟货船的出发。其中有些风险令人始料不及,假定出口商用海运货船运输货物,由于船长疏忽离开甲板,货船在海港中撞上了礁石并毁坏了船身。

多年以来,偷窃一直都是国际货物托运人所面对的问题。在散装货物运输的过程中,有的货物被装在草垫或箱子中,有的没有包装,这样就比较容易被偷。但是,运输业在过去 20~30 年的时间中发生了很大的变化。今天,几乎所有货物都被装在集装箱中运输,且集装箱由托运人亲自密封并只能由买方或海关官员开启。这一举措有助于减少运输过程中的破坏和偷窃。当然,偷窃仍然是一个很严重的问题,特别是在发展中国家的港口。

七、政治风险

政治风险(political risk)通常被定义为:由于企业从事商业活动所在国的政治不稳定和政治变革对企业商业利益所造成的风险。根据这一定义,如果不考虑政治和经济体制,政治风险存在于所有国家和地区。政治风险包括企业在海外从事商业活动所在国政府所采取的对企业不利的行动带来的风险,或者是该国法律法规带来的风险;政治风险还包括由于企业母国所制定的法律和政府政策对企业在外国从事商业活动产生的负面影响。政治风险可以有许多种形式——从战争和革命到法律和政策的变化,它可以影响国际商务的各个方面——向某国运输货物的权利或者在该国拥有和经营一家工厂的权利。尽管几乎任何不利的法律或法规都可以被视为政治风险,包括对贸易和货币的限制,但本书会从更普遍的角度去考察政治风险。

思 考 题

1. 贸易的出现,主要理论有哪些?
2. 针对各国进出口贸易,关税是否是最主要的制约因素?
3. 知识产权在现代商事活动中的重要性有哪些?举例说明。
4. 国际商务中存在哪些风险?举例说明。

第二编 国际货物买卖、国际支付及金融、国际运输与保险

第四章　国际货物买卖与合同

本章主要讲述在国际货物买卖合同下的买卖双方的权利,货物买卖中的所有权转移的法律机制以及买卖双方之间有关货物损失或损坏的风险分配法律机制,货物买卖的支付融资方式及保证支付的方法。CISG 是联合国国际贸易法委员会制定的国际公约,目前有 70 多个国家批准通过。当今国际贸易合同大多数都采用 CISG 来调整。国际货物买卖合同,包括国际货物买卖合同的定义、合同的形式、合同的有效及构成等。其中介绍了英美法系合同法、大陆法系合同法对合同的相关解释。由于国际商事交易的双方常常属于两个具有不同社会制度、不同法律制度的国家,差异几乎无处不在,只能使用合同来规定各自的权利和义务。因此,合同是国际商事交易的基础,是保护合同双方当事人权益的依据。

第一节　国际买卖合同法的发展

More than 100 years later, in 1894, England enacted its Sale of Goods Act that codified many rules for merchants, thus adapting the common law to business needs of the time. In Europe, the law merchant gave way to stricter legal codes enacted by local lawmakers and legislatures, based on legal concepts dating to the Roman period. In 1906, in the United States the Uniform Sales Act (although no longer in effect) was passed in many states codifying the law of sales. The result, by the dawn of the twentieth century, was that nations had developed very different commercial codes. As the business world became more complex, and with the dawn of air travel and worldwide communications, there was a need for a clearer set of modem rules, and for more uniformity in the application of commercial laws around the world. Virtually all trading nations of the world today have modem commercial codes governing the sale of goods. For instance, in 1951 a new commercial law was proposed in the United States. Known as the Uniform Commercial Code (UCC), it is the primary body of commercial law for domestic transactions in the United States. The purposes of the UCC are (1) to simplify, clarify, and modernize the law governing commercial transactions, (2) to permit the continued expansion of commercial practices through custom, usage, and agreement of the parties, (3) to make uniform the law among the various jurisdictions (states). The UCC has been adopted in all fifty states. It covers many areas of commercial law, ranging from bank deposits to secured transactions. It does not, however, cover the sale or real estate or services, insurance, intellectual property, bankruptcy, or many other areas.

1894 年,英国颁布了《货物买卖法》(Sale of Goods Act)为商人提供了法典式的规则,使普通法满足了当时商业的需要。在欧洲大陆,商法由更严格的法律法规所取代,后者由地方立法者和立法机构颁布,依据源于罗马时代的一些法律概念。1906 年,美国许多州都通过了《统一销售法》(Uniform Sales Act)。到 20 世纪初,各国都制定了大相径庭的商业法规。但随着商业世界的日益复杂、航空运输的出现以及世界范围交流的扩大,需要一套更为清晰的在全世界范围内统一的现代法规以及商法。实际上,在当今各国的国际贸易中,都有了管理货物买卖的现代商业法规。

1951 年美国提出一部新的商法,这就是《美国统一商法典》(Uniform Commercial Code,UCC),是规范美国国内商贸活动的商法主体。UCC 的宗旨:

1. 使规范商业交易的法律更为简单、清楚、适应现代的需要;
2. 通过习惯、行为以及当事人的协议,允许商业的持续扩张;
3. 不同的司法管辖区内,制定统一的法律。

美国的 50 个州全部采用了 UCC(路易斯安那州是部分采用)。它涵盖从银行存款到保护性交易等商业法规的许多领域。但并未涉及不动产、服务、保险、知识产权、破产等许多其他领域。

为了适应国际贸易的进一步发展,UCC 逐渐被一部新法取代,这就是《联合国国际货物销售合同公约》(United Nations Convention on Contracts for the International Sale of Goods,CISG、《买卖合同公约》或《公约》)。这是适用于多个国家统一的国际买卖法,这些国家的国际贸易占到全世界的 2/3。它在联合国的领导下起草,并被五大洲的国家接受作为法律。目的就是统一各国买卖法。这种使各国法律趋于一致的行动被认为是法律上的一致。

一、法律冲突

买卖合同对贸易来说非常重要,因为一个货物买卖的国际协议,与许多国内合同一样,其履行需要时间。如果买卖双方都能在合同到期前充分履行合同,或每个卖主都能在买主支付货款时交货,那么他们就无须以合同来束缚彼此的贸易关系。但无论任何国家,几乎没有商人或贸易商愿意不签订合同就去做一笔有潜在风险的长期交易。合同的重要性就在于它体现了交易双方达成的协议,从而保证了双方都要履行自己的义务。如果合同被违反,法院必须解决纠纷,当事人的权利和义务就建立在适用于该案件的法律基础上。在国际贸易中,至少有一方的权利有可能是由外国法律来决定的。因此,当一家公司涉及根据外国法律签订的合同时,这一方就会承担额外风险。对该方当事人而言,外国法律对合同条款的解释,以及根据合同解释自己的权利和义务,可能会是意料之外的。

法院依据法律冲突的有关规则,去确定一个案件应适用什么法律,到底是用签约地国家的法律,还是用履约地国家的法律,或是用与合同有密切关系的另一个国家的法律呢?看看以下的例子:一家美国公司的法国子公司与一家扎伊尔公司签订了一份铜的购买合同。该合同是在瑞典洽谈并签订的,要求扎伊尔公司将铜从扎伊尔运往美国母公司。如果铜质不纯或等级不合要求,去哪里打这场官司呢?一旦打起官司来,适用哪个国家的法律来确定买主的损失呢?这些待解决案情的不确定性和不可预见性,增加了国际贸易的风险。

许多国际合同中都约定纠纷一旦发生,适用当事人双方所选择的法律。大多数国家的法律都承认这种事先的约定,不过都带有一些限制条件。适用法律(即合同的准据法)的选择取决于双方当事人讨价还价的地位及一方让另一方做出让步妥协的能力。

【背景与案情 4-1】

通用电气公司(G.E.)与 Siempelkamp 公司——德国重型机器制造商——下属的一家美国子公司会面,表示对其母公司用来生产工业薄片制品的 Conti Roll 牌压力机颇感兴趣。这些压力机将供给 G.E.在俄亥俄州的一家工厂使用,该工厂专为电脑电路工业生产铜壳的工艺薄片。这次谈判在 G.E.与 Siempelkamp 公司的德国总部之间进行。G.E.发出一台压力机的标准购买订单。Siempelkamp 公司随即发出一份订货确认书。两天之后,在 Siempelkamp 公司的德国总部里,G.E.的代表与 Siempelkamp 公司的代理在 Siempelkamp 公司发出的订货确认书上签署"接受"。G.E.的代理也在 60 页条文的每一页上,签上自己名字的首写字母。这份订货确认书包含了以下关于选择法庭及适用法律条款,其规定:"对所有与合同有关的争端问题的解决,应在供应商主要业务所在地。这点也适用于对汇票或支票的简单手续的要求。供应商也有权在购买商主要业务所在地提出诉讼。"

"发生在该合同之下的所有问题和争端,将受德国联邦政府法律的约束。"G.E.向美国地区法院上诉,宣称对方 Siempelkamp 公司违反合同,违反了《统一商法典》,在Siempelkamp 公司压力机安装方面存在欺骗并违反保证书规定等。根据该合同关于选择法庭的条款规定,地方法院对 Siempelkamp 公司作出概括性的判决(驳回诉讼不会造成任何对应有权利的损害,因此这个案子可以在其他法院进行裁决)。

巡回法官内森·琼斯(Nathan R. Jones)

G.E.向 Siempelkamp 公司发出购货要约,Siempelkamp 公司以订货确认书的形式发出反要约,其中包括了与订货单非常不同的条款。G.E.同意对方的反要约并签字接受,一份具有约束力的合同书于是生效。因此双方必须遵守合同中的条款,包括有关选择法庭的条款规定。

G. E. 认为,即使运用有关选择法庭的条款,该条款也不具有排他性或强制性。但是,因为该条款规定"所有"争端问题,都"必须"在 Siempelkamp 公司的主要业务所在地解决,它只选择了德国法院的司法管辖权而且具有强制性……该条款写得很清楚,应该依照其实施。

最后,G. E. 宣称,在这里实施该条款是不合理的。原因在于,如果出现一方能够"明确地证明条款的实施将是不合理和不公平的,或者该条款因为欺骗或难以实现等理由而失效……"的情况,尽管该条款非常清晰并且是双方明确商定的,我们也可能会拒绝执行。

在这个案例中,我们公正地看,G. E. 是富有经验的一方,它已习惯于处理复杂的国际商业贸易。在这次贸易中,我们没有看到 G. E. 受到欺骗或受到不平等对待的迹象……关于 G. E. 暗示俄亥俄州应该是这个案件的合理审判地点,我们发现德国与由协议引起的诉讼也有很大关系:这次交易是在德国谈判并签字的,合同大部分事项在德国进行,压力机也主要是在德国生产,并假设证人会定居在德国和美国两地。因此,运用这条选择法庭条款在这个案例中并是合理的。

裁决:实施有关选择法庭的条款,在德国法院里解决争端并非不合理,因此给予肯定。

二、《公约》的发展

起草《公约》是为了避免与法律冲突有关的两个主要问题——不确定性与难以预测性。在一份买卖合同中明确自己拥有什么权利,对发展国际业务的公司很有利。而且当法律统一时,律师们更容易为其客户提供建议。但是,制定出符合每个国家要求与利益的国际买卖法,任务非常艰巨。各国法律之间的巨大差异必须得到解决。一些差异可以追溯到当商法被纳入英国普通法,而欧洲国家却向罗马国民法靠拢的时期,甚至更大的差异发生在其法典以伊斯兰教为信仰的国家或源于马克思意识形态的社会主义国家。结果,在不同的法律体系,买卖法的功能及本质具有不同的含义。[1] 每一个法律体系,对合同的有效性、合同条款的阐述、一方违约时补救方法的制定等方面,都有各自的规则。当欧盟(EU)向经济进一步一体化发展时,它也正寻求那些用于阐述合同和在出现违规时制定合适补救方法的原则的标准化。与美国《合同法重述》(Restatement of the Law of Contracts)相似,《欧洲合同法原理》(Principles of European Contract Law)由来自欧盟各个成员国的律师们共同起草。[2]

---

[1] http://itl/irv.uit.no/trade_law/doc/hague. Applicable. Law. SOG. Convention. 1986. html.

[2] http://www.cisg.law.pace.edu.

第二节 国际货物销售合同公约

The sales contract is universally recognized as the legal mechanism for conducting trade in goods. It is essential to trade because an international agreement to buy and sell goods, like many domestic agreements, takes time to perform. If buyer and seller could fully perform the contract at the moment the agreement was reached, or if every seller handed over the goods when the purchase price was paid, they would not need binding agreements. But few merchants or traders, from any country, would risk entering a potentially risky long-term transaction without a contract. If the agreement breaks down, and a court must resolve a dispute, the rights and obligations of the parties will be based on the law applicable to the case.

In an international transaction, at least one party is likely to have its rights decided under the law of a foreign country because two parties to the sales contract must be governed by the law of only one country. What is more important, there are many differences between national laws. Some differences date back to the time when the law merchant was incorporated into English common law, while the European countries moved toward Roman civil law. Even greater differences occurred in those countries whose legal codes were based on Islamic religious beliefs or on planned economy. As a result, the function and nature of sales law are viewed differently in different legal systems. Each system has its individual rules for deciding the validity of a contract for interpreting its terms, and for defining the remedies available to a party upon a breach. Thus, when a firm enters a contract governed by foreign law, it is undertaking an added risk. Obviously, the conflicts of laws of different countries are big impediments to both parties to a sales contract.

In the late 1920s, the International Institute for the Unification of Private Law (UNIDROIT) began early attempts at constructing an international law of sales. UNIDROIT successfully developed two conventions in 1964. However, the conventions never received wide acceptance because, the United States and many other common law countries did not participate in drafting these documents, and the conventions were primarily a European one.

In 1966 the United Nations created the U. N. Commission on International Trade Law (UNCITRAL). UNCITRAL consists of 36 representatives from nations in every region of the world. Supported by a highly respected staff of lawyers. UNCITRAL has drafted several widely accepted legal codes for international business, including the Convention on Contracts for the

International Sale of Goods (CISG).

20世纪20年代末,与国际联盟关系密切的一个欧洲律师组织,即国际统一私法学会(UNIDR01T),开始了建立国际性买卖法律的最早的尝试。1964年,该组织成功制定出两个公约。但这些旨在建立国际法的努力还仅局限在欧洲,公约并没有得到广泛的接受。

1966年,联合国成立了联合国国际贸易法委员会(U.N Commission on International Trade Law, UNCITRAL)。它由来自世界不同地区的36个国家的代表组成,总部坐落于奥地利的联合国维也纳国际中心。1980年4月11日,经联合国大会,正式通过《联合国国际货物销售公约》(CISG)。CISG包含了合同法和买卖法内容,对统一不同社会制度、不同法系、不同国家在货物买卖领域的法律原则有重大的贡献,受到不同类型国家的普遍欢迎。1994年5月出台了《国际商事合同通则》(PICC),PICC在继承CISE合理内容的基础上,进一步全面地确立了国际商事合同领域的各项法律原则,推动了国际合同法律的统一化趋势。与联合国的其他无约束力的规定不同,只要一国法律构架接纳CISG,它便是一个具有约束力的公约,而且成为该国国内法律的一部分。例如,当一个美国的买主或卖主与另外一个公司订合同,若该公司业务所在地是一个已经承认该公约的国家,那么CISG会明确合同项下双方各自的权利。而且,公约高于国内法律。换句话说,如果美国买方发现法国或中国卖方的货物有问题,或卖方不能收回货款而提出诉讼,在法庭上双方权利由CISG确定,而非依据《美国统一商法典》或法国、中国的法律,也不管案件发生于何地。

三、公约在国际贸易中的适用

The CISG applies if the following three conditions are met: (1) The contract is for the commercial sale of goods. (2) It is between parties whose places of business are in different countries (nationality or citizenship of individuals is not a determining factor). (3) The places of business are located in countries that have ratified the convention.

The following types of sales have been specifically excluded from the convention (1) Consumer goods sold for personal, family, or household use; (2) Goods bought at auction; (3) Stocks, securities, negotiable instruments, or money; (4) Ships, vessels, or aircraft; (5) Electricity; (6) Assembly contracts for the supply of goods to be manufactured or produced wherein the buyer provides a "substantial part of the materials necessary for such manufacture or production"; (7) Contracts that are in "preponderant part" for the supply of labor or other services; (8) Liability of the seller for death or personal injury caused by the goods; (9) Contracts where the parties specifically agree to "opt out" of the convention or where they choose to be bound by some other law.

A contract contains a number of elements: (1) It is an agreement between the parties entered into by their mutual assent (e. g., an offer and acceptance of the contract's material terms). (2) The contract must be supported by legally sufficient consideration (e. g., the exchange in the contract as bargained for by the parties); (3) the parties must have legal capacity (e. g., that the parties are not minors, legally incompetent, or under the influence of drugs or alcohol). (4) The contract must not be for illegal purposes or to carry on an activity that is illegal or contrary to public policy.

(一) 如果具备下列三个条件则适用 CISG①:
(1) 合同以商业性货物买卖为目的;
(2) 合同双方业务所在地为不同国家(国籍或个人居地不是决定因素);
(3) 双方业务所在国已采纳 CISG 公约。

(二) 不适用公约范围的买卖
(1) 买卖给个人、家庭或家用的消费品;
(2) 经由拍卖的商品;
(3) 股票、债券、可转让的凭证或货币;
(4) 船舶、船只或飞机;
(5) 电力;
(6) 当买方提供"生产或制造必需的原材料及其附属物",制造或生产货物的装配合同;
(7) 供应货物的一方的"绝大部分"义务在于劳动力供给或其他服务的合同;
(8) 卖方对于因货物所造成的死亡或伤害的责任;双方特别同意"不适用"公约的合同,或选择由其他法律来约束的合同。②

(三) 国际买卖合同的有效性及其形成

合同,是人们从事民事交往、商事交易活动的主要法律工具。但是,大陆法系和英美法系在合同的定义和制度上都存在着差异。在大陆法系国家,合同一般被看成是一种协议,其本质是双方的一种合意,即合同双方的意思表示一致。在英美法系国家,合同在实质上被认为是当事人所作的一种"许诺",而不仅仅是达成某种协议。当许诺有了对价时,许诺与对价成为交易的对象,许诺才有了被强制执行的效力,受诺人可以通过法院强制诺言人履行其许诺内容,此时诺言成为合同。根据英美法的理论,合同的要素是当事人所表示的许诺,但并不是一切许诺都是合同,而只有法律上认为有约束力的、在法律上能够强制执行的许诺,才能成为合同。

合同的订立,是合同各方当事人就合同的内容进行协商、达成一致的过程。一般情况下,当事人通过要约和承诺这两个阶段使得各方的意思表示达成一致。因此,合同是

---
① http://itl.irv.uit.no/trade__law/papers/unidroit.html.
② http://www.un.org.at/uncitral/index.html.
　 http://itl.irv.uit.no/trade_law/papers/UNCITRAL.html.

当事人之间意思表示一致的结果。意思表示一致是指双方当事人就同一标的交换各自的意思,从而达成一致的协议。意思表示一致可以是明示的,也可以是默示的,即可以通过行为来表示。法律上,把双方当事人订立合同的意思表示,分别称为要约和承诺,即如果一方当事人向对方提出一项要约,而对方对该要约表示承诺,即在双方当事人之间达成了一项具有法律约束力的合同。

(四) 一份有效的合同(valid contract)中应包含所有必需的要件:

1. 合同是双方一致同意而达成的合约(例如,合同中的要约和承诺)。

2. 合同必须经过双方充分的考虑(例如,合同中的交易条件是双方磋商的结果)。

3. 合同双方必须具有民事法律能力(例如,当事人双方不是未成年人,有民事行为能力,以及没有处于毒品和酒精的麻醉之下)。

4. 合同必须不是为了违法的目的或者其开展的活动必须是不违法的,不与公共政策相违背的。

如果一份合同不具备以上任何一个要件都属于无效合同(void contract),它不可能得到法院的认可。

(五) 买卖双方当事人的义务

1. 卖方义务

交付货物和单据是卖方最主要的义务。根据 CISG,卖方必须按照合同和该公约的规定,交付货物,移交一切与货物有关的单据,并转移货物所有权。卖方义务主要表现为四个方面,即交付货物、交付有关单据、品质担保和权利担保。

交付货物主要涉及交付的时间、地点。其具体原则是,卖方要按照合同约定交付货物,合同有约定的,按约定履行;合同没有约定,或约定不明确的,按调整该合同的国内法法律或公约的规定履行。

CISG 第 31 条对合同未约定的交货地点作了详细的规定:

(1) 货交第一承运人。如卖方的交货义务涉及运输,则卖方只要把货物交由第一承运人就履行了交货义务。

(2) 特定地点交货。如交货不涉及运输,如果合同指的是特定货物或从特定存货中提取的或尚待制造或生产的未经特定化的货物,且买卖双方在订立合同时知道这些在某一特定地点,或将在某一特定地点制造或生产,则卖方应在该地点把货物交给买方处置。

(3) 卖方营业地交货。在其他情况下,卖方在其订立合同时的营业地向买方交货;买方自备运输工具将货物运走。

至于交货时间,CISG 第 33 条规定:如果合同规定有交货日期,或从合同可以确定交货日期,应在该日期交货;如果合同规定有一段时间,或从合同可以确定一段时间,除非情况表明应由买方选定日期,应在该段时间内任何时候交货;在其他情况下,就在订立合同后一段合理时间内交货。

2. 买方义务

根据 CISG 规定,买方的基本义务主要有两大方面,即按合同或法律的规定支付货物价款和接受货物。

(1) 支付价款。CISG 第 53、第 54 条规定,买方应根据合同和公约的规定履行支付价金的义务,包括根据合同或任何法律和规章规定的步骤和手续,在约定的时间和地点支付货款。买方支付货物价款应当履行支付价款的必要手续和步骤。在使用远期汇票的情况下,付款人必须先承兑汇票。在使用信用证付款的情况下,买方必须先通过银行开出信用证。在实行外汇管制的国家,如需对外支付外汇,必须先向有关当局提出申请,取得许可。这些都是买方付款的不可缺少的手续和步骤。买方未办理必要的相关手续而使得货款难以支付,则构成违约。

对于付款地点,该公约规定,如果买方没有义务在任何其他特定地点支付价款,他应当在以下地点向卖方支付价款:卖方的营业地;如凭移交货物或单据支付价款,则为移交货物或单据的地点。

在支付时间上,该公约规定,如果买方没有义务在任何特定的时间内支付价款,买方应当于卖方按照合同和该公约的规定将货物或控制货物处置权的单据交给买方处理时支付价款;在涉及运输时,卖方可以把买方支付价款作为向买方提供货物或控制货物处置权的单据的条件发运货物。但是公约同时规定,买方在未有机会检验货物前无义务支付价款,除非这种机会与双方当事人议定的交货或支付程序相抵触。

在具体的国际货物买卖实践中,由于合同中使用的贸易术语不同,合同规定的支付方式不同,买方具体的付款义务也不同。

(2) 接收货物。买方接收货物的义务包括两个方面:①采取一切理应采取的行动,以便卖方能交付货物;②接收货物。在国际货物买卖中,卖方义务的履行往往依赖于买方的配合,否则卖方不能履行义务。这时,买方就应为卖方履行义务提供方便,否则就构成对接收货物义务的违反。

第三节 要 约

A. Invitation Offer: An invitation offer is not capable of being turned into a contract by acceptance. It is used to invite others to make offer. An advertisement is normally only intended to be an invitation to treat, i. e. to negotiate.[①]

---

① CF. Pharmaceutical Society v. Boots Cash Chemists (Southern) [1953] 1 Q. B. 401.

B. The Offer: An offer is a proposal by one person to another indicating an intention to enter into a contract under specified terms. (1) Requirements of Offer, The contract law of most nations hold that an offer must be addressed to one or more specific persons. Under Article 11 of the CISG an offer must be sufficiently definite and indicates the intention of the offeror to be bound. An offer is considered sufficiently definite if it (a) indicates or describes the goods; (b) expressly or implicitly specifies the quantity and (c) expressly or implicitly specifies the price for the goods. (2) An offer becomes valid when it arrives at the offeree.

C. The Binding of an Offer: As a general rule, an offer isn't binding on the offeree. If the offeree doesn't accept it, he has no obligation to give a notice to the offeror. Whether or not an offer is binding on the offeror is rather complex. In Common Law countries an offer generally isn't binding on the offeror, due to the lack of consideration not being signed and sealed, and the offeror can withdraw the offer at any time before the offeree's acceptance.

D. The Acceptance: A contract isn't formed until the offer is accepted by the offeree. The acceptance is the offeree's manifestation of the intention to be bound to the terms of the offer. In all legal systems, the offeree may accept at any time until the offer is revoked by the offeror, until the offer expires due to the passage of time, until it is rejected by the offeree, until the offeree makes a counteroffer, or until termination in some other manner. Under the CISG, an acceptance may take the form of a statement or any other conduct by the offeree that indicates the offeree's intention to be bound to the contract.

Requirements of Acceptance : (1) An acceptance must be made by the offeree. (2) An acceptance must be made within the period of validity. (Late acceptance is a counteroffer only) (3) An acceptance must match the terms of the offer exactly and unequivocally. Otherwise it is considered a counteroffer and thus a rejection of the original offer.

一、达成要约

要约,在外贸业务中又称为发盘或发价,它是当事人向对方提出愿意根据一定的条件与对方订立合同,并且包含了一旦该要约被对方承诺时就对提出要约的一方产生约束力的意思表示。其中,提出要约的一方被称为要约人,相对的一方被称为受要约人。要约可以采用书面的形式做出,也可以口头或通过行为做出。

(一) 要约的有效条件

所有国家的合同法都要求:(1)合同双方,必须对合同的各项条件达成一致的协议和理解;(2)协议在要约方与被要约方的讨价还价中达成;(3)要约方通过发出要约,让具备接受要约或达成合同能力的被要约方承诺。

(二) 内容确定且表明要约人愿承受要约的约束

根据 CISG 第 14 条,满足下列条件的行为被视为要约:(1)它是订立合同的建议;

(2)它是"内容十分明确并表明要约人承受要约约束的意愿",也就是说,要约必须是特定人的意思表达;(3)要约人必须标明要约人愿意按照要约所提条件订立合同的意向;(4)要约的内容必须是确定和完整的;(5)要约需向受要约人发出;(6)要约只有传达到受要约方人处方为有效。而其中要约是否内容明确,取决于它是否:(1)写明货物;(2)明示或暗示地规定数量;以及(3)明示或暗示地规定货物的价格。

二、承诺

承诺,是指受要约人根据要约规定的方式,对要约的内容加以统一的一种意思表示。承诺的实质是对要约表示同意。这种同意的意思表示可以采取向要约人发出声明的方式,也可以用其他行为来表示。要约一经承诺,合同即告成立。一项有效的承诺必须具备以下条件:

1. 承诺必须由受要约人做出。受要约人包括其本人以及代理人。任何第三方对要约做出同意都不能构成有效的承诺。按照 CISG 的规定:缄默或不行为不是承诺。

2. 承诺必须在要约的有效期内做出。如果要约中规定了有效期,就必须在有效期内做出承诺。如果要约未规定有效期,则必须在"依照常情可期待得到承诺的期间内"(大陆法),或在"合理的时间内"(英美法)做出承诺。

3. 承诺必须与要约的内容一致。承诺是受要约人愿意根据要约内容与要约人订立合同的一种意思表示,因此,承诺的内容应当与要约的内容相一致。如果受要约人在承诺中将要约的内容加以扩充、限制或变更,从原则上说这就不是承诺而是一项反要约。

4. 承诺的传达方式必须符合要约所提出的要求。要约人在要约中可以对承诺的传递方式做出具体的规定,受要约人就需要按照要约中的规定传递承诺。

5. 撤回承诺,是承诺人阻止承诺发生效力的一种意思表示。承诺必须在其生效前才能撤回,其一旦生效,合同即告成立,承诺人就不得撤回其承诺。

【法律阅读 4-2】

电子商务的兴起对要约承诺制度提出的要求

当然,现代要约承诺制度也需要随经济的发展而进行一定改进。要约承诺制度需要改进的最主要原因是经济发展中出现的新因素——电子合同。所谓电子合同,是通过电子计算机网络系统订立的,以数据电文的方式来生成、储存和传递商业贸易信息的一种现代贸易方式,主要有电子数据交换系统(EDI)、电子邮件(E-mail)和计算机传真等形式。

电子合同有许多不同于传统合同的特殊性,表现在以下几方面:

1. 电子合同从传统的物理方式转移到网络空间,这就需要界定要约承诺的形式。
2. 电子合同完全在虚拟空间中进行,当事人往往并不见面,这就涉及有关要约承诺效力中的当事人身份的确认。

3. 合同应是当事人意思表示一致的产物,而电子合同的要约承诺有时是在无人工介入的计算机自动回应系统控制下进行的,这种要约承诺是否可归属为当事人的意思表示?

4. 合同的要约承诺在网络信息传递过程中易受到影响、破坏,易被篡改或因其他原因而失真,这使电子合同的要约、承诺可信度降低,为此出现了一系列技术保障制度,最突出的是电子签名的出现及认证。

5. 由于技术故障的客观可能性,一旦要约承诺在网络信息传递过程中由于计算机故障受到了影响、破坏,这种风险应如何在双方当事人之间进行合理分担?

6. 信息传递能够以光速在网络上进行,从而使得传统合同订立所需要的时间、空间被大大压缩,甚至被取消了,也就是信息传递地点的距离差异并不会产生信息传递的时间差异,因而电子合同要约和承诺的有效期大大缩短,使得对电子合同成立的时间、地点的确定与传统合同大相径庭,也使得电子合同在要约的撤回、撤销以及承诺的撤回问题上很特殊,需要具体规制。

以上的特殊性都是由于合同订立媒介——网络空间的技术特殊性所导致的,它对传统要约承诺制度提出了新的要求,这种源于实践的要求将促进要约承诺制度的进一步发展。这种发展在法律规范层面上意味着法律对电子合同进行一种专门的规范,但这种专门规范不应脱离原有要约承诺制度的总体框架,因为电子要约、承诺本质上仍属于当事人为订立合同而进行的一系列意思表示。

这种专门规范有两个层面,一是制定专门法对其进行规范,如联合国国际贸易委员会制定的《电子商务示范法》、新加坡《电子交易法》、我国香港地区《电子交易条例》、我国《电子签章条例(草案)》;二是对原有法律进行解释或在原有法律修订过程中对相应内容进行修正、补充,如我国《合同法》即属此类。

下面针对电子要约、承诺不同于传统合同的几方面的特殊性,介绍一下对电子合同进行专门规制的主要内容。

1. 关于电子合同的形式问题。各国主要有两种做法:

(1) 将电子合同拟制为书面形式的一种。比如我国《合同法》的第11条。再比如新加坡《电子交易法》也承认数据电文形式属于书面形式的范畴,但这种承认不适用于某些材料,如遗嘱、流通票据、所有权凭据、不动产买卖合同。不过部长有权对所列这些材料的名目进行调整,因而仍有一定的灵活性。

(2) 承认电子合同在一定情况下的效力,但不将其纳入书面形式的范畴。如我国香港地区《电子交易条例》原则上确认电子合同的有效性,但未将其作为书面形式的一种。该条例规定,某些类别的文件仍必须以书面形式做出,不可用数据电文的形式,包括遗嘱、信托、授权书、不动产契据、誓章、法庭文件及可流传票据等,这是考虑到电子商务在我国香港地区始终是一个新生事物。

我国香港地区、新加坡的规定尽管表面上不同,但实际效果大致相同,都限制了电子合同在某些领域的适用,都是出于电子商务还不够成熟的考虑而规定的。而我国内地的电子商务实践远远不如我国香港地区、新加坡成熟,却对电子合同的适用范围不加限制,其合理性值得商榷。

2. 在当事人互不见面的电子合同订立过程中,要合同双方当事人自己去认定对方的合法性(如果对方是个人,涉及其是否具有相应的民事行为能力;如果对方是企业,涉及其是否具有法人资格,合同标的是否在订立的经营范围内)几乎是不可能的。因此,针对当事人身份确认问题,各国发展出几套规则。

个人身份认证,按信息发达国家的做法,在网络上通过电子签名的方式确定交易身份。

企业主体资格认证方面,目前,我国外经贸部按照国家统一标准制定了具有唯一性、规范性的企业电子商务身份认证。在企业进行进出口许可证的申领、报关、商检、结汇、出口退税等电子贸易过程中,企业代码即可作为唯一身份认证,从而形成全国外经贸领域的企业代码库。

另外,不论个人主体还是企业主体,都可以通过签订确认书的方式确定当事人主体身份。

3. 在合同订立过程自动化的情况下,"虽然由计算机进行着合同订立的过程,但计算机程序是按照人的意思运行的,执行的仍然是人的意思。在这一自动化过程中,可能要约与承诺并不反映当事人的真实意思,或者自动化过程可能出现错误,但不可否认这一过程实质上对当事人而言,是可以随时介入程序运行过程的。"因此,电子要约承诺是可归属于当事人的意思表示。

4. 电子签名问题。由于网络的特性,传统意义上的"纸面签字"方式对电子商务而言就很难适用。为了防止邮件在中途被他人截获并篡改,使合同文本失去真实性,同时也为了规避签名被人模仿等风险,出现了以电子签名(由符号及代码组成)的机制来证明自己身份的新的认证方式。所谓"电子签名"是指"某人或该人的电子代理人出于签署合同协议或记录的意图,由该人或其电子代理人签署或采用的,以电子形式存在的或与一份电子记录逻辑相关的声音、符号或者程序。"

由于电子签名与传统签名在内容和形式上具有巨大差异,而电子签名是否具有传统签名的同等效力决定着电子商务的发展与终结。国际社会一般通过"扩大解释"的法律途径承认符合一定条件的电子签名为具有法律效力的签名。应符合的条件一般有三方面:第一,签名者事后不能否认自己签署的事实;第二,任何其他人均不能伪造、篡改该签名;第三,如果当事人双方关于签名的真伪发生争执,能够由公正的第三方仲裁者通过验证签名来确认其真伪。

可见电子签名否能符合以上三个条件,很大程度上与技术发展密切相关,只要技术能保证电子签名的真实性和再现性,法律就能认可该签名的效力。目前较成熟的技术包括生物测量法、数字签名。数字签名是通过密码算法对数据进行加密、解密变换实现的。常见的是采用公共密钥技术的数字签名。比较合理的技术方案是建立起类似印鉴管理和登记制度的电子商务认证中心,来识别和鉴定电子文书的真实性。

在规制电子签名的问题上,美国于2000年10月1日生效的《全球和国际贸易中的电子签名法案》,必将推动电子商务的进一步发展。我国最近也制定了《电子签章条例(草案)》。

可见,对电子签名的规范化管理,不但要有技术上的支持,法律上的承认调整也是很必要的。

5. 关于计算机故障引起的风险如何在当事人间进行分担的问题。

通常认为应根据网络开放程度的不同而进行具体分析。在封闭型的网络环境下,因用户都事先签有协议才能进入该网络系统,协议规则中对此已做出了规定,当事人应当按协议进行。如果协议中没有规定,或者当事人违反事先约定的协议规定,任何一方的意思表示都是无效的,合同也无法成立。在开放型的网络环境下,任何人都可以进入该网络系统。因此,如果商家或者厂家的计算机系统发生故障,理应由商家或者厂家自己承担责任;如果是客户的计算机系统出现故障,则应由客户自己承担责任。这是符合现代合同法基本原理的。

6. 关于要约承诺生效的时间

我国《合同法》对要约承诺的生效时间规定如下:"采用数据电文形式订立合同,收件人指定特定系统接收数据电文的,该数据电文进入该特定系统的时间,视为到达时间;未指定特定系统的,该数据电文进入收件人的任何系统的首次时间,视为到达时间。"

三、撤回/撤销要约

要约的撤回,是指要约人在发出要约后,而在要约尚未生效之前,要约人将要约取消,阻止其生效。对于要约的撤回,各国的法律的规定与CISG的规定基本一致,由于要约尚未发生效力,要约人有权把要约撤回或更改要约内容。即使一项要约是不可撤销的,也可以撤回,但撤回要约的通知必须于要约到达送要约人之前或与该要约同时送达受要约人。

要约的撤销,是指要约生效后,要约人将要约取消,从而使要约的效力丧失。对撤销要约的有关规定,两大法系存在差异。英美法系认为:要约原则上对要约人没有约束力,要约人在受要约人对要约做出承诺之前,随时可以撤销要约或更改其内容。即使要约人在要约中规定了有效期限,他在法律上仍可以在期限届满以前随时将要约撤销。大陆法系原则上认为要约对要约人具有法律约束力。德国法认为,除非要约人在邀约中注明了不受约束的字句,否则要约人必须受其要约的约束;如果在要约中规定了有效期,则在有效期内不得撤回或修改其内容;如果在要约中没有规定有效期,则根据通常情况在要约得到答复以前,不得撤销或修改其要约。瑞士、希腊与巴西等国家均采取这项原则。由于两大法系在要约的法律规定中有明显差异,给国际贸易带来了极大的不便。为了适应国际商事的发展和需要,CISG 规定,要约在其被受要约人承诺之前,原则上可以撤销,但是有下列情况之一者除外:(1)要约写明承诺的期限,或以其他方式表示要约是不可撤销的;(2)受要约人有理由信赖该项要约是不可撤销的,并已本着对该项要约的信赖行事。

四、要约的终止

要约的终止是指要约失去效力,无论是要约人或受要约人均不再受要约的约束。要约终止或失效主要有四个方面的原因:

1. 要约因期限已过而失效。如果要约规定了承诺的期限,则在该期限终止时自行失效。此后,即使受要约人做出承诺,也不能成立合同,而只能作为一项新的要约,须经原要约人表示承诺,双方才能成立合同关系。

2. 要约因由要约人撤回或撤销而失效。要约一旦被撤回或撤销即告终止。

3. 要约因被受要约人的拒绝而失效。拒绝要约,是指受要约人拒绝要约的意思表示,并通知要约人的行为。这种表示可以是明示的,也可以是暗示的。要约在拒绝通知送达要约人时即告失效。

4. 要约因实质性变更而失效。所谓实质变更要约,是指受要约人更改了要约的重要条件。如果受要约人在承诺中对要约的条款做了扩充、限制或变更,其效果也视为对要约的拒绝,在法律上等同于受要约人向要约人发出的一项反要约,须经原要约人承诺后,合同才能成立。

【背景与案情 4-2】

商业广告一般为要约邀请,例外为要约。区分广告是要约还是要约邀请不能以对象是否特定作为区分标准,对具有承诺内容的广告在司法实践中可以综合采用"容纳规则"和"回溯分析法"来认定是否属于要约。最高人民法院《关于商品房买卖的司法解释》第三条的规定在实践中可再作扩张解释,应适用于开发商在广告中对"教育优惠"承诺的情形,并在承诺是否"具体明确"、是否"对合同订立和价格有重大影响"等方面的尺度掌握不宜过严。

原告(被上诉人):俞兴超,男,1970 年生。

原告(被上诉人):沈心南,女,1973 年生。

原告(被上诉人):俞成琰,男,1999 年生。

被告(上诉人):上海新黄浦置业股份有限公司。

第三人：上海市民办新黄浦实验学校。

原告俞兴超与沈心南系夫妻，俞成琰系两人之子。2003年6月，原告与被告上海新黄浦置业股份有限公司（以下简称新黄浦置业）签订上海市商品房预售合同，约定原告向新黄浦置业购买上海市交通西路129弄平江小区"智荟苑"商品房一套。在该合同中，双方对业主子女入学就读事宜无约定。但被告在"平江小区"的报刊广告中，载有"平江小区业主子女享受免试入学、义务教育收费标准""不出社区，轻松入读名校"等内容，在《平江小区新生活书卷》的售楼资料中，同样载有上述内容。

第三人上海市民办新黄浦实验学校（以下简称新黄浦实验学校）由案外人新黄浦集团公司（系新黄浦置业的股东之一）于1996年9月开办。在相关的审批备查登记表中，明确记载"平江小区内学生按照义务教育公办学校标准收费，平江小区之外学生按照民办学校标准收费"。另在上海市教育委员会沪教委基(96)第40号《关于同意设立上海市民办新黄浦实验学校的批复》中明确："经审核，同意设立上海市民办新黄浦实验学校，学制为九年，对平江小区的学生按义务教育标准收费……"

在2005年《中华人民共和国民办教育促进法》实施之前，新黄浦实验学校对在校就读的平江小区业主子女，按公办义务教育收费标准收费，但在上述法律实施之后，对入学新生，新黄浦实验学校则按相关部门核准的每生每学期5 000元标准收费。本案原告入住后，俞成琰在新黄浦实验学校就读，需每学期向学校支付5 000元。因新黄浦实验学校改变收费标准，引起新入住业主不满。对此，上海市普陀区教育局于2005年6月出具的一份信访事项答复书中称："（1）新黄浦实验学校系新黄浦集团开办的民办学校。该校校舍属于公建配套学校校舍，新黄浦集团在建设平江小区过程中，向区政府和教育局提出申请，要求在该地申办民办学校，并主动承诺承担小区内业主子女的公办义务教育，市教委也就其申请进行了批复；（2）学校从创办至2004年，一直履行开发商与业主之间签订的协议，为符合条件的业主子女提供公办义务教育……"但该答复书同时称"在平江小区周边地区有充足的公办义务教育资源，接受新生入学有足够能力，区教育局未给新黄浦实验学校下拨任何义务教育的有关费用"，等等。

2006年6月，原告俞兴超、沈心南、俞成琰诉至上海市普陀区人民法院，诉请要求按照《合同法》《最高人民法院关于审理商品房买卖合同纠纷案件适用法律若干问题的解释》（以下简称《商品房解释》）等规定，判令新黄浦置业履行售楼广告中的承诺，按"义务教育学校收费标准"接收俞成琰继续在新黄浦实验学校就读。被告则辩称，原、被告签订的预售合同中并无有关子女入学的约定，被告应只受预售合同的约束。新黄浦置业与新黄浦实验学校系各自独立的法人，前者无权对后者招生进行干预。最高院有关商品房买卖的司法解释并不适用于业主子女教育问题。故请求驳回原告诉请。第三人新黄浦实验学校同意被告新黄浦置业的抗辩，并认为其在2005年后对新收学生按民办学校所订的收费标准是经过教育局等有关主管部门核准的，原、被告之间即使有约定对第三人也无约束力。

一审审理中,法院向原告释明,如果新黄浦置业存在违约行为,原告是否可依法选择要求被告以其他方式承担违约责任,但原告仍坚持其原审诉请。

一审法院认为,民事活动应当遵循自愿、公平、诚实信用原则。根据有关司法解释,商品房的销售广告和宣传资料为要约邀请,但是出卖人就商品房开发规划范围内的房屋及相关设施所作的说明和允诺具体确定,并对商品房买卖合同的订立和房屋价格的确定有重大影响的,应当视为要约。该说明和允诺即使未载入商品房买卖合同,亦应当视为合同内容,当事人违反的,应当承担违约责任。尽管本案售楼广告中有关业主子女就学的内容未出现在原、被告的预售合同中,但参照有关司法解释的规定,广告中有关子女就学的内容应视为合同内容,对开发商具有约束力。新黄浦置业和新黄浦实验学校均系新黄浦集团公司投资,两者具有关联关系,平江小区业主根据新黄浦置业售楼时的承诺,其子女享有在新黄浦实验学校按照公办义务教育收费标准就读的权利。据此,依照《合同法》第44条、第60条、第110条,《商品房解释》第3条之规定,判决:新黄浦置业应全面履行合同,由新黄浦实验学校按"义务教育学校收费标准"接纳俞成琰就读。

一审判决后,新黄浦置业不服,向上海市第二中级人民法院提起上诉。上海市第二中级人民法院二审驳回上诉,维持原判。

第四节 合同的效力、履行、变更与转让、消灭

一、合同的效力

合同的效力是指已经成立的合同是否发生法律效力的问题。合同生效,即指合同在当事人之间产生了一定的法律效力。

合同成立与合同生效是两个完全不同的概念,前者是指当事人意思表示一致,不管当事人是签字盖章还是签订确认书,其核心都是当事人意思表示的一致。因此,合同成立的要件很简单:其一,要有两个或两个以上的当事人;其二,当事人的意思表示一致。而合同的生效则不同,它是指已经成立的合同在当事人之间产生了一定的法律约束力。合同成立后,能否发生法律效力,能否产生当事人所预期的法律后果,非合同当事人意志所完全决定,只有符合生效条件的合同,才能受到法律的保护。

合同生效,有着与合同成立完全不同的法律条件。根据各国合同法,合同生效的要件大多包括以下几个方面:

(1) 合同当事人具有相应的民事行为能力;
(2) 当事人之间通过要约和承诺达成协议;
(3) 合同有对价或合法的约因;

(4) 当事人意思表示真实;

(5) 合同的内容合法。

二、合同的履行

合同的履行是指合同的一方当事人通过全面、适当地完成其合同任务,使对方的合同权利得以实现。对合同履行的规定主要包括以下几个方面内容:

(一) 全面履行

全面履行是指合同当事人应按照合同约定,全面、适当地履行合同义务。大陆法认为,对履行合同义务的全面性、适当性加以约定,即使某些事项合同条款未必载明,当事人也应适当履行。英美法认为,当事人在订立合同后,必须严格根据合同的条款履行合同。PICC 规定,当履行到期时,债权人有权拒绝任何部分履行的请求,无论该请求是否附有对未履行部分的担保,除非债权人这样做无合法利益;因部分履行给债权人带来的额外费用应由债务人承担,并且不得损害任何其他救济方法。

(二) 诚实信用履行

诚实信用履行是指合同当事人在履行合同过程中应当诚实,与对方进行必要的客观信息交换,同时为对方提供必要的协助,讲究信用,不违背承诺。

《德国民法典》规定:债务人应依诚实和信用,并参照交易上的习惯,履行给付。《美国统一商法典》规定:任何合同或义务都使当事人承担了履行或执行该合同或义务的过程中善意行事的义务。我国《合同法》第 60 条规定:当事人应当遵循诚实信用原则,根据合同的性质、目的和交易习惯履行通知、协助、保密等义务。

(三) 法定补充履行

英国《货物买卖法》规定:(1)交货地点,一般应当在卖方的营业地点交货。如果买卖合同的标的物是特定物,而且买卖双方在订约时已经知道该特定物在其他地方,则应在特定物的所在地交货;(2)如果合同没有规定交货时间,则卖方应在合理的时间内交货等。

【背景与案情 4-3】

此案原告为中国工商银行天津市河东支行,被告为天津市隆昌洋服有限公司(以下简称隆昌公司)和天津市华业集团有限公司(以下简称华业公司)。1999 年 12 月 17 日原告与被告签订借款合同,借款金额 120 万元,利率为月息 4.65‰,上浮 10%,即月息 5.115‰,期限至 2000 年 4 月 10 日止,被告天津市华业集团有限公司承担连带保证。合同签订后,原告履行了合同义务,但二被告未按照约定还款,于是原告诉至天津市河东区人民法院,要求二被告偿还借款及利息,并承担诉讼费用。

而被告隆昌公司辩称:1999 年 12 月 17 日隆昌公司与原告签订了借款合同属实,合同约定借款用于购买原材料,但在合同签订当日,原告用隆昌公司预留支票将部分借款用于还款,造成隆昌公司不能将资金全部投入生产,按期还款,故隆昌公司同意还款,但要缓期分批偿还。

被告华业公司则辩称:原被告订立合同事实属实,但原告与被告隆昌公司在合同履行中没有严格按照合同约定使用贷款,双方都应承担一定的责任,应协商解决。

经法院调查证明,1999年12月17日,原告与被告隆昌公司签订借款合同一份,被告隆昌公司为借款方,原告为贷款方。合同约定,被告隆昌公司向原告借款人民币120万元用于购买原材料,借款期限为4个月,即自1999年12月17日起至2000年4月10日止,借款利率为月息4.65‰并上浮10%,按季结息,每季末月的20日为结息日;被告到期不能偿还借款本金及利息,对逾期借款按月计收万分之二点一的利息,并对未付利计收复利等。同日,原告与被告华业公司签订保证合同,原告债权人,被告华业公司为保证人。合同约定,被告华业公司为被告隆昌公司向原告借款提供连带责任保证。合同签订后,原告于1999年12月21日将贷款划付被告隆昌公司账号内,而二被告未履行还付原告借款本金和利息的义务,至2000年3月20日尚欠原告贷款本金120万元及利息18 000元。

法院判决

一、被告天津市隆昌洋服有限公司返还原告中国工商银行天津市东支行借款本金120万元。

二、被告隆昌公司支付原告借款利息(自1999年12月21日起至2000年4月14止,按120万元的月息5.115‰计)。

三、被告隆昌公司偿还原告逾期还贷违约金(自2000年4月15日起至本判决生效之日止,按120万元的日万分之二点一计)。

四、上述第一、二、三项,被告天津华业集团有限公司承担连带责任。

五、上述第一、二、三、四项,应于本判决生效之次日起十日内一次性付清,如逾期执行,按中国人民银行同期贷款最高利率加倍支付迟延履行期间的债务利息。

案件受理费16 100元,财产保全费6 615元,实际支出费用2 000元,共计24 715元,由二被告连带负担。

三、合同的变更与转让

(一)合同的变更

合同的变更有狭义和广义之分,前者是指在不改变主体的情况下,双方当事人就原合同的内容进行修改或补充而形成新的权利和义务关系。后者是指合同的主体发生变化,即合同当事人向第三人全部或部分转让其合同权利或合同义务,通常称为合同的转让。这里所指的合同的变更,是指在合同成立之后,尚未履行完毕之前,当事人就合同的内容进行修订和补充。合同变更有以下特征:(1)合同的主体不改变;(2)合同的变更须经当事人协商一致;(3)合同的变更是对合同内容的部分变更。

(二) 合同的转让

合同的转让,又称为合同的让与,是指由一方当事人将其合同的权利和义务全部或部分转让给第三人。在合同的转让中,合同的主体发生变更,即由新的合同当事人代替原当事人,但合同的客体,即合同的内容仍保持不变。

合同的转让有三种情形:

1. 合同权利的转让。合同权利的转让是指合同债权人将合同的权利全部或部分转让给第三人,后者基于债权的转让成为新的债权人。从各国实践来看,绝大多数合同的权利都是可以转让的,但是对于下列三种合同权利,许多国家的法律一般都不允许任意转让:(1)根据合同权利性质不能转让的权利;(2)法律禁止转让的权利;(3)合同当事人约定不能转让的权利。

2. 合同义务的转让。合同义务的转让,是指债权人或债务人与第三人之间达成转让债务的协议,由第三人取代原债务人承担债务。由于义务是合同义务人必须做出的行为或不行为,且义务的履行直接关系到权利人权利的实现,具有不同的履约能力或信用的义务人会对合同履行的程度和质量产生直接的影响。因此,对于债务人与第三人达成的转让协议,一般都要经债权人的同意。债务人与第三人达成的协议,一经债权人的同意即发生效力;如果债权人拒绝同意,则债务人与第三人订立的转让债务协议无效。《法国民法典》第1271条规定:"债权人得解除旧债务人的债务而由新债务人代替之。"英国普通法也认为,非经债权人的同意,合同的债务不得转移。中国法律也承认合同义务的转移,但要求必须征得债权人的同意。《合同法》第80条规定:"债务人将合同的义务全部或部分转移给第三人的,应当经债权人同意。"

3. 合同权利和义务的概括转让。合同权利和义务的概括转让,是指由原合同一方当事人将其在合同中的权利和义务一并转让给第三人,由第三人继受这些债权和债务。对此,各国法律基本上都要求须经另一方当事人的同意方可成立生效。在取得合同另一方的同意后,受让方将完全代替原合同当事人一方的地位,原合同当事人一方将完全退出合同关系。

【背景与案情4-4】

2011年1月,崔某为其购买的别克牌小轿车在P保险公司投保了一份保险,险种为机动车交通事故强制责任险,其中死亡伤残保险限额110 000元,医疗费用赔偿限额10 000元,财产损失赔偿限额2 000元,保险期限为一年。投保后第二天,崔某将该车转让给了刘某,并于当日办理了车辆过户手续,但二人均未到P保险公司办理保险合同变更手续。2011年4月某日,刘某在驾驶该车时发生交通事故,撞到路人姜某,导致姜某当场死亡。经当地交警大队对事故进行调查,认定刘某承担事故的全部责任,姜某不负事故责任。事故发生后,受害人姜某的家属将崔某和刘某共同起诉至人民法院,要求赔偿其各项损失 248 000 元。

本案中肇事车辆已由崔某于 2011 年 1 月转让给了刘某，虽未到保险公司办理变更手续，但刘某作为该保险车辆的实际受让人，在法律上系保险车辆的所有人，具有作为保险合同当事人的主体资格。崔某在将保险车辆转让给刘某后，事实上对该车辆已不具有任何权利义务关系，根据我国《侵权责任法》第 50 条规定："当事人之间已经以买卖等方式转让并交付机动车但未办理所有权转移登记，发生交通事故后属于该机动车一方责任的，由保险公司在机动车强制保险责任限额范围内予以赔偿。不足部分，由受让人承担赔偿责任。"根据上述规定，本案应由 P 保险公司和被告刘某对原告的请求承担赔偿责任。故一审法院在案件审理过程中，追加了 P 保险公司为被告。

一审法院经审理后认为该案的争议焦点是保险车辆转让后未办理保险合同批改手续，保险人是否承担理赔责任。法院认为，因机动车转让未办理批改手续而引发的保险合同纠纷，主要涉及以下两个法律问题：首先是受让人是否具有保险金赔偿请求权的诉讼主体资格。根据我国《民事诉讼法》第 108 条第 1 款的规定，原告须与本案有直接利害关系。现受让人已实际占有并支配该保险车辆，且又因使用该保险车辆发生了保险合同约定范围内的保险事故，所以受让人与保险标的具有直接的利害关系，具备提起保险金赔偿的诉讼主体资格。从实体方面分析，由于该保险合同标的转移导致了保险合同主体的变更，该车附随的保险利益也随之转移给了受让人享有，其在事实上具有了保险合同当事人的主体资格。

法院同时还认为，关于保险车辆转让后未办理批改手续，保险人是否可以拒赔的问题。虽然我国《保险法》第 34 条规定："保险标的转让应当及时通知保险人，经保险人同意继续承保后依法变更合同，但货物运输保险合同另有约定的除外"，根据《保险法》的立法宗旨和立法精神来看，并不能引申出只要保险标的转让未经批改，保险公司无须承担保险责任的法律后果。《保险法》之所以规定机动车转让须办理批改手续，其宗旨是为了便于保险人对保险车辆的规范管理，防止冒领保险金或骗保，而不在于免除保险人的赔偿责任。而且根据《保险法》的规定，只有在增加危险程度后，被保险人未尽通知义务致使未办理批改手续的，保险人才可以免责。因此在车辆转让后明显增加了保险车辆的危险程度的，如非营业车辆转为营业车辆的，则未办理批改手续对保险公司的利益造成重大影响，此时，保险公司应当享有解除或变更合同的权利，若车辆转让后并未增加保险车辆的危险程度，且保险人收取保费的，根据权利义务相一致的原则，保险公司仍须对保险车辆的合法受让人承担保险责任

故一审法院经审理后做出判决：判决由被告 P 保险公司在交强险责任限额内赔偿原告 120 000 元；超出交强险限额的部分 34 668 元，由被告刘某承担赔偿责任。一审判决后，P 保险公司不服，向二审法院提起上诉主张。二审法院驳回了上诉人的上诉请求，判决维持原判。

四、合同的消灭

（一）大陆法各国对合同的消灭的有关规定

大陆法系各国对于合同的消灭的规定基本相同，大体包括清偿、抵消、提存、免除、混同等。

1. 清偿

清偿是指按照合同的约定实现债权目的的行为。各国的法律一致认为，清偿是债的消灭的主要原因，当债权人接受债务人的清偿时，债的关系即告消灭。清偿一般是指由债务人向债权人履行合同的行为。但是，各国法律一般都承认代为清偿制度，即由债务人以外的第三人向债权人进行清偿。此外，还规定了代位权制度，即对债务履行有利害关系的第三人，在为债务人向债权人清偿了债务后，在法律上即取得了债权者的债权，使自己处于债权人的地位。

2. 抵消

抵消是指双方互负债务时，各以其债权充当债务之清偿，而使其债务与对方的债务在对等额内相互消灭。抵消依其产生根据不同，可分为三种：一是法定抵消；二是以当事人单方面的意思表示抵消；三是约定抵消。

3. 提存

提存是指由于债权人的原因而无法向其交付合同标的物时，债务人将该标的物交给提存部门而消灭合同的制度。按大陆法规定，提存原因包括以下几项：（1）债权人无正当理由拒绝受领；（2）债权人下落不明；（3）债权人死亡未确定继承人或者丧失行为能力未确定监护人。提存的效力主要有：（1）免除债务人责任；（2）提存风险转移；（3）费用负担转移。债务人在提存后，除非由于实际困难不能通知债权人，必须立即将有关情况通知债权人。如果债务人没有及时通知，致使债权人蒙受损失，则债务人必须负赔偿责任。但是，如果由于实际情况有困难不能通知时，则无须通知。

4. 免除

免除是指债权人免除债务人的债务，即债权人放弃其债权，从而消灭合同关系及其他债之关系的单方面行为。

5. 混同

混同是指债权与债务同属一个人，即同一个人既是债权人又是债务人。在这种情况下，债的关系已经没有存在的必要，应归于消灭。混同的原因主要有：（1）民法上的继受。自然人死亡时，如果该死者是债权人或债务人，而由其债务人或债权人继承其债权或债务，在这个情况下，其债权或债务即因混同而消灭。（2）商法上的继受。作为债权人的公司与作为债务人的公司进行合并时，公司的债权、债务也可能因混同消灭。（3）特定继受。如果因为债权转让或债务承担而使债权、债务集中于一个人身上时，也可以发生混同，从而使债的关系归于消灭。

(二) 英美法关于合同消灭的法律规定

1. 合同因双方当事人的协议而消灭。
2. 合同因依约履行而消灭。
3. 合同因当事人违约而消灭。
4. 合同被依法消灭。

(三) 我国的规定

1. 债务已经按照约定履行。
2. 合同解除。
3. 债务相互抵消。
4. 债务人依法将标的物提存。
5. 债权人免除债务。
6. 债权、债务同归于一人。
7. 法律规定或者当事人约定终止的其他情形。

【背景与案情 4-5】

甲公司于 2010 年 5 月 6 日在某工商银行贷款 300 万元,由乙公司以房地产作抵押担保,并在房产管理机关办理了抵押登记。贷款逾期后,工商银行多次催收,甲公司无力偿还。工商银行又与甲公司签订了借款合同,将借出的 360 万元直接归还了原贷款 300 万元的本息,双方约定,仍以乙公司的房地产作抵押担保,但乙公司没有在该借款合同上签字。以贷还贷以后,甲公司依然无力偿还新的贷款。工商银行于 2011 年 8 月 9 日向法院起诉,请求法院判令甲公司支付借款 360 万元本息,并对乙公司所抵押的房地产上有优先受偿权。

法院判决

一、判决甲公司支付工商银行 360 万元本息;
二、驳回原告的其他诉讼请求。

评析:该案的几个关键问题是:银行与甲公司签订借 360 万元用于还贷的合同是否有效;300 万元借款合同的抵押担保人乙公司是否继续对 360 万元的借款合同承担担保责任。关于该案的争议焦点问题,目前存在不同的观点:(1) 银行与甲公司的以贷还贷借款合同无效,甲公司按照原来的借款合同 300 万元偿还本息,乙公司承担担保责任;(2) 甲公司与银行的以贷还贷借款合同并没有违反法律、行政法规的规定,合同有效,甲公司按照 360 万元的借款归还本息,以贷还贷的本质是延长前一借款合同的期限,原债权并没有消灭,因此抵押权也没有消灭,乙公司继续承担担保责任;(3) 甲公司与银行的以贷还贷借款合同有效,应为双方签订的新的借款合同,原来的借款合同因已经还清本息而终止,因此,乙公司的抵押担保责任消灭。甲公司按 360 万元新的借款合同偿还本息,乙公司不再承担担保责任。可见,法院采纳了第三种意见。

附法条:

《商业银行法》第35条 商业银行贷款,应当对借款人的借款用途、偿还能力、还款方式等情况进行严格审查。商业银行贷款,应当实行审贷分离、分级审批的制度。

《贷款通则》第35条 商业银行贷款,应当对借款人的借款用途、偿还能力、还款方式等情况进行严格审查。商业银行贷款,应当实行审贷分离、分级审批的制度。

《担保法》第52条 抵押权与其担保的债权同时存在,债权消灭的,抵押权也消灭。

《物权法》第172条 设立担保物权,应当依照本法和其他法律的规定订立担保合同。

担保合同是主债权债务合同的从合同。主债权债务合同无效,担保合同无效,但法律另有规定的除外。担保合同被确认无效后,债务人、担保人、债权人有过错的,应当根据其过错各自承担相应的民事责任。

第五节 违约责任与补救办法

Usually, both parties to a contract for the sale of goods perform the obligations they agreed to in the contract. Occasionally, however, one of the parties to a contract fails to perform his obligations. When this happens, the injured party has a variety of remedies for breach of contract. The objective of these remedies is to put the injured person in the same position as if the contract has been performed.

Prof. Treitel (1999) has defined a breach of contract in the following: "a breach of contract is committed when a party without lawful excuse fails or refuses to perform what is due from him under the contract, or performs defectively or incapacitates himself from performing.[①]"

The doctrine of expectation interest. This doctrine means that both parties at the time of the conclusion of a contract have expectation interest over the contract, and the injured party is entitled to his expectation interest lost by the party in breach. Therefore, courts ordinarily protect the expectation that the injured party had when making the contract by attempting to put the injured party in as good a position as that party would have been in had the contract been performed, that is, had there been no breach.

In contract of sale of goods the measure of damages according to the doctrine of

---

① Evan McKendrick, *Contract Law*, Law Press. China 2003, p.381.

expectation interest when there is an available market for the goods is the difference between the market price at the date of the breach and the contract price. If, therefore, the market price is equal to or below the contract price the plaintiff will be in the same financial position as if the contract had been performed, and so will only be entitled to nominal damages. A sale to a merchant who has bought for resale makes no difference to the measure of damages where there is a market. If goods of special manufacture are sold and it is known they are to be resold and cannot be bought in the market, loss of profit is the measure of damages.

The doctrine of reliance interest. This refers to the interest in getting back the value the injured party lost because he was relying on the contract to be performed. The attempt of protecting the reliance interest is to put the injured party in the position it would have been in if the contract had never been made (in contrast with the expectation interest). Reliance damages should be granted when expectation damages are seen as excessive or too uncertain but restitution damages are seen as insufficient.

A person may not recover for all losses flowing from a breach. There must be limitations on damages. Non-breaching party has the duty to mitigate damages. This "duty to mitigate" is a commonsense requirement that forbids persons from sitting idly back and allowing losses to pile up. Damages must be established with a reasonable degree of certainty. This certainty limitation does not demand calculations that are mathematically precise. Damages from the breach of an output contract, for example, can be recovered although they are not mathematically certain. Nevertheless, damages may not be awarded on a purely speculative basis. This certainty limitation has, therefore, often been used to deny recovery for the lost profits of a new business resulting from a breach, since these losses would be too uncertain. Damages must be either foreseeable to the breaching party or would naturally flow from the breach.

当合同一方当事人违约使对方当事人的权利受到损害时,受损害的一方有权根据法律或者合同的约定采取补救措施,以维护其合法的权益。这些补救措施,法律上称为救济措施或救济方法。救济措施的主要目的是使受损方得到经济补偿,使其获得根据合同本应获得的经济利益,但有些救济措施带有惩罚性质。

《公约》中买方或卖方可得到的违约补救,起源于普通法和大陆法系。制定这些措施的目的在于,使当事人都能分别获得已协商的利益,并使当事人处于假定违约没有发生时各自应该所处的经济地位。《公约》中列出的补救方法有:(1)撤销合同;(2)卖方恰当的补救及弥补;(3)卖方可获得履约的宽限期;(4)减价;(5)货币补偿,以及(6)特别执行。[①]

[①] http://itl.irv.uit.no/trade_law/doc/UN.Contracts.International.Sale.of.Goods.Convention.180.html.

一、违约的主要分类

（一）根本性违约

这是 CISG 借鉴了大陆法系和英美法系的相关法律制度而制定的全新法律概念。《公约》第 25 条规定，如果一方当事人违反了合同的结果，使另一方当事人蒙受损害，以至于实际上剥夺了他根据合同有权期待得到的东西，即违反合同，除非违反合同的一方并不预知而且同样一个通情达理的人处于相同情况中也没有理由预知会发生这种结果。构成根本违约的基本标准是，实际上剥夺了受损一方根据合同有权期待得到的东西，即受害方预期利益的丧失，同时还必须满足另外两个标准：违约方应当预知这种结果，第三人能预知这种结果（客观标准）。但对何谓"实际剥夺"，公约未加以规定，这就需要根据每一个合同的具体情况，例如，合同金额、违反合同造成的损失，或违反合同对受害方其他活动的影响程度等来确定损害是否更大。

对根本违约，公约规定受害的当事人可以宣告合同无效和其他任何合法的救济方法。宣告合同无效的法律效力解除了双方在合同中的义务，任何一方无权要求另一方继续履行合同的义务。但该法律效力不影响合同中关于解决争端的任何规定，不影响合同中关于双方宣告合同无效后权利和义务的任何规定，而且各方仍应负责损害赔偿。

根据《公约》的相关规定，下述情况受害方可以宣告合同无效：

1. 卖方不交付货物或不按合同规定交付货物等于根本违反合同。
2. 买方不履行其在合同或该《公约》中的义务，等于根本性违反合同。
3. 在分批交货的合同中，一方当事人不履行对任何一批货物的义务对该批货物、对以后各批货物或对整个货物构成根本性违反合同。
4. 一方给予对方额外时间履行合同，对方未能履行或声明不履行。
5. 预期违约构成根本违反合同。

根本违约以外的实际违反合同即一般违约。对此，公约规定，受害人只能采取其他合法的救济方法而不能宣告合同无效。

【法律阅读 4-3】

2001 年 12 月 17 日，原告黄山才在被告四川省盐业总公司成都分公司（下简称盐业公司）处购买食用精制非碘盐，而被告将堆放在盐业公司彭州支公司露天坝子里，不符合国家质量标准的食盐 6 吨（单价 825 元/吨）卖给了原告，原告将其中 3.45 吨食盐作为封口盐加入至 569 桶山露中，造成该 569 桶山露中盐水出现大量黑褐色泡沫，盐水中有细小黑色悬浮物，不符合原告与上海浦东公司签订的山露买卖合同中约定的质量标准，该 569 桶山露被上海浦东公司拒收，至今仍在原告处。另查明，每桶成品山露的重量是 50 公斤，569 桶山露的重量为 28.45 吨，每吨价格为 4 500 元，该 569 桶盐渍山露的价款应为 128 025 元（569 桶×50 公斤×4 500 元）。又查明，盐渍山露主要通过外贸公司出口日本,国内无销售市场。

裁判要旨

法院认为,原、被告之间买卖食用精制非碘盐,是双方的真实意思表示,内容合法,原、被告之间形成的买卖合同关系合法有效,而被告出售的食盐不符合双方的约定,又不符合国家质量标准,根据《合同法》第107条:"当事人一方不履行合同义务或者履行合同义务不符合约定的,应当承担继续履行、采取补救措施或者赔偿损失等违约责任"和第111条:"质量不符合约定的,应当按照当事人的约定承担违约责任。对违约责任没有约定或者约定不明确,依照本法第61条的规定仍不能确定的,受害方根据标的性质以及损失的大小,可以合理选择要求对方承担修理、更换、重作、退货、减少价款或者报酬等违约责任"的规定,对原告要求被告赔偿盐渍山露因质量不合格被上海浦东公司拒收的损失128 025元以及退还尚未使用的2.55吨食盐的购盐款2 103.75元的诉讼请求,法院依法予以支持。对原告要求被告承担已支付的违约金27 000元损失的诉讼请求理由不充分,因原告在未到交货期限,也未采取补救措施的情况下,即向上海浦东公司支付违约金,并以此作为损失要求被告承担损失,于法无据,且该损失被告也无法预见,故原告要求被告承担给付27 000元的违约金损失,法院不予支持。对被告辩称未给原告的山露造成损坏结果,主张驳回原告的诉讼请求的依据不充分,因盐渍山露系主要出口日本,国内无销售市场,该569桶盐渍山露已全部损坏无残质,故被告的辩称理由不能成立,其主张法院依法不予支持。由于被告的行为已经构成了根本违约,理应对原告所受到的损失以及预期将获得的利益承担赔偿责任。本院通过充分运用用证据规则,对原告的损失范围,损失额的大小做出正确的确定。

1. 违约责任的确定

在本案中,被告辩称其是按国家计划在乐山联峰盐化有限责任公司购进的,有检验报告书证明该批盐符合GB 5461—2000标准,符合合同目的。但勘验笔录反映,该批食盐兑水后,盐中有细小、黑色悬浮物。同时原告方提出的上海浦东公司出具的《02粮浦东公司第05号》中记载,浦东公司拒收原告成品山露的理由是山露盐水浑浊、有黑色漂浮物。且该食盐经成都市卫生执法监督所鉴定,不符合国家质量标准。

按照1980年《公约》第25条对根本违约的规定:"如果一方当事人违反合同的结果,使另一方当事人蒙受损害,以至于实际上剥夺了他根据合同规定有权期待得到的东西,即为根本违反合同,除非违反合同的一方不预知而且同样一个通情达理的人处于相同情况中也没有理由预知会发生这种结果"。因此,《公约》衡量是否根本违反合同,有三个条件:第一,违反合同结果的严重程度,即是否在实际上剥夺了另一反给根据合同有权期待得到的东西;第二,这个严重结果能否预知;第三,不能预知者的标准是处于相同情况中的同样通情达理的第三人。在大陆法系国家,合同债务人只有存在可归责于他的过错情况下,才承担违约责任。

因此,大陆法系国家采取的是过错或推定过错责任原则。前者如《德国民法典》第276条,"债务人,法无其他规定,应就其故意或过失的行为负其责任"。后者如《法国民法典》第1147条,"凡债务人不能证明其不履行债务系由于不应归其个人负责的外来原因时,即使在其个人方面无恶意,债务人对于其不履行或延迟履行债务,如有必要,应支付损害赔偿"。英美法系国家不以当事人有过失作为构成违约的必要条件,而认为一切合同都是"担保",只要债务人不能达到担保的结果,就是违约。《公约》也没有采取过失责任原则,只要一方违反合同,并给他方造成损失,他就要负损害赔偿责任,至于他违反合同有无过失,在所不问。根据《合同法》第107条、108条和第120条、121条的规定,只要违约就应承担违约责任;双方都违约的,应当各自承担相应的责任;即使一方因第三人的原因造成违约的,仍应承担违约责任,该方与第三人之间的纠纷,依照法律或约定解决。可见,我国的规定与《公约》的规定是基本一致。

2. 损失范围的确认

根本违约责任的补救方法主要有赔偿损失、解除合同、宣告合同无效三种。关于赔偿损失的范围问题,一般应包括财产的毁损,减少和为减少或消除损失所支出的费用,以及合同履行后可能获得的利益,在货物买卖合同中就是利润。关于赔偿限额问题,应考虑两个因素:第一,不得超过根本违约一方订立合同时预见到或者应当预见到因根本违约而可能造成的损失。第二,受害方因对方根本违约而严重影响到的订约时的预期利益大小。关于解除合同的问题,解除合同即撤销合同从而使合同双方权利义务归于消灭的行为,但是解除合同并不影响非违约方要求根本违约方赔偿损失的权利。关于宣告合同无效的问题,根本违约方应对合同无效造成另一方的经济损失负赔偿责任,而且宣告合同无效、赔偿损失并不影响非违约方采取其他补救方法。

在本案中,原告方的损失以及合同履行后可能获得的利益范围的确定是裁判的关键,而矛盾主要集中在确定原告方向上海浦东公司所支付的违约金27 000元是否属于损失的范围。对此,笔者认为本案中违约金不应属于原告方之损失。其理由在于:原告与上海浦东公司签订的山露买卖合同约定交货期限为2001年7月—2002年7月,同时双方还约定若卖方未按期交货,卖方须向买方支付违约金为20%。但原告在2002年1月15日收到向上海浦东公司发送的《02川粮浦东公司第05号》通知,指出山露不合格时,即向上海浦东公司支付违约金,并未积极采取补救措施,扩大了损失的发生,并且对于该违约金,被告盐业公司也是无法预见。由于原告没有采取适当措施致使损失扩大的,不得就扩大的损失要求被告负责。

3. 损失大小的确定

本案中所确定的原告的损失加入了不合格食盐的569桶盐渍山露的全部价款,根据是569桶盐渍山露中加入了不合格食盐,已被上海浦东公司拒绝收购。而这569桶盐渍山露是否具有残值,是本案确定损失大小的关键。就一般盐渍产品而言,加入了本案中的不合格食盐(本案中的不合格食盐是食盐的颜色不符合国家食用精制非碘盐的标准,但食用没问题),只会影响盐渍产品的等级,等级降低,只是价格降低,降低价格后可以卖掉以减少部分损失,恰好本案中的产品是盐渍山露,盐渍山露是只能出口日本、美国等少数几个国家,在国内无销售地,所以本案中的盐渍山露无法降价处理,法院就此认定569桶山露全部损坏,损失的大小就是569桶山露的价值。

(二) 预期违约

根据《公约》规定,预期违约是指合同订立后,合同规定的履行期限到来前,因一方当事人履行义务的能力或信用有严重缺陷,或在准备履行合同或在履行合同中的行为表明他将不履行其大部分义务,则另一方可以中止履行其义务。预期违约可能是一般违约,也可能构成根本性违约。

如果在合同义务履行之前,明显看出一方当事人将根本违约,例如特定物已经灭失,在这种预期根本违约的情况下,对方可以宣告合同无效。当另一方显然将不履行其大部分重要义务时,一方可以暂时中止合同的履行。

但当事人在行使上述权利的同时应当承担下列义务:

(1) 应当把自己中止或者宣告合同无效的决定立即通知对方。

(2) 当对方对履行合同提供了充分的保证时,如提供了银行保函或抵押担保等,中止履行的一方应继续履行合同。

(3) 中止履行的一方须有对方存在上述不能履行合同的情形的确切证据,否则无根据地怀疑对方不能履行合同即擅自中止履行合同则应负违约责任。

二、卖方要求补救的权利

卖方在交货日期以前向买方交付了部分货物,即使货物与合同不符或货物尚在途中,卖方都有机会补救,或者纠正装运中的问题。卖方保留这种补救权,在合同规定的履约日期完全结束前,买方不能撤销合约。这样,如果买方收到的货物有问题,或部件缺失或数量不足,在合同规定的履约日期前,卖方都有权以送出或替代货物的方式予以补救。《公约》第37条规定,只要没有给买方带来异常的不便或损失,卖方就可以行使该项权利。除非双方有其他特别注明合同中的"交货日期"(以决定卖方补救权时效),一般是指卖方将货物直接交付给第一个承运人(长途货运、铁路、空运或者海运)的日期。

三、卖方履约宽限期

《美国统一商法典》和《公约》都允许,只要在合同要求的履约期间内,卖方可以对与合同不符的货物装运进行补救。但与《美国统一商法典》不同的是,大陆法系传统上还承认一段额外的时期,即超过合同要求的履约日期,双方仍可继续履约的宽限期。《公约》采纳了大陆法中的规定,如果卖方未能交货,并且交货日期已过了,买方应该给予卖方另外的时间来履约。在这段时间内,买方不得撤销合同或者采取违背合同的行为;如果卖方在宽限期间没有履行合同,无论违约是否是根本性的,买方都可以撤销合同。

《公约》第48条规定,卖方有权要求履约宽限期,宽限期允许未能按期履约,或交付了与合同不符货物的卖方,采取履约补救行为,只要其之前未给买方造成"不合理的延误"或"异常的不便"。如果卖方请求买方给予宽限期装运货物,而买方未在合理时间内给予答复,则卖方可以在其要求的时间内进行履约行为。

《公约》的这些条款,旨在鼓励双方在发生纠纷时仍尽量继续履行合同,而不是完全放弃原合同。纠纷发生时,双方更多可能是通过谈判,在商业性合理条件下,以保证合同继续履行并给予双方洽谈的利益为目的的方式解决纠纷。

四、违约的主要救济方法

CISG对违反合同的补救方法分为三种情况:卖方违约时,买方可以采取的救济方法;买方违约时,卖方可以采取的救济方法;买卖双方都可以采取的救济方法。

(一)卖方违约时买方可以采取的救济方法

卖方违约是指卖方不交付货物或单据、交付延迟、交货不符合合同的约定三种情形。公约对各种情形都规定了买方相应的救济措施。

1. 要求卖方实际履行

《公约》第46条规定,卖方不交付货物时,买方可以要求卖方履行义务,除非买方已经采取与该要求相抵触的某种救济方法。根据《公约》规定,实际履行应当满足以下条件:(1)买方不得采取与这一要求相抵触的救济方法;(2)买方应给予卖方履行合同的宽限期;(3)当卖方交货不符时,只有这种不符构成根本违反合同时,买方才能要求提交替代物,而且应在发现交货不符时,将这一要求及时通知对方。

2. 降价

对于买方,在卖方交付货物数量不足或者是货物与合同不符的情况下,一种解决的办法就是要求降价。买方如果愿意保留货物,则可以单方面地,不必通知卖方调整应付货款金额,只付买价的一部分以弥补货物不足或者不符合同要求的货物带来的损失。如果买方能够对货物进行修补,或令其达到合同要求的规格,也可以相应地调整价款。如果货款已付,买方可以要求卖方退还部分已付款。显然,将卖方交付的货物数量不足的情况与货物被损坏或质量与合同不符的情况相比,前种情况在计算应少付多少货款时,比后种情况下要简单得多。减少支付多少货款,基于买方的判断,卖方若有异议,只能通过法律手段来解决。

无论卖方行为是否是根本性违约,买方都可以运用降价的补救方法。当卖方发生根本性违约行为时,降价只是买方获得补偿的补救措施之一;卖方轻微违约(非根本性)时,降价往往是买方所能获得的最好补偿,因为此时双方较容易取得和解。

3. 要求卖方对货物进行修补

在卖方交付货物不符合合同,但尚未构成根本违反合同,只需卖方加以修理即可使之符合合同要求的情形下,买方可以要求卖方对货物进行修补。但是,如果根据当时的具体情况,要求卖方对货物不符合合同要求之处进行修理的做法是不合理的,买方就不能要求卖方对货物不符合之处进行修理。

4. 交付替代物

要求卖方交付替代物,意味着卖方要承担运费损失、处理与合同不符的货物等,实际上是一种实际履行的要求。如果卖方交付的货物与合同的规定不符,且这种情形已构成根本违反合同,买方可要求卖方交付替代物。

5. 宣告合同无效

根据《公约》规定,当卖方违反合同时,买方在下列情况下可以宣告合同无效:(1)卖方不履行其在合同中或《公约》中规定的任何义务,已构成根本违反合同;(2)如果发生不交货的情况,卖方在买方规定的宽限期内仍不交货;(3)卖方声明将不在买方规定的宽限期内交货。

6. 损害赔偿

在国际货物买卖中,损害赔偿是使用最广泛的一种救济方式,而且这种救济方式可以与其他救济方式并存。CISG 第 74 条至 77 条对损失赔偿的原则、责任范围和计算方法作出了具体的规定。

(二) 买方违约时卖方可以采取的救济方法

买方违约主要指买方不按照合同规定支付货款和不按照合同规定收取货物。卖方在买方违约时的补救方法可以有两种:一是物权法上的救济,这是卖方对货物所享有的权利,是一种对物权,包括所有权的保留、留置权和再出售权等;二是债权法上的救济,包括提出损害赔偿、要求实际履行、宣告合同无效等,这是一种对人权。公约规定的买方违约时卖方可以采取的救济措施主要有几下几种。

1. 实际履行

CISG 第 62 条规定,卖方可以要求买方支付价款、收取货物或者履行其他义务。应当注意的是,实际履行并不是《公约》规定的强制性义务。

2. 宣告合同无效

根据《公约》的规定,在下列情况下,卖方可以宣布合同无效:(1)买方不履行其在合同或《公约》中的义务构成根本违反合同;(2)买方不在卖方给予的宽限期内履行合同;(3)买方声明不履行合同。宣告合同无效的法律后果是不需要再交付货物,在货物已经交付时,可以要求返还货物。

3. 请求损害赔偿

当买方违反其合同义务时,卖方有权请求损害赔偿。根据《公约》的规定,卖方请求损害赔偿的权利,不因其已采取上述其他补救方法而受到影响。值得注意的是,无论买方还是卖方违约,请求损害赔偿的救济措施的原则、适用条件以及责任范围等都相同。

4. 要求利息支付

CISG 第 78 条规定,如果一方当事人没有支付价款或任何其他拖欠金额,另一方当事人有权对这些款额收取利息。即如果买方没有支付价款或任何其他拖欠金额,卖方有权对这些款额收取利息,但这并不妨碍卖方可以根据《公约》取得损害赔偿。根据《公约》规定,在不同情况下,未收货款的卖方可以行使以下四种权利:停止交货权、留置权、停运权、再出售权。

（三）买卖双方都可以采取的救济方法

损害赔偿、实际履行和宣告无效是买卖双方在对方违约时都可以采取的救济措施,另外还有合同分割履行中的违约补救方法,这种补救是:

1. 如果一方当事人不履行对任何一批货物的义务,使另一方当事人有充分的理由断定对今后对方将发生根本违约,该另一当事人可以在一段合理的时间内宣告合同今后无效。

2. 对于分批交付货物的合同,如果一方当事人不履行对任何一批货物的义务,便对该批货物构成根本违约；另一方当事人可以宣告合同对该批货物无效。

3. 如果各批货物之间是相互依存的,不能将其中的任何一批货物单独用于当事人订立合同时的预期目的,买方宣告合同对任何一批货物的交付为无效时,可以同时宣告合同对已交付的或今后交付的各批货物均为无效。

五、《公约》规定的强制履行令

《公约》接受了大陆法中作为违约行为的一种补救方法的强制履行令原则。这建立在买方希望得到合同规定的货物,而不仅仅是通过诉讼获得由卖方不交货带来的损失赔偿的权利。根据《公约》第46条规定,法院只有在下列条件都满足的情况下,可能实行强制履行令:(1)买方未要求其他的赔偿,比如取消合同或者降价；(2)卖方没有交货或交付了与合同不符的货物,情况严重到已构成根本性违约；(3)买方及时向卖方发出通知,告知其关于货物与合同不符之事；以及(4)买方已及时要求卖方提供可替代的货物。

六、当事人无法控制的事件:不履行的理由

有时,一方当事人可能会发觉,由于现实情况因素,履行合同变得非常困难、无利可图,甚至是履约变得不可能。然而,在国际贸易的现实中,当事人会在履行合同的过程中遇到许多困难。

一些突发事件是否能够使当事人免责,要看法庭运用的是何种原则。一些法庭认为当以下情况发生时当事人可以免责:(1)合同的履行不合法；(2)合同成立的目的不复存在；或(3)环境的变化使合同的履行从商业上或财务上变得无法实现。

七、履约的不可能性

在英国法中,当一方履行合同从客观上变得不可能时,法院对其不履行行为可给予免责。不过,法庭认为,必须是对任何一方来说都是不可能履行,而不仅仅是对特定的一方当事人,而且,双方明显没有估计到这些风险。当一方当事人死亡、合同主体内容毁坏、履行合同成为不合法行为,或由于对方过错而使合同履行不可能等情况发生时,一方

的履行不可能就可以免责。所谓不可能,通常被认为是履约在实际上的不可能。无力付款通常不被认为是无法履行的正当理由。

意外的不合法。当合同履行变得不合法时,合同成为履行不可能,而且当事人均免责。比如,假设一家美国公司签约装运一批电脑到伊拉克。而伊拉克入侵科威特后,美国政府宣布与伊拉克做生意和往伊拉克运送货物为不合法行为。既然合同已经不合法,那么也就谈不上合同的履行了。

【背景与案情 4-6】

2003 年 7 月 1 日,耐克苏州与被告 Z 签订了《足球运动员合同》及《耐克标准合同条款》。合同约定:2003 年 7 月 1 日至 2007 年 12 月 31 日合同期内,Z 必须在参加所有运动或与运动相关的活动时只穿着和使用耐克产品;耐克苏州每年分两期支付 Z 基础报酬及表现奖金,均为税后实际收入;合同期内,Z 不得穿着或使用除耐克以外的公司生产的产品。2005 年 3 月 9 日,Z 代表某俱乐部参加比赛时,穿着阿迪达斯球鞋。2005 年 3 月 18 日,Z 向耐克苏州发函,要求自该日起终止合同,同时授权法国基德律师事务所(阿迪达斯也是该所客户)律师全权办理与该合同终止有关的一切善后工作。此后,Z 代表该俱乐部参加 2005 赛季及 2006 赛季的中超联赛时,均穿着阿迪达斯运动鞋。2006 年 5 月 16 日,阿迪达斯声明 Z 是阿迪达斯的签约球员。

耐克苏州认为,Z 的行为违反了合同约定,也侵犯了原告的合法权益;在 Z 是耐克公司赞助运动员的事实已为公众认知的情况下,阿迪达斯公司自 2004 年下半年起,仍与 Z 进行不当接触,利诱 Z,进而促使 Z 穿着阿迪达斯球鞋参赛并之后与 Z 签约,目的在于提高阿迪达斯公司的市场知名度,扩大市场份额,上述行为是侵权行为,该侵权行为直接造成被告 Z 的违约和侵权。耐克苏州诉至法院,请求判令确认阿迪达斯苏州与 Z 签署赞助合同的行为侵犯了耐克苏州的合法权益;阿迪达斯苏州与 Z 停止实施侵犯耐克苏州合法权益的侵权行为,连带赔偿耐克苏州经济损失人民币 800 万元。

诉争焦点

本案主要争议在于依据目前我国法律,债的关系以外的第三人故意以高额利益引诱债务人违约,妨害了债权人实现债权,造成债权人财产利益损害的,是否构成侵权。

法院判决

法院认为,耐克苏州与 Z 签订的合同系双方真实意思表示,均应严格恪守及履行。从耐克苏州方面来看,其主动付款、主动为 Z 缴纳个人所得税,包括在 Z 提出解约后,继续支付 2005 年上半年和下半年款项的行为,均表明其要求继续履行合同,并未同意 Z 解约的要求。从 Z 方面来看,在耐克苏州付款被银行退回后,其从未向耐克苏州催款,主观上不愿再履行合同的意图较明显。提出解约之前,Z 在比赛中未按约定穿耐克球鞋,而是穿着了标识未经任何遮盖的阿迪达斯球鞋出场,显然违反了合同的约定。自此之后,Z 一直穿着阿迪达斯球鞋出场,不愿再履行合同,故意毁约的意思表示显而易见。

阿迪达斯苏州与耐克苏州同是世界知名体育用品生产商,同是在苏州注册经营的公司,阿迪达斯苏州对Z系耐克产品代言人应为明知。在Z代言耐克产品期间,由阿迪达斯这一品牌的法律顾问代表Z向耐克苏州提出重新谈判代言费用。谈判未成后,阿迪达斯苏州与Z签约。上述事实表明,自2004年11月基德所律师代表Z提出谈判时,阿迪达斯苏州就已经介入了Z与耐克苏州的合同关系,阿迪达斯苏州以涉及商业秘密为由拒绝向法庭透露Z代言费用,可以推定该费用高于耐克苏州支付Z的代言费,故阿迪达斯苏州存在诱使Z毁约的主观恶意,也实施了诱使Z违约的行为。至于阿迪达斯苏州所称Z口头告知其是自由身,故与Z签约以及在签约前仅与Z洽谈两三天,均不符合常理和商业惯例,法院难以采信。

综上所述,法院认为阿迪达斯苏州违背诚实信用原则,故意以高额利益引诱Z毁约,从而达到其与Z签订代言合同的目的。阿迪达斯苏州和Z的行为,导致耐克苏州丧失了剩余合同期内Z代言耐克产品所应获得的商业利益,两方应当连带赔偿耐克苏州的损失。综合各方面因素考虑,法院酌情确定阿迪达斯苏州和Z应当赔偿损失的数额为20万元。

判案分析

第三人侵害债权问题,是民法学界长期争论的热点问题,我国虽然尚未在整体上实现第三人侵害债权制度的立法化,但无论是《民法通则》中关于侵权行为的一般原则规定,还是最高人民法院涉及侵害债权问题的相关司法解释,均为司法实践中认定第三人侵害债权提供了法律依据和重要参考。

本案中,法院从侵权行为的基本构成要件角度出发,依次确认了耐克苏州享有合同项下的合法债权,阿迪达斯苏州以高额利益引诱Z违约,Z故意毁约,两方共同实施了侵权行为,导致耐克苏州合同项下的商业利益受损。法院据此最终判决阿迪达斯苏州与Z向耐克苏州承担连带赔偿责任。

关于耐克苏州享有合法的合同债权问题。除判决认定的合同合法有效外,对于Z提出的合同已解除的观点,法院认为,Z要求解约的行为并不符合合同条款中关于30天违约补救期之后方可书面通知解除合同的约定,该解约要求是否发生效力,取决于耐克苏州与Z能否就此达成一致意见,而耐克苏州的系列行为均表明其未同意Z终止履行合同的要求。所以,耐克苏州在起诉时拥有合同项下的合法债权。

关于阿迪达斯苏州的侵权行为,主要体现在违背诚实信用原则,明知耐克苏州合法债权存在而诱使Z毁约的主观恶意以及实施了诱使Z违约的行为。Z的侵权行为体现在其故意毁约的行为,包括提出解约之前违约穿着阿迪达斯球鞋以及此后一直穿着阿迪达斯球鞋出场。Z的违约行为与阿迪达斯的利诱不可分,两方构成共同侵权。

关于耐克苏州因阿迪达斯苏州和Z侵权行为遭受的损失。耐克苏州与Z签订代言合同,旨在利用 Z 的著名运动员身份,提高耐克品牌的知名度,从而扩大市场份额,获取更多的商业利益。Z 故意毁约,提出解除合同,并不再穿着耐克产品,耐克苏州显然无法再通过 Z 推广产品,也就无法获得原本通过合同正常履行所应当获得的利益,该商业利益的损失是侵权的损害后果。

该损害后果系阿迪达斯苏州和 Z 的行为导致,故耐克苏州债权受损害与阿迪达斯苏州、Z 的侵权行为之间存在因果关系,阿迪达斯苏州应当与 Z 承担共同侵权的民事责任。耐克苏州遭受的利益损失虽然难以量化,但从保护债权人利益的角度,法院考虑各方面因素后,酌情确定了赔偿数额。

第六节 货物所有权与风险转移

一、货物所有权的转移

在国际贸易中,货物所有权从何时起由卖方转移于买方,是关系到买卖双方切身利益的一个重要问题。因为一旦货物的所有权转移于买方之后,如果买方拒付货款或遭遇破产,卖方就将蒙受重大的损失。除非卖方保留对货物的所有权,或在货物上设定了某种担保权益,否则,一旦买方在付款前破产,卖方就只能以普通债权人的身份参与破产财产的分配,其所得可能会大大少于应收的货款。

《英国货物买卖法》中,对货物所有权转移问题,主要是区别特定物的买卖与非特定物的买卖这两种不同的情况,分别加以规定。(1)特定物的买卖。按照《英国货物买卖法》第 1 条的规定,在特定物或已经特定化的货物买卖中,货物的所有权应在双方当事人意图转移的时候移转于买方,即所有权何时转移于买方完全取决于双方当事人的意旨。如果双方当事人在合同中对此没有做出明确的决定,则法院可根据合同的条款、双方当事人的行为及当时的具体情况来确定双方的意旨。一般来说,法院应根据下列规则来确定双方关于何时将货物所有权转移给买方的意旨:①凡属无保留条件的特定物的买卖合同,如该特定物已处于可交付的状态,则货物的所有权须于卖方履行了此项行为,并在买方收到有关通知时才转移于买方。②在特定物的买卖合同中,如果卖方还要对货物作为某种行为,才能使之处于可交付的状态,则货物的所有权须于卖方履行了此项行为,并在买方收到有关通知时才转移于买方。③在该特定物的买卖合同中,如该特定物已处于可交付状态,但卖方仍须对货物进行衡量、丈量、检验或其他行为才能确定价金,则须在上述行为已完成,并在买方收到有关通知时,货物所有权才能转移于买方。④当货物是按"实验买卖"或按"余货退回"条件交付给买方时,货物的所有权应按下列时间转移于买方:A. 当买方向卖方表示认可或接受该项货物,或以其他方式确认这项交易时,所有权即转移于买方;B. 买方虽然没有向卖方表示认可或接受该货物,但他在收到货物后,在合同规定的退货期限满之前没有发出退货通知,或者在合同没有规定退货期限时,则在经过一段合理的时间后,货物的所有权转移于买方。(2)非特定物的买卖。非特定的货物通常是指"仅凭说明"进行交易的货物。①卖方可以在合同条款中做出保留对货物处分权的规定。例如,卖方可以在合同中规定,在买方支付货款之前,所有权不转移于买方。在这种情况下,无论货物是交给买方或者交给承运人以便运交买方,货物的所有权都不随之转移于买方,直至合同所规定的付款条件已得到履行为止。②卖方可以通过提单抬头的写法表示卖方保留对货物的处分权,如果货物此时已装船,而提单的抬头载明该项货物须凭卖方或卖方的代理人的指示交货。则在卖方将该项提单背书交给买方或买方代理人以前,应推定卖方保留了对货物的处分权。因为提单是凭证,在国际贸易中,卖方通常都是在买方支付货款时,才把提单交给买方,除非合同另有其他约定。③卖方可通过对装运单据(主要是提单)的处理方法来表示卖方保留对货物的处分权。

根据《美国统一商法典》的规定,在把货物确定在合同项下以前,货物的所有权不转移于买方,这是美国关于所有权转移的一项基本原则。《美国统一商法典》允许双方当事人在合同中明确规定所有权转移的时间。根据《美国统一商法典》第2—401条的规定,除双方当事人另有特别约定外,货物的所有权应于卖方完成其履行交货义务时转移于买方,而不论卖方是否通过保留货物所有权的凭证(如提单)来保留其对货物的权利,因为按照该法典的规定,卖方保留货物所有权的凭证(如提单),一般只起到担保权益的作用,即以此作为买方支付货款的担保,但这不影响货物所有权依照法典的规定转移于买方。(1)当货物需要运输时。如果按照合同的规定,卖方需要把货物运交买方,但并未规定具体的目的地,则货物的所有权应于货物装运的时间和地点转移于买方。如果合同要求卖方把货物运达到指定目的地,则货物的所有权应于目的地交货时转移于买方。(2)当货物无须移动时,有时卖方可能已经把货物交给第三方保管,如已把货物存入仓库而让买方到指定的仓库提货,在这种情况下,卖方交货时就无须移动货物,而只是把仓库的收据交给买方,让其自行提货。这时,货物的所有权应按下列规定转移于买方:①如果卖方已将货物交给一个作为第三方的保管人保管,并由保管人对货物出具了可转让的物权凭证,则货物的所有权在卖方将此项物权凭证背书交给买方时即转移于买方。②如果上述保管人没有出具任何可以转让的物权凭证,而且货物在订立合同时已经确定在合同项下的,则货物的所有权应于订立合同时转移于买方。

《公约》第4条(B)款明确规定,该《公约》不涉及买卖合同对所售货物所有权可能产生的影响。因此,《公约》除原则性地规定卖方有义务把货物所有权转移于买方,并保证他所交付的货物必须是第三方不能提出任何权利或请求权的货物之外,对所有权转移于买方的时间、地点和条件,以及买卖合同对第三方货物所有权所产生的影响等问题,都没有做出任何规定。这主要是因为各国关于所有权转移问题的法律分歧较大,不容易统一。所以,在拟订《公约》的过程中,各国代表都同意把风险转移问题同所有权转移问题分开来处理，《公约》着重规定货物的风险从卖方转移于买方的时间与条件，而对所有权转移的问题则没有做出任何具体的规定。

在国际惯例中，只有国际私法协会制定的关于 CIF 合同的《华沙—牛津规则》对所有权转移于买方的时间和条件作了规定，其他国际贸易惯例，包括国际商会制定《国际贸易术语解释通则》都没有涉及所有权转移的问题。

二、货物风险转移

在国际货物买卖中，风险是指货物可能遭遇的各种意外损失，如盗窃、火灾、沉船、破碎、渗漏以及不属于正常损耗的腐烂变质等。风险转移的关键是时间问题，即从什么时候开始，货物的风险就从卖方转移于买方。在国际贸易中，风险转移直接涉及买卖双方的基本义务，并关系到由卖方还是买方承担损失的问题。如果货物的风险已由卖方转移给买方，则货物即使遭受损害或灭失，买方仍有义务按合同规定支付价金；如果风险尚未转移于买方，则一旦货物发生损失或灭失时，不仅买方没有支付价金的义务，而且卖方还要对不交货承担违约赔偿责任，除非卖方能证明这种损失是由于不可抗力的原因造成的。

根据《英国货物买卖法》第 20 条规定，除双方当事人另有约定外，在货物的所有权转移于买方之前，货物的风险由卖方承担，但所有权一经转移于买方，则不论货物是否已经交付，风险即由买方承担。但是，如果由于买卖双方中任何一方的过失，致使交货延迟，则货物的风险应由有过失的一方承担。特别值得注意的是，按照《英国货物买卖法》第 32 条第 3 款的规定，如果买卖合同涉及海上运输，而依照通常情形需要投保海上货物运输保险，卖方有义务通知买方投保，如卖方没有向买方发出通知，致使买方不能向保险公司投保时，则卖方须承担货物在运输过程中的风险。

有些国家则不把风险转移同所有权问题联系在一起，而是以交货时间来决定风险转移的时间。例如《美国统一商法典》对风险转移有下列几项规定：（1）买卖双方当事人可以通过协议来划分双方承担风险的界限，也可以通过采用某种国际贸易术语，如 FOB/CIF/CFR 等来确定各方所应承担的风险。（2）如果双方当事人在合同中对风险转移问题没有做出规定，则在没有发生违约的正常情况下，应根据下述两种不同情况来确定风险转移的时间：①当货物需要交由承运人运输时。第一，如果买卖合同授权或要求卖方把货物交由承运人运交买方，但并不要求卖方把货物交到某个特定的目的地，则货物的风险应于卖方将符合合同的货物适当地交付给承运人时起转移于买方。第二，如果买卖合同要求卖方把货物交到指定的目的地，则货物的风险须于卖方目的地向买方提交货物并让买方能受领货物时，才能转移于买方。运输途中的风险，应由卖方承担。②当货物已存放在受托人处无须移动即可交货时。第一，如果受托人所出具的是可转让的物权凭证，则货物的风险应从卖方把这项可以转让的物权凭证交给买方的时候转移于买方。第二，如果受托人没有出具可以转让的物权凭证，则应经过一段合理的时间，在该受托人承认买方有权占有货物时,货物的风险才转移于买方。如果受托人拒绝按照单据上的指示交货,则卖方的交货就不能成立,货物的风险仍由卖方负担。

(三)《公约》有关风险移转的规定

关于货物的风险从何时起由买方承担的问题,《公约》所采取的某些原则同美国法有相似之处。它舍弃了所有权决定风险移转的陈旧观念,原则上以交货时间来确定风险移转时间。《公约》第66~70条对风险移转问题规定了下列几项原则:

1. 《公约》允许双方当事人在合同中约定有关风险移转的规则

根据《公约》的规定,双方当事人可以在合同中使用某种国际贸易术语(如FOB、CIF等)或以其他办法来规定货物损失的风险从卖方移转于买方的时间及条件。如果双方当事人在合同中对此作了具体规定,其效力将高于《公约》的规定。因此,下面所介绍的《公约》有关风险移转的各项规则,仅在买卖合同对此没有做出具体规定时才适用,如双方当事人在合同中已就此做出规定,则应按合同的规定办理。

2. 风险移转的后果

《公约》第66条规定,如果货物在风险移转给买方后发生灭失或损坏,买方支付货款的义务并不因此解除,除非这种灭失或损坏是由于卖方的行为或不行为所造成的。根据这项规定,一旦风险移转于买方之后,买方就要对货物的损失承担责任,即使货物发生灭失或损坏,买方仍须支付货款,而不得以此为理由拒付货款。但是,如果这种损失是由于卖方的行为或不行为所造成的,则不受此限。例如,在一项购买大米的买卖合同中,卖方租用了一艘曾经装运过有毒物质的船舶来装运大米,致使大米受到污染,失去食用价值。在这种情况下,即使这批大米的风险在卖方把大米交付给承运人时已经转移给买方,但这种损失是由于卖方的行为所造成的,买方可以不支付货款。

3. 当买卖合同涉及货物的运输时风险何时转移

《公约》第67条规定,如果买卖合同涉及货物的运输,但卖方没有义务在某一特定地点交付货物,则自货物按照合同交付给第一承运人以运交给买方的时候起,风险就移转给买方承担。如果卖方有义务在某一特定地点把货物交付给承运人,在货物于该地点交付给承运人以前,风险不移转给买方承担。但卖方有权保留控制货物处分权的单据,并不影响风险的移转。现将这一条规定的含义说明如下:

(1)这项规定主要解决货物的运输风险由谁承担的问题。国际贸易都要涉及货物的运输,而且在运输过程当中货物往往会遇到各种风险而遭受损坏或灭失,因此,货物运输的风险究竟是由买方还是卖方承担,是一个非常现实而又十分重要的问题。在这个问题上,《公约》所采取的基本原则是,除双方当事人另有约定外,运输风险应由买方承担。其理由是,买方所处的地位使他能在目的地检验货物,在发现货物受损时便于采取措施减轻损失,同时能够及时向有责任的承运人提出索赔,或者向保险人要求赔偿。这项原则同国际贸易惯例所确定的原则是一致的。例如,在采取FOB、CIF和CFR条件成交时,都是由买方承担货物在运输过程中的风险。

(2) 当合同涉及货物的运输时,风险从何时起由卖方移转于买方,主要有两种情况:一种情况是,合同并没有规定卖方有义务在某个指定的地点交付货物。在这种情况下,货物的风险是在卖方按照合同把货物交付给第一承运人以转交买方时起,就移转给买方承担。例如,卖方在其仓库把货物交到汽车运输公司(即第一承运人)的卡车,风险即移转于买方,至于日后此项货物是否须由第二承运人(如海运承运人)续运至目的地,一般应由买方自行安排,并由买方承担风险。另一种情况是,卖方有义务在某一特定地点把货物交付给承运人,则在货物在该特定地点交付给承运人以前,风险仍由卖方承担。例如,如果卖方的营业地是在甲地(如内陆地点),而合同规定卖方有义务把货物在乙地(如装运口岸)交给承运人,以便运往国外的买方。在这种情况下,货物从甲地运往乙地的风险仍由卖方承担,只有当货物在乙地交付给承运人时起,风险才移转给买方承担。

但是,无论在何种情况下,在货物加上标志、或以装运单据、或以向买方发出通知或其他方式,将货物清楚地确定在合同项下之前,风险不能移转给买方。这实际上就是指在货物特定化以前,风险不能移转于买方。

(3) 卖方有权保留控制货物处分权的单据(如提单),并不影响风险的移转。

《公约》实际上把卖方保留控制货物处分权的单据,视为只是作为确保买方支付货款的一种手段,不应影响风险的移转。这同美国法的原则是一致的。

4. 当货物在运输途中出售时风险何时转移

当卖方先把货物装上开往某个目的地的船舶,然后再寻找适当的买主订立买卖合同时,这种交易就是在运输途中进行的货物买卖,在外贸业务中称之为"海上路货"的买卖。按照《公约》第 68 条规定,对于在运输途中出售的货物,从订立给签发载有运输合同单据的承运人时起,风险就由买方承担。尽管如此,如果卖方在订立合同时已经知道或理应知道货物已经遭受损坏或灭失,而他又不将这一事实告知买方,则这种灭失或损坏应由卖方负责。

5. 在其他情况下风险何时转移

《公约》第 69 条规定:

(1) 在不属于上述第 67 条和第 68 条规定的情况下,从买方收受货物时起,或者如果买方不在适当时间内收受货物,则从货物已交给他处置而他违反合同不受领货物时起,风险即转移给买方承担。这一条主要适用于卖方在其营业地点把货物交给买方处置的场合,即由买方自备运输工具到卖方的营业地提货的场合。

(2) 如果买方有义务在卖方营业地点以外的某一地点(例如某个公共仓库)收取货物,则当交货时间已到买方知道货物已在该地点交给他处置时起,风险才转移给买方承担。

6. 根本违约合同对风险转移的影响

根据《公约》第 70 条的规定,如果卖方已根本违反合同,则上述第 67~69 条的规定,都不损害买方对这种根本违反合同可以采取的各种补救方法。

（1）此项规定仅适用于卖方根本违反合同的场合,如果卖方虽有违约行为但尚未构成根本违反合同,则不能援用此项规定。

（2）按照这项规定,即使卖方已根本违反合同但并不影响货物的风险按公约的规定转移给买方,不过,在这种情况下,买方对卖方根本违反合同所应享有的采取各种补救方法的权利不应受到损害。

第七节 谈 判

When a court is to determine intent—be it the party's subjective intent or a reasonable person's objective understanding. Article 8 of CISG directs that "due consideration" be given "to all relevant circumstances", including (1) the negotiations leading up to the contract, (2) the practices which the parties have established between themselves, and (3) the parties conduct after they agree to the contract.

Negotiation may be an informal or formal dispute resolution process that the parties may use when differences arise in a business relationship. It is a preferred means of resolving disputes where the differences tend to be misunderstandings or the misinterpretation of the terms in a negotiated agreement. Most businesspersons wish to preserve their business relationships, and if the differences are minor or accommodation can be made to correct the differences or expectations of the parties, negotiation of revised terms often will achieve this goal. Negotiation also may be prescribed as the first step in a more formal dispute resolution procedure set out in a written business agreement or contract of sale. In essence, it is a meeting between the parties to outline their differences and to discuss their positions, and also to explore the possibilities for accommodation or the resolution of their differences. Apart from serious differences or fundamental breaches of an agreement, the negotiation process often will resolve the problems and preserve the business relationship, assuming, of course, that this is an important or desired outcome of the negotiations.

Negotiation is also the preferred process for the resolution of disputes between states that concern business transactions of their respective citizens. These negotiations may be either formal or informal, and are conducted through their appropriate diplomatic services, joint commissions, or high-level government meetings, depending to a large extent on the importance of the issues involved.

不同国家的律师和商人,采用的谈判方式和合同的起草方式都有所不同。美国人倾向用进攻型、视对手为敌人的方式。他们视签约为非赢即输,以驾驭了最艰苦的谈判而引以为荣。这种态度使得他们努力获得超越对手的法律上和业务上的优势。同样,美国的那些爱打官司的律师亦要求取得法律上的优势。他们用权衡过的、技术性的、详尽的语言来起草合同,明确地列出双方要如何履行合约,以及在合同出问题时双方的法律权利是什么。

商务谈判在大多数司法解决方法中常常被写在合同内作为争议解决的第一个步骤。本质上,商务谈判就是给予争议双方一个见面的机会商讨他们之间的商事争议,以友好协商的方式自行解决争议。除严重分歧或重大违约之外商务谈判程序通常可以解决当事双方的商事纠纷。

【法律阅读 4-4】

经过近半个月的劳资纠纷谈判,11月30日,日本西铁城控股(Citizen Holdings)公司的代工厂冠星精密表链厂(下称"冠星厂")的上千名员工如期拿到了资方承诺发放给他们的过去五年每天40分钟加班补偿款第一期,工人们兴奋地邀约着一起去吃饭庆祝。《第一财经日报》记者了解到,这是由12名员工代表582名工人和资方经过三轮谈判达成的西铁城冠星厂劳资纠纷最好的结果,谈判中广东省劳维律师事务所为工人提供法律支持,直接和资方代表进行谈判。

"冠星厂的劳资谈判在没有任何官方介入的情况下,完全依照市场经济规律运行并取得成功,称得上是全国首例。"中国集体谈判论坛编辑何远程接受记者采访时表示。他作为广东劳维律师事务所的律师助理全程参与了此次劳资谈判。有中国特色的劳资纠纷的解决模式,是没有官方介入的劳资谈判还是政、劳、资三方参与的集体协商,是值得探讨的问题。

真正意义上劳资谈判

11月6日,10名参与冠星厂劳资纠纷事件的工人代表通过一些法律义工找到广东劳维律师事务所,拿出了征集到的584名该厂员工的授权签名,希望劳维所提供法律支持,介入此事。"我们建议员工代表继续通过协商对话的方式与公司交涉,员工代表采纳了建议。"何远程说,当天广东劳维律师事务所正式和584名工人建立委托代理关系。广东劳维律师事务所的两位合伙人段毅和刘雪坛是全国第一家合伙制律师事务所——段武刘律师事务所的两位合伙人,20世纪90年代已年收入十几万元,他们推动了合伙制律师事务所章程的建立。目前,推动集体谈判制度的建立,成为他们推动社会公正的方式之一。

"集体谈判是最节省企业、司法、社会成本的方式。"何远程说,如果584名工人以诉讼的方式解决,法院要立584起案件,这是对司法资源的极大浪费。对于企业来说,停工一天可能造成几十万元的损失,劳资谈判达成的对员工的赔偿数额可能比损失少得多。

事实上,冠星厂停工事件已经让西铁城公司高层相当焦虑。

11月9日,广东劳维律师事务所以主任段毅律师为首的律师团队给冠星厂快递发出律师函,建议厂方与员工代表开展集体协商。律师函发出的第二天,劳维所就接到了冠星厂相关领导打来的电话称,厂方很高兴有律师介入,希望能和员工代表谈判,尽快解决问题。此后,员工代表和资方代表进行了三次谈判,包括一次预备会议、两次正式谈判。预备会议对正式谈判双方谈判代表人数及构成、旁听人员资格、中止机制、第三方参与、谈判会场纪律等方面都做了约定。何远程介绍,劳维所律师在谈判程序上给予指导,主要的工人权益交涉由员工代表和厂方代表进行。11月13日和16日进行了两轮谈判,谈判过程并不顺利,厂方认为40分钟算作加班时间无法律依据,但从合理性角度接受以加班费的计算标准计算补偿。厂方最初拿出的方案离员工的预期相距甚远。

最终,厂方经过全盘考虑,权衡利弊,给出了最终解决方案:和解金以员工目前基本工资为基数,对2005年10月1日至2010年10月31日期间每天40分钟的工作时间(具体时间以员工当时考勤记录为准),按加班时间计算费用,最后计算数额做70%折算给付。该和解金从2011年11月起,逐月分五次发放。同时,该方案覆盖包括签名授权的584名员工在内的全厂千余名工人。对将来离职的员工,厂方承诺不会影响其和解金的分期发放。劳方对此方案表示接受,随后签署了备忘录。一位员工在接受记者采访时说,这份和解方案已经几乎获得全厂员工认可,他们目前已恢复满负荷工作状态。

思 考 题

1. 合同在国际商法中的重要作用是什么?
2. 要约的定义和构成要件是什么?
3. 涉及违约的补救措施有哪些?

第五章　国际货物运输与保险

本章主要探讨当事人如何利用能提供有保证的可靠支付方式,以确保卖方收到货款,买方收到货物,这些保证有助于当事人控制重大的交易风险,确定买卖双方如何分担运输途中货物毁损的风险。尽管现在航空运输越来越重要,但最大宗的货物仍旧是通过海运完成。各种形式的运输都会置货物于风险中,海运的货物面对时间、潮湿、风暴、海难的风险,其至在今天也会有海盗等原因危及货物安全。买卖双方都期望清楚地知道,货物丢失的风险何时从卖方转移到买方?双方当事人如何确定货物装运的责任和运费由谁支付的问题?国际贸易中,装运条款是价格条款的一个不可或缺的部分。由于高昂的运输费用,当事人通常会商讨货物的发票价格以及装运条件。卖方会给出几种货物价格:卖方工厂交货价、海运码头交货价、买方仓库交货价。

第一节　国际服务贸易概述

Charter party is a contract of shipment in writing, by which the owner of a ship or other vessel lets the whole or a part to a merchant or other person for the conveyance of goods for a certain amount of time or voyage, in consideration of the payment of freight.

Hague Rules is short for "International Convention for the Unification of Certain Rules of Law relating to Bill of Lading". It was done at Brussels on 25 August, 1924 and in force on June 2, 1931. The Hague Rules specifically laid down the minimum responsibilities and liabilities of a carrier of goods by sea under a bill of lading.

A bill of lading, sometimes referred to as a BOL or B/L, is a document issued by a carrier, e.g. a ship's master or by a company's shipping department, acknowledging that specified goods have been received on board. Goods are delivered to a named place to the consignee. Under the Hamburg Rules, a bill of lading means a document which evidences a contract of carriage by sea and the taking over or loading of the goods by the carrier, and by which the carrier undertakes to deliver the goods against surrender of the document.

Seaworthiness is a relative term meaning that the ship is fit to undertake the particular voyage and to carry the particular cargo. It has two meanings. One is the ship is reasonably fit to encounter the "perils of the sea". The other is the carrier shall properly man, equip and supply the ship and make the holds, refrigerating and cool chambers, and all other parts of the ship in which goods are carried, fit and safe for their reception, carriage and preservation. The carrier shall be bound before and at the beginning of the voyage to exercise due diligence.

Policy of insurance is a contract under which one party (the insurer) agrees, in return for a consideration, to indemnify another (the insured) for loss suffered as a result of the occurrence of a specified event.

Insurable interest is an interest in something and the loss of which will prejudice the owner. Examples of insurable interests include a person's interest in a marine adventure, in his or her own life, or in real property. During the international cargo transportation the interest is in goods.

The General Agreement on Trade in Services (GATS) is the first and only set of multilateral rules governing international trade in services. Negotiated in the Uruguay Round, it was developed in response to the huge growth of the services economy over the past 30 years and the greater potential for trading services brought about by the communications revolution.

For the purposes of GATS Agreement, trade in services is defined as the supply of a service: (a) from the territory of one Member into the territory of any other Member; (b) in the territory of one Member to the service consumer of any other Member; (c) by a service supplier of one Member, through commercial presence in the territory of any other Member; (d) by a service supplier of one Member, through presence of natural persons of one Member in the territory of any other Member.

According to the Services Sectoral Classification List, the 12 service sectors are: business services, communication services, construction and related services, distribution services, educational services, environmental services, financial services, health related and social services, tourism and travel related services, recreational and cultural and sporting services, transport services, other services not included elsewhere.[①]

(一) 服务

服务即服务主体应服务客体的要求所做的工作或所尽的义务。服务的主体一定是自然人、法人、社会团体或政府部门,服务提供者通过直接接触或间接接触方式,为服务接受者提供有益的工作或帮助行为。

(二) 国际服务贸易

国际服务贸易一词,源于《关贸总协定》20世纪70年代的谈判决议。狭义的国际服

---

① See GATT Secretariat, Services Sectoral Classification List, MTN. GNS/W/120 (July 10,1991).

务贸易是有形的,即指发生在国家之间的符合与服务定义的直接服务输出与输入活动。而广义的国际服务贸易,不仅包括有形的劳动力的输出输入,也包括无形的提供者与使用者在没有实体接触的情况下的交易活动,如卫星传送和传播、专利技术贸易等。广义的国际服务贸易,是《关贸总协定》乌拉圭回合服务贸易谈判的对象。

The General Agreement on Trade in Services (GATS)对服务贸易进行了明确的界定:(1)从一缔约方境内向任何其他缔约方的境内提供服务;(2)从一缔约方的国境向任何其他缔约方的服务消费者提供服务;(3)一缔约方在其他任何缔约方境内的通过提供服务的商业存在而提供服务;(4)一缔约方的自然人在其他任何缔约方境内提供服务。[①]

由以上定义可以看出,服务贸易通过以下四种方式进行:

(1)过境交付(cross-border supply),是指一国向另一国提供服务,没有人员、物资和资金的流动,而是通过电信、邮电、电脑网络实现的,如视听、金融、信息等。

(2)境外消费(consumption abroad),是指一国消费者到另一国接受服务提供者提供的服务。例如,中国病人到国外就医,外国人到中国来旅游,中国学生到外国留学等。

(3)商业存在(commercial presence),是服务贸易活动中最主要的形式。它是指允许外国的企业和经济实体来本国开业,提供服务,包括投资设立合资、合作或独资公司。例如,外国公司到中国来开饭店,建零售商店,办律师事务所等。

(4)自然人流动(movement of personnel),是指允许外国的个人来本国提供服务。例如美国教授、高级工程师或医生到日本从事个体服务。相对于有形贸易来说,服务贸易具有生产与消费同时进行,不可储存、无形和异质的特点。

(一)服务贸易的内容和分类

随着国际社会文明程度的不断提高,国际服务贸易也随之呈现复杂化、多样化和系统化的趋势,其内容日渐庞杂。目前国际上通行的有四种分类法:(1)联合国标准贸易分类(UN SITC),按照知识含量或加工的程度对服务项目进行由低到高的排列,分为46个服务类别;(2)国际标准工业分类(ISIC),将服务贸易分为批发零售、零售贸易、餐馆、运输与贮存、通信、金融机构、不动产及商业服务、公共管理及防务、社会服务及社区服务、娱乐及文化服务、个人及家庭服务、国际机构及跨境组织等12个类别;(3)国际货币基金组织(IMF)分类,将服务业分为六大类,线条较粗;(4)世界贸易组织统计与信息系统局(SISD)分类法,已获WTO服务贸易理事会评审认可。

WTO是按照服务部门分类法进行的分类,将全世界的服务部门分为11大类142个服务项目。这11个大类是:商业服务、通信服务、建筑及有关工程服务、销售服务、教育服务、环境服务、金融服务、健康与社会服务、与旅游有关的服务、文化与体育服务及运输服务。这种分类法,由于获得了世界贸易组织所认可,因而具有权威性,而且在分类上也比较合理,具有推广的价值。

---

① [美]Gary D. Patterscm:《WTO法律规则(英文版)》。

(二) 国际服务贸易的法律渊源

国际服务贸易的法律渊源,可以从两个不同的角度来观察。(1)以法律规范制订主体的不同,可以认定国际服务贸易的法律渊源是由以下三个部分组成:全球性的服务贸易法律规范、区域性的服务贸易法律规范和各国国内有关服务贸易的法律规范。全球性的法律规范,如 WTO 的一整套服务贸易的法律规范;区域性的服务贸易法律规范,如《北美自由贸易协定》《欧洲联盟条约》(尤其是其中所包括的《欧洲共同体条约》)等;各国国内有关服务贸易的法律规范,由于多数国家加入 WTO 和国民待遇原则的适用,使得这类国内法律规范,实际上具有了比以前更强的国际性。(2)从 WTO 体制内部来观察,国际服务贸易的法律渊源可划分为三个层次。①《关于建立世界贸易组织的马拉喀什协定》(以下简称《世界贸易组织协定》或《WTO 协定》),这是 WTO 的基本法律文件。而且《服务贸易总协定》以及《诸边贸易协定》都是《WTO 协定》的组成部分。②《服务贸易总协定》及其附录和具体承诺表等。GATS 第 29 条规定:"本协定的附录是本协定的整体组成部分。"其中包括 8 个附录,以及各成员方做出的具体承诺表。这一部分是国际服务贸易法律体系的核心。③辅助性服务贸易法律规范。这是《WTO 协定》中涉及服务贸易的其他规范。如《关于争议解决规则与程序的谅解》(简称 DSU),贸易政策评审机制,《诸边贸易协定》,以及其中的《政府采购协议》。

第二节 国际货物运输法

一、国际货物的运输方式

国际贸易中采用的运输方式很多,其中包括海、陆、空,以及多式联运等各种运输方式,而每种运输方式都有其自身的特点和独特的经营方式。

(一) 海上货物运输(cargo transportation by sea)

按照船舶公司对船舶经营方式的不同,商船可分为班轮和不定期船两种类型。由于这两种类型的船舶在经营上各有自己的特点,所以海洋运输又可分为班轮运输和租船运输两种方式。

1. 班轮运输(liner transport; liner shipping)

(1)班轮运输的概念与特点。班轮运输是指在预先固定的航线上,按照船期表在固定港口之间来往行驶,其主要特点有:

① 船舶行驶的航线和停靠的港口都是固定的。
② 船舶按船期表航行,船舶开航和到港时间都较为固定。
③ 船公司按预先公布的班轮运价表收取运费,运费率相对固定。
④ 在班轮运费中包括装卸费,故班轮运输的港口装卸费由船方负担。

⑤ 班轮承运货物比较灵活,不论数量是多少,只要有舱位,都接受装运。因此,少量货物或件杂货,通常多采用班轮运输。

(2) 班轮运费。班轮运费包括基本运费和附加费两部分。基本运费是指货物在预定航线的各基本港口之间进行运输所规定的运价,它是构成全程运费的主要部分。基本运费的计收标准,通常按不同商品分为下分下列几种:

① 按货物的毛重计收,在运价表内用"W"字母表示。

② 按货物的体积(或尺码吨)计收,在运价表内用"M"表示。

③ 按商品的价格计收,即按从价运费收取,在运价表内用"A.V."表示。

④ 按货物的毛重或体积,由船公司选择其收费较高的一种计收过费,在运价表中用"W/M"表示。

⑤ 按货物的重量、体积或价值三者中选较高的一种计收运费,在运价表中用"W/M or A.V"表示。

⑥ 按货物的件数计收。

⑦ 对大宗低值货物,采用船、货双方临时议定运价的办法。

此外,班轮公司对同一包装、同一票货物或同一提单内出现混装情况时,计收运费的原则是就高不就低,具体收取办法是:

① 同商品混装在同一包装内,全部运费一般按其中收费较高者收取。

② 同一票货物,如包装不同,其计费标准和等级也不同,如托运人未按不同包装分别列明毛重和体积,则全票货物均按收费较高者计收运费。

③ 同一提单内有两种以上的货物,如托运人未分别列明不同货物的毛重和体积,则全部货物均按收费较高者计收运费。

班轮运费中的附加费名目繁多,其中包括:超长、超重附加费,选择卸货港附加费,变更卸货港附加费,燃油附加费,港口拥挤附加费,绕航附加费,转船附加费和直航附加费等。上述基本运费和各种附加费,均按班轮过价表计算。

2. 租船运输(charter shipment; shipping by chartering)

租船通常是指包租整船。大宗货物一般都采用租船运输,租船方式主要包括定程租船和定期租船两种。前者是指按航程租赁船舶,后者是指按期限租赁船舶,不论是按航程或按期限租船,船、租双方都要签订租船合同,以明确双方的权利和义务。

(1) 定程租船(voyage charter)。在定程租船方式下,船方必须按租船合同规定的航程完成货物运输任务,并负责船舶的经营管理及其在航行中的各项费用开支;租船人则应支付双方约定的运费。租船的运费一般按照装运货物的数量计算,也有按航次包租总金额计算的。货物在港口的装卸费用究竟由船方还是租方负担,应在租船合同中做出明确规定。

(2) 定期租船(time charter)。按期限租船时,船租双方的权利与义务应在租船合同中订明。船方应提供适航的船舶,关于船员薪金、伙食费等费用以及保持船舶具有适航价值而产生的有关费用,均由船方负担。在船舶的出租期间,租船人可在租船合同规定的航行区域自由使用和调动船舶,但船舶经营过程中产生的燃料费、港口费、装卸费和垫舱物料费等项开支,均应由租船人负担。关于定期租船的租金,一般是按租期每月每吨若干金额计算。

(二) 铁路运输(cargo transportation by railroad)

铁路运输是仅次于海运的一种主要的运输方式。铁路运输的运行速度较快,载运量较大且在运输中遭受的风险较小,它一般能保持终年正常运行,具有高度的连续性。为了充分利用铁路运输货物,早在20世纪50年代初期,我国即参加了国际铁路货物联运,使我国同一些亚洲和欧洲国家连成一片,为发展我国对外贸易提供了极为有利的条件。自1980年以来,我国利用西伯利亚大陆桥开展了集装箱国际铁路联运业务,有效地加快了货运速度,节省了运输费用。1992年,由我连云港至荷兰鹿特丹的新亚欧大陆桥开始经营,进一步缩短了运输距离,加速了国内外物资的交流,并节省了运输费用。随着国际铁路联运业务的开展,铁路运输在我国对外贸易中将起到更大的作用。

(三) 航空运输(cargo transportation by air)

航空运输速度快,运行时间短,货物中途破损率小,但航空运输运量有限,且运费一般较高。航空运费通常是按重量、体积计算,以其中收费较高者为准。尽管航空运费一般较高,但由于空运比海运计算运费的起点低,同时空运能节省包装和保险费,并因运行速度快而便于货物抢行应市和卖上好价,所以小件急需品和贵重的物品,采用航空运输反而有利。

(四) 邮包运输(cargo transportation by mail)

采用邮包运输,手续简便,费用也不太高,但运量有限,故只能用于运输量轻和体积小的商品。国际邮包运输具有国际多式联运和"门到门"运输的性质。我国同许多国家签订了邮政运输协议和邮电协定,为我国发展对外贸易货物的邮包运输提供了有利的条件。由于邮包运输量有限,每件邮包重量不得超过20千克,长度不得超过1公尺,因此,它只适用于运送某些零部件、药品和急需的零星商品。

(五) 国际多式联运(multimodal transportation)

多式联运是指利用各种不同的运输方式来完成某项运输任务,它包括陆海联运、陆空联运和海空联运等。在国际间进行的这种联运,称为国际多式联运。由于集装箱最适于多式联运,故随着集装箱运输的发展,国际多式联运也迅速发展起来。在国际贸易中,开展以集装箱运输为主的国际多式联运,有利于简化货运手续,加快货运速度,降低运输成和节省运输费用。

(六) 其他运输方式(other methods)

我国同相邻国家的少量进出口货物以及内地同香港、澳地区的部分进出口货物是通过公路运输的；同我国有河流相通连的国家，也有少量进出口货物是通过河流运输的。此外，我国到朝鲜的石油，一般采用管道运输。以上表明，国际货物运输方式很多，在实际业务中，我们应根据货物特性、运量大小、距离远近、运费高低、风险大小、任务缓急及自然条件和气候变化等因素，审慎选用合理的运输方式。

二、国际货物运输的装运条款

买卖双方洽商交易时，必须就各项装运条款谈妥，并在合同中订明，以利合同的履行。装运条款的内容同买卖合同的性质和运输方式有着密切的关系。不同性质的运输方式，其装运条款也不相同。鉴于我国大部分进出口货物是通过海洋运输，而且对外签订的进出口合同大部分属 FOB、CIF、CFR 合同，故以下仅就这类合同的装运条款——装运期、装卸率和滞期费、速遣费等内容，分别加以介绍和说明。

（一）装运期

1. 装运期的含义及其重要性

装运期是指卖方在起运地点装运货物的期限，它与交货期是含义不同的两个概念。例如在目的港船上交货条件下，装运期是指在装运港装船的期限，交货期则是在目的港船上交货的时间，两者在时间显然不同。

在装运地或装运港交货条件下，装运期是买卖合同中的主要条件。装运合同当事人一方违反此项条件，另一方则有权要求赔偿其损失，甚至可以撤销合同。因此，进出口业务中，订好买卖合同中的装运期条款，使装运期规定合理和切实可行，可以保证按时完成约定的装运任务。

2. 装运期的规定方法

（1）明确规定具体装运期限。在进出口合同中，一般都订明装运的年度及月份。例如，限于某年某月内装运，或某年某月以前装运。对大宗交易或在偏僻港口装货时，装运期可适当放长一些。如规定跨月装运，或在某季度内装运，规定方法、期限具体，含义明确，既便于落实货源和安排运输，又可避免在装运期问题上引起争议，因此，它在国际贸易中被广泛使用。

（2）规定在收到信用证后若干天装运。这种规定方法适用于下列情况：

① 按外商要求的花色、品种或规格成交，或专为某一地区或某商号生产的商品，如一旦外商毁约，这些商品便难以转售出去。为避免盲目生产或采购而造成商品积压和蒙受经济损失，则采用这种规定方法。

② 在一些外汇管制较严的国家和地区，一般实行进口许可证和进口配额。如协商交易时，买方还不能肯定批准进口许可证或外汇配额的具体时间，因而无法确定具体装运期。为了促进成交和扩大出口，也可采用这种方法。

③ 对某些拖延开证的客户，采用这种规定方法有利于促使其按时开证。上述规定方法的好处是，既能促使买方早开证或按时开证，以利卖方有计划地安排生产和组织货源，

又能避免因买方拖延开证而引起的卖方加工、备货紧张或赶不上装期的被动局面。但上述方法也有弊病,因为装运期的确定,是以买方来证为前提条件的。如签订合同后市场价格出现对买方不利的变化,买方有可能拒不开证或拖延开证,装运期也就无法确定,从而使卖方处于无法安排装运的被动局面。

为了促使买方按时开证,在采用这类规定时,必须在合同中相应加列约束性的条款,例如,买方必须最迟于某某日期将有关信用证开抵卖方,否则,卖方有权按买方违约提出索赔。

(3)笼统规定近期装运。采用这类规定方法时,不规定装运的具体期限,只有"立即装运""即刻装运""尽速装运"等词语来表示。由于这种规定方法太笼统,故国际商会修订的《跟单信用证统一惯例》规定,不应使用"迅速""立即""尽速"和类似的词语,如使用了这类词语,银行将不予理会。

(二)装运港和目的港

装运港是指开始装货的港口;目的港是指最终卸货的港口。在海运进出口合同中,一般都订明装运港和目的港。

1. 装运港和目的港的规定方法

装运港和目的港由交双方商定,其规定有下列几种。

(1)通常情况下,只规定一个装运港和一个目的港,并列明港口名称。

(2)大宗商品交易条件下,可酌情规定两个或两个以上的装运港和目的港,并分别列明港口名称。

(3)在商订合同时,如明确规定一个或几个装运港和目的港有困难,可以采用按"选择港口"的规定办法。规定选择港口有两种方式:一是从两个或两个以上列明的港口中任选一个,如CIF伦敦或汉堡或鹿特丹;二是从某一航区的港口中任选一个,如地中海主要港口。上述规定方法,究竟采用哪一种,应视具体情况而定。

2. 规定装运港和目的港口的注意事项

(1)规定国外装运港和目的港的注意事项如下:

必须考虑港口具体的装卸条件;港口的规定应明确具体,不宜过于笼统;能接受内陆城市作为装运港或目的港的条件;应注意国外港口有无重名的问题。

(2)规定国内装运港和目的港的注意事项如下:

应考虑货物的合理流向并贯彻就近装卸的情况;应考虑港口的设施、装卸条件等实际情况。

(三)分批装运和转运

分批装运和转运直接关系买卖双方的利益,是否需要分批装运和转运,买卖双方应根据需要和可能在合同中做出明确具体的规定。

1. 分批装运

分批装运是指一笔成交的货物分若干次装运。但一笔成交的货物,在不同时间和地点分别装在同一航次、同一条船上,即使分别签发了若干不同内容的提单,也不能按分批装运处理。国际上对分批运的解释和运用不一。有些国家的法律规定:如合同未规定允许分批装运,则不得分批装运,但国际商会修订的《跟单信用证统一惯例》却规定除非信用证号另有规定,允许分批装运。为了避免在履行合同时引起争议,交易双方应在买卖合同中订明是否允许分批装运;若双方同意分批装运,应将批次和每批装运的具体时间与数量订明。此外,《跟单信用证统一惯例》还规定:"如信用证规定在指定时期内分批装运,其中任何一批未按批装运,信用证对该批和以后各批货物均告失效,除非信用证另有规定。"因此,如果在买卖合同和信用证中规定分批定期、定量装运时,则卖方必须重合同、守信用,严格按照买卖合同和信用证的有关规定办理。

2. 转运

货物中途转运,不仅延误时间和增加费用开支,而且还有可能出货损差,所以买方对其进口的货物一般不愿转运,故在商订合同时,提出订立"禁止转运"的条款。不过,零星件杂货在没有直达船的港口,或虽在直达船而船期不定或航期间隔时间太长的港口,为了便利装运,则应当在买卖合同中订明"允许转运"的条款。根据《跟单信用证统一惯例》规定,为了明确责任和便于安排装运,交易双方是否同意转运以及有关转运的办法和转运费的负担等问题,都应在买卖合同中具体订明。

(四)装运通知

装运通知是装条款中不可缺少的一项重要内容。不论按哪种贸易术语成交,成交双方都要承担互通知的义务。规定装运通知的目的在于明确买卖双方的责任,促使买卖双方互相配合,共同搞好车、船、货的衔接,并便于办理货物保险。应当特别强调的是,买卖双方按 CFR 条件成交时,装运通知具有特别重要的意义,所以卖方应在货物装船后,立即向买主发出装运通知。按其他贸易术语成交时,买卖双方都应约定相互给予有关交接货物的通知,以便互相配合,共同搞好货物的交接工作。

(五)装卸时间、装卸率和滞期、速遣费条款

买卖双方成交的大宗商品,一般采用租船运输。负责租船的一方在签订买卖合同之后,还要负责签订租船合同,而租船合同中通常都需要订立装卸时间、装卸率和滞期、速遣费条款。为了明确买卖双方的装卸责任,并使买卖合同与租船合同的内容互相衔接和吻合,在签订大宗商品的买卖合同时,应结合商品特点和港口装卸条件,对装卸时间、装卸率和滞期、速遣费的计算与支付办法做出具体规定。

1. 装卸时间

装卸时间是指装货和卸货的期限,装卸时间的规定方法很多,其中使用最普遍的是按连续 24 小时计算。这种计算方法用于昼夜作业的港口,是指在好天气好条件下,作业 24 小时算作一个工作日来表示装卸时间的办法,如中间有几小时坏天气不能作业,则应予以扣除。此外,星期日和节假日也应除外,关于利用星期日、节假日作业是否计入装卸

时间,国际上有不同的规定,订立合同时应作补充说明和约定。也有按照港口装卸速度来表示装卸时间的做法。这种规定是指在好天气条件下,按港口装卸速度进行计算装卸时间的方法。这种方法只能适用于装卸条件好、装卸效率高和装卸速度稳定的港口。采用这种方法时,星期日、节假日以及因坏天气而不能进行装卸作业的时间应除外。上述装卸时间的起算和止算,应当在合同中订明。关于装卸时间的起算,一般规定在收到船长递交的"装卸准备就绪通知书"后,经过一定的规定时间后开始起算。关于装卸货物的止算时间,通常是指货物实际装卸完毕的时间。

2. 装卸率

买卖大宗商品时,交易双方在约定装卸时间的同时,还应约定装卸率。所谓装卸率,指每日装卸货物的数量。装卸率的高低,关系到运费水平,从而在一定程度上影响货价。

3. 滞期、速遣费条款

买卖双方在大宗交易中,除约定装卸时间和装卸率外,还应相应规定滞期、速遣费条款,以明确货物装卸方的责任。负责装卸货物的一方,如果未按照约定的装卸时间和装卸率完成装卸任务,则需要向船方交纳延误船期的罚款,此项款称之滞期费用;反之,如负责装卸货物的一方在约定装卸时间内提前完成装卸任务,有利于加快船舶的周转,则可以从船方取得奖金,此项奖金称为速遣费。按一般惯例,速遣费通常为滞期费的一半,在规定买卖合同的滞期、速遣费条款时,应注意相关内容与将要订立的租船合同的相应条款保持一致,以免造成不应有的损失。

三、国际货物运输的主要运输单据

在国际贸易中,提交约定的单据是卖方的一项基本义务。因此,买卖双方签订合同时,必须根据运输方式和实际需要,就卖方提供的各种单据的种类和份数做出明确规定,因此,有关单据的规定就成为合同条款中不可缺少的内容。

由于运输方式和合同当事人对单据的要求不一,所以使用的运输单据多种多样,主要包括海运提单、铁路运单、航空运单、邮包收据和多式联运单据等。此处简单介绍海运提单之外的其他主要运输单据,关于海运提单及其渊源的相关内容可参见本章第四节的阐述。

(一)铁路运单[①]

铁路运单是铁路与货主缔结的运输契约,国际铁路货物运输使用的运单和国内运单的格式和内容有所不同。国际铁路货物联运运单随同货物从始发站至终点站全程附送,最后交给收货人。它既是铁路承运货物的凭证,也是铁路向收货人交付货物和核收运费的依据;国际铁路货物联运运单副本在铁路加盖戳记证明货物的承运人和承运日期后,交给发货人。它可作为发货人据以结算货款的凭证。

(二)航空运单[②]

航空运单是航空公司出具的承运货物的收据。它是发货人与承运人缔结的运输契约,

[①][②] 张学森编著:《国际商法》,上海,复旦大学出版社,2013。

但不能作为物权凭证进行转让和抵押。航空运单也是海关查验放行的一项基本单据。

(三) 邮包收据①

邮包收据是邮局收到寄件人的邮包后出具的收据,它是收件人提取邮包的凭证。当邮包发生灭失或损坏时,它还可作为索赔和理赔的依据。

(四) 多式联运单据②

多式联运单据是指证明多式联运合同以及证明多式联运经营人接管货物并负责按合同条款交付货物的单据,它由多式联运经营人签发。签发这种单据的多式联运经营人必须对全程运输负责,即不论货物在哪种运输方式下发生属于承运人责任范围内的灭失或损害,都要对托运货物的人负赔偿责任。多式联运单据使用的范围较联运提单广。联运提单仅限于在由海运与其他运输方式所组成的联合运输时使用,而多式联运单据,既可用于海运与其他运输方式的联运,也可用于不包海运的其他运输方式的联运。

除上述各种主要的装运单据外,在实际业务中,还有一些其他装运单据,如重量单和装箱单等。

四、调整国际货物运输的国际公约和惯例

(一) 调整国际航空货物运输关系的国际公约

目前,调整国际航空货物运输关系的国际公约主要有三个:《统一国际航空运输某些规则的公约》(简称《华沙公约》)、《修改1929年统一国际航空运输某些规则的公约的议定书》(简称《海牙议定书》)和《统一非缔约承运人所办国际航空运输某些规则以补充华沙公约的公约》(简称《瓜达拉哈拉公约》)。

1. 《华沙公约》1929年在华沙签订,1933年2月13日生效。我国1958年加入该公约。

2. 《海牙议定书》签订于1955年9月,1963年8月1日生效。我国于1975年加入该议定书。

3. 《瓜达拉哈拉公约》签订于1961年,1964年5月1日生效。我国未加入该公约。

(二) 调整国际铁路货物运输关系的国际公约

目前,关于国际铁路货物运输的公约有两个:《国际货约》和《国际货协》。

《国际货约》(CIM),全称《关于铁路货物运输的国际公约》,缔约国1961年在伯尔尼签字,1975年1月1日生效。其成员国包括了主要的欧洲国家,如法国、德国、比利时、意大利、瑞典、瑞士、西班牙及东欧各国。此外,还有西亚的伊朗、伊拉克、叙利亚,西北非的阿尔及利亚、摩洛哥、突尼斯等共28国。

《国际货协》(CMIC),全称《国际铁路货物联合运输协定》,1951年在华沙订立。我国于1953年加入。1974年7月1日生效的修订本,其成员国主要是苏联、东欧加上中国、蒙古、朝鲜、越南共计12国。

---

① ② 张学森编著:《国际商法》,上海,复旦大学出版社,2013。

参加《国际货协》的东欧国家又是《国际货约》的成员国,这样《国际货协》国家的进出口货物可以通过铁路转运到《国际货约》的成员国,这为沟通国际间铁路货物运输提供了更为有利的条件。我国是《国际货协》的成员国,凡经由铁路运输的进出口货物均按《国际货协》的规定办理。

(三) 调整国际多式联运的国际公约和国际惯例

1980年5月在联合国贸易与发展会议的主持下,制定并通过了《联合国国际货物多式联运公约》(简称《联运公约》)。根据《联运公约》规定,《联运公约》在30个国家的政府签字但无须批准、接受或认可,或者向保管人交存批准书、接受书、认可书或加入书后12个月生效。

第三节 跟单销售

A bill of lading is an instrument issued by an ocean carrier to a shipper with whom the carrier has entered into a contract for the carriage of goods , [①]which states that certain goods have been shipped on a particular ship or have been received for shipment. It sets out the terms on which those goods have been delivered to and received by the shipowner. On being signed by or on behalf of the carrier, it is handed to the shipper.

The bill of lading has three characteristics: (a) it is a receipt issued by or on behalf of the carrier whereby he acknowledges that he has shipped the goods or received them for shipment; (b) it evidences the terms of the contract of carriage which is normally concluded earlier; (c) it is a document of tide.

This is the most important characteristic of the bill of lading. Its significance is that the carrier need deliver the goods only if an original bill of lading is presented to him. The bill of lading is thus "the key to the goods." If on arrival of the vessel there is nobody to tender an original bill of lading, the master would be entitled to unload the goods into a warehouse and to sail away. [②]

Special emphasis must be made to the fact that the term "document of tide" in China is traditionally translated as "document of property". This incorrect Chinese translation easily has

---

① Article 71 of China Maritime Code defines a bill of lading as a document which serves as an evidence of the contract of carriage of goods by sea and the taking over or loading of the goods by the carrier, and based on which the carrier undertakes to deliver the goods against surrendering the same. A provision in the document stating that the goods are to be delivered to the order of a named person, or to order, or to bearer, constitutes such an undertaking.

② Clive M. Schmitthoff, *Mercantile Law*, London Stevens & Sons 1984, p.576.

confused in China a correct understanding of the term "document of title". Benjamin said in his "Sale of Goods" that there is no authoritative definition of "document of tide to goods" at common law, but it is submitted that it means a document relating to goods the transfer of which operates as a transfer of the constructive possession of the goods, and may operate to transfer the property in them. The view that a bill of lading is document of possession accords with the practices of the carriage of goods by sea, and helps reduce transportation costs and promote international trade. For example, a carrier is usually concerned about whether the consignee is the holder of original bill of lading, rather than the owner of the goods. Even if two or more holders tender the bill of lading to the carrier, the carrier has the right to deposit the goods for the court to decide the real holder, and he does not need to determine who is the owner of the goods.

The bill of lading differs from the bill of exchange. The bill of lading is the representation or symbol of the goods to which it refers. Strictly speaking, the bill of lading is not a negotiable instrument. Unlike transferees of bills of exchange, a transferee who obtains an order bill of lading in good faith and for value paid is not a holder in due course who is entitled to claim the goods from the carrier" free of equities" or "free of personal defenses". This is a significant difference. In practice, it means that should an order bill of lading be obtained by fraud and endorsed to a bona fide purchaser for value, the recipient will not acquire tide to the goods described in the bill. On the other hand, if the same thing were to happen with a bill of exchange that was neither overdue nor dishonored, the recipient (who would be a holder in due course) would be entitled to the money or property described in that bill. Because of this difference, an order bill of lading is sometimes described as only a "quasi-negotiable" instrument. ①

1. The seaworthiness of the ship. This is an important obligation for a carrier required by the Hague Rules, Hague-Visby Rules and Hamburg Rules. The carrier shall be bound before and at the beginning of the voyage to exercise due diligence. Seaworthiness is a term meaning that the ship is fit to undertake the particular voyage and to carry the particular cargo. It has two meanings. One is the ship is reasonably fit to encounter the "perils of the sea", the other is the carrier shall properly man, equip and supply the ship and make the holds, refrigerating and cool chambers, and all other parts of the ship in which goods are carried, fit and safe for their reception, carriage and preservation. The seaworthiness of the ship is an absolute undertaking warranted by the carrier. If the cargo owner has damages because the carrier does

---

① Ray August, *International Business Law*, Hi^ier Education Press 2002, p.620.

not meet the requirement of the seaworthiness of the ship, he needs to show the ship was unseaworthy and there was a causal link between it and the loss or damage.

2. The management of the goods. This is another basic obligation. The carrier shall exercise due diligence to properly and carefully load, handle, stow, carry, keep, care for, and discharge the goods carried. The due diligence is expected by a reasonable person.

3. Commencement of voyage. The ship shall be ready to load the cargo and commence the voyage agreed on without undue delay and shall also complete the voyage with all reasonable dispatch.

4. Non-deviation of voyage. It means that if the ship does not carry out the voyage by the prescribed or usual route in the customary manner, the contract becomes void from the beginning of the voyage, no matter when and where the deviation from the usual route took place.

5. Dangerous goods not to be shipped. If the shipper ships dangerous goods and if on account of this, the charterer suffers any damage, he can recover the same from the shipper.

在国际货物销售中,买卖双方可以怎样控制付款和交货的风险？买方不付款的可能性称为卖方的支付风险,通常又称为信用风险。买方收不到货物的可能性称为买方的交货风险。买方希望能确保货物如期装运、包装合适以及投保充分。得不到任何的付款保证,没有哪一个卖家会愿意装运货物并让渡货物的所有权给海外的买方。一旦卖方失去对货物的控制权,再要向买方索赔将花费巨大且极为费时。若是买方不能或拒绝付款,则卖方只能在买方国内提起诉讼,以求追回货款。即使那样,若是买方无力偿还或买方已破产,卖方的货款就会成为泡影。

理想情况是卖方最希望能在发货前先收到现金货款;而买方则希望在确实收到所要求的货物后再支付货款。但若是卖方事先就能获得现金,还有什么动力促使其装运符合合同要求的、没有缺陷的或完全足量货物呢？

一、跟单销售

跟单销售是一种买方在卖方出示可转让单据时,支付货款的一种货物买卖合同。这种方式常用于确保相距遥远的买卖双方,在一方让渡货物物权的同时,另一方支付货款,从而降低双方的交易风险。

跟单销售这种独特的交易方式,是早期贸易商在他们的货运轮船行走中世纪贸易路线时就设计出来了。这种方式通过习惯与惯例而广为流传,最终被早期的英国法所认同——早期英国法现在也存在于现代普通法及欧洲大陆法国家中。今天,跟单销售已成为应用最为广泛的货物买卖合同。

二、物权凭证

理解跟单销售的关键,是要了解物权凭证的本质。物权凭证是证明货物所有权的具有法律效力的凭证。一般的物权凭证包括码头收据、仓库收据及提单。这些凭证由收到货物的一方当事人（常称为受托人），从委托人处获得货物所有权后签发。物权凭证可以是可转让的或不可转让的。可转让物权凭证从一方当事人转移到另一方，以支付对价或付款为条件。可转让物权凭证在贸易商中的转让，即代表了货物所有权的转让无须发生真实货物的占有转让。货主可以安全地在商品市场上买卖、交换、用以担保或处置这些货物，而货物仍被受托人占有。

【背景与案情5-1】

甲国A公司与乙国B公司签订了一份木材买卖合同。双方在合同中约定，如果A公司不能在约定期间内装船，B公司有权取消该部分的买卖。合同采用信用证付款方式，但信用证的开证银行C银行按B公司要求开出的信用证上并未表明在买卖合同所规定的8月装船的条件，而A公司实际上在9月20日才装船。B公司根据合同的约定，取消这批交易，并拒收货物。但是，C银行已取得了与信用证上要求相符的全套单据，并已对A公司付款，开证行要求B公司根据信用证条件赎单。B公司认为，原合同已经解除，开证行不应付款，因而拒绝赎单。

问：（1）买方B公司拒绝赎单是否正确，办什么？

（2）在信用证法律关系中，开证行是否负有合同义务？

分析要点：

（1）B公司的行为不正确，因为，根据信用证付款的一般规则，信用证是独立于买卖合同的，虽然买卖合同是开立信用证的基础，但信用证一经签发，其法律性即与买卖合同分离而独立，不受买卖合同的约束。本案中，信用证中未表明在买卖合同中所规定的装船日期的条件，A公司提交的单证完全符合信用证要求，开证行付款是正确的，而B公司拒绝赎单的行为不正确。

（2）开证银行有义务合理小心地审核一切单据，以确定单据表面上是否符合信用证条款，但银行对于任何单据形式、完整性、准确性、真实性、伪造或法律效力，或单据上规定的或附加的一般及特殊条件，概不负责；而且对于单据中有关货物的品质、数量、价值以及对于发货人、承运人、保险人等的诚信与否、清偿能力、资信情况亦概不负责。

三、提单

提单的性质和作用具体如下：

提单是承运人或其代理人收到货物后签发给托运人的一种证件，它体现了承运人与托运人之间的相互关系。提单的性质和作用，主要表现在下列三个方面。

（1）提单是承运人或其代理人出具的货物收据。证实其已按提单的记载收到托运人的货物。

（2）提单是代表货物所有权的凭证。提单的持有人拥有支配货物的权利，因此提单可以用来向银行议付货款和向承运人提取货物,也可用来抵押或转让。

(3) 提单是承运人和托运人双方订立的运输契约的证明。由于运输契约是在装货前商订的,而提单一般是在装货后签发的,故提单本身不是运输契约,而只是运输契约的证明。

其他运输凭证可作为运输合同,但不能视为货物物权凭证。

指示和不记名单据只有可转让提单才可用于跟单销售。要能够转让,必须注明这些货物是交付给"来人",还是交给特定人所"指定的人"。由于可转让不记名单据的转让只须交付单据本身即可,有交付错误的危险,所以极少用于国际贸易中。

为保护卖方权益,指示提单是国际贸易中最常使用的一种提单。一旦承运人签发提单,承运人只能把货物交给持票人。若是承运人把货物交付给其他人,则要承担误交货物的责任。

既然承运人只能向提单持有人交货,卖方可防止买方在付款前取得货物占有权;卖方收到货款后,即可根据买方的指示或参与该项交易的融资银行的指示,背书转让提单。但很多差错的情形会阻碍出口过程的顺利进行。

在美国,管辖可转让提单的法律条文是《联邦提单法案》(针对美国出口货物签发的提单)及《美国统一商法典》。

提单的可转让性对贸易的重要性:提单的可转让性令提单在贸易中非常重要。单据的买卖即代表着货物的买卖。可转让性允许商人们交易货物——即使它们还在船上。有了提单,尽管货物还在远海上,也可以允许货物被反复买卖,其提单在全球范围内的贸易商中不断转手。实际上,这在实务操作中非常普遍。波斯湾的石油产品在其油轮到达美国海面的6个星期里,可转手20~30次。

四、跟单托收

跟单托收是指银行等金融机构作为买卖双方的中介,受卖方委托代为转让提单和收取货款的过程。跟单托收是跟单销售中不可或缺的部分。它提供了一种比预付现金和商业赊销更为安全的支付方式。当事人可在合同中清楚注明支付方式是"交单付现"或"付款交单",以表明其对跟单托收的要求。这些表示一般说来不是必需的,因为托收程序在大部分的跟单销售合同中已暗含。

典型跟单托收的业务程序如下所述:卖方把货物交给承运人后取得提单。卖方背书提单并交给银行托收。除了提单,卖方还要将其他必要的单据,如承保货物在海运途中风险的航海保险单交给银行,委托银行向进口商收取货款。原产地证明书(certificate of origin)是根据进口商所在国的海关条例要求而开立的。由卖方开立的商业发票详细说明了商品名称、规格、数量以及总金额等。跟单汇票能促进资金交付,是一种用于指示付款人支付货款以获得发票或提单的可转让支付工具。汇票是由卖方为托收而签发给买方的可转让的"支付命令",凭卖方指示到期支付。其目的是告知当事人为获得提单应付的款项。如果交易中有银行机构参与融资,则汇票就是银行必不可少的单证之一。是否还需要其他单据,则根据双方当事人的需要,或进出口国家有关规定的要求而定。

卖方的银行把汇票连同有关的单证,转交给买方所在国的代收行,并指示代收行只有在汇票付款或承兑后才可把单证让渡给买方。代收行在汇票被支付后,把有关单证让渡给买方,并把货款汇给卖方银行。除了托收程序的不断变化外,银行还会提供一定范围的贸易金融服务,使买卖双方的交易获得资金的融通。

五、提单购买人的权利

法律上对可转让票据的转让及买卖所做的规定,因为其用途的不同也有所差异。当可转让票据用于转移货物时,可转让支付工具可作为现金的替代物。

六、提单的善意购买者

为使物权单证能在商业及贸易中得到普遍的接受,法律上对提单(以及其他的物权单证)的购买人,提供了特殊的保护。购买人可以不受货物其他当事人所提相反要求的约束而取得单据。在美国,提单购买人所获得的单证权利,取决于该交易是受《统一商法典》第 7 条管辖,还是由《联邦提单法案》所管辖。这些讨论两部法典中都有。根据《统一商法典》的规定,正当持票人,又称善意持票人,应得到特殊的保护。

七、正当持票人或称善意持票人

是指那些购买单证符合以下条件的人:(1)有偿购买,付出对价(但不是为解决以前的债务);(2)善意购买,未曾注意到其他相反的要求;以及(3)在正常的交易或融资过程中购买。如果这一提单为提示式提单,则善意持票人必须经由背书获得该提单。当买方、银行或其他当事人作为善意持票人取得提单时,其要求就更优于原转让人。换句话,尽管其他方对单证或货物提出不利的要求,善意持票人仍可取得单证。

八、承运人责任

(一)承运人交错货物

承运人只能把货物交给提单正本的持有人。假设 A 将一批动物毛皮托付给一海运承运人,并取得海运提单。承运人没有要求 B 出示有关单证,就把货物交给了 B。对此毫不知情的 A,把提单转让给 C,C 为此付出对价并是善意的。因此 C 为善意持票人并是货物的所有人,可以起诉要 B 返还货物。C 同样可因承运人违反合同中的运输条款,而起诉后者错误交付货物。

(二)承运人的留置权

所有承运人凭货运提单对货物具有留置权,若运费、仓储费及其他有关费用未付,承运人可对所载运的货物行使留置权,并有权在必要时拍卖货物,以抵补应收的款项和费用,多余的货款则汇回给提单持有人。

九、跟单销售中买方和卖方的责任

买卖双方应承担的具体责任,取决于他们所订立的协议。在很多跟单销售中,卖方不但要向买方提交付款所需的有关提单,并要为货物海运投保及预先垫支到国外港口的运费。这种合同称为 CIF 合同(CIF contracts),表示"成本、保险加运费"。

十、卖方提交单据的义务

如果单据都符合要求,通常情况下托收过程会进展得很顺利,买卖双方都可获得他们在合同中所期望的结果。但如果交付给买方的单据中包含一处或多处明显的缺陷,则托收过程就会受到阻滞。如果单据表面上与合同不符,买方可以拒收单据。例如,若单据上表明的货物装运时间迟于合同所规定的期限,或装运货物的船只不符要求,或者货物投保不合适或不充分,或者单据从表面上看像是伪造的等情况,买方都可拒收拒付。买方的拒付可能出乎卖方意料,卖方按约定装运货物,提交单据,最后却因为一些"技术细节"而遭拒付,无法获得货款。当然,在买方看来,争论的焦点不仅仅因为这些技术细节上的问题,他可能认为自己拒付是基于很好的理由。然而结果是,卖方不但因此失去了一宗好的交易,而且货物还在遥远的外国某港口。

十一、卖方受到拒付的额外风险

尽管跟单销售已大大降低了国际买卖中卖方可能遭受拒付的风险,但买方还是有可能因为确实无力偿付,或从其他渠道找到了更便宜的货源,在提单到达时拒绝付款。即使卖方可以持有提单控制货物,但卖方仍需承担转售这批货物的风险。为避免这些情况的发生,卖方可在合同中要求:作为发货的前提条件,买方银行应做出不可撤回的承诺——当单证被呈交时买方银行一定要承诺买下这些单证。如检验或分析证明书。跟单买卖交易不仅保护卖方的权利,也保证买方的权利。提单可以证明货物于规定日期已装运上船,准备运往目的地;保险单则是货物在运输途中受损时获得赔偿的凭证。但是,买方会接受提单和随附的商业发票中商品的面值吗?若货物不符要求或有缺陷,买方唯一的补救办法是起诉卖方违约。在很多行业中,买方都会要求除提单外,还要有检验证明书、重量证明书,或者可能是分析检验证书,通常由卖方所在地的有名望的检验公司签发。检验不但常用于化学、提炼及日用品行业,也常常用于国际贸易。举个例子,美国较大的服装零售商,都会于货物运离亚洲前,在我国香港地区对货品进行检验。①

【背景与案情 5-2】

被告与在伦敦的原告曾签订了一份销售酒花的合同,内容如下:

……100 捆,规格同等于或优于太平洋沿岸的上等酒花,均为 1905—1912 年生长的谷物。货物运往森德兰。买方应支付的货款为每 112 磅 90 英国先令,CIF 伦敦、利物浦或赫尔。现金支付。

卖方写信告诉买方他们已准备装运货物,并希望买方在其提供可转让提单时支付货款。买方回复说已做好准备接收货物,但却坚持卖方要么提供样品以进行预先检验,要

---

① http://www.silk web.be.ca/portvie w/k_6.htm.

么准许买方在付款前对每一捆酒花进行检验。买方不愿接受卖方在旧金山商品交易所取得的检验证明书以作为对货物质量的保证。卖方拒绝装运货物,于是买方起诉卖方。卖方反诉买方拒付单证。初级法院判买方胜诉。上诉法院维持原判但肯尼迪法官持否定意见。卖方上诉至上议院时卖方最终获胜。

大法官肯尼迪(Kennedy)持否定意见。

原告的供词是:货款要在对货物进行了检验后才能支付,但检验却不能在货物运到进口国之前进行。被告争辩:不管货物已运抵目的地还是尚在运输途中,原告的义务应是在卖方交付货运单据时付款。因此法院不得不考虑,要是这一商业合同严格按其要旨履行,卖方在 CIF 合同中收取货款的权利的真正条件是什么。

我们逐步了解一下,CIF 合同下的交易,是如何按照那些原则及规定来履行合同条款的。为了充分履行合同条款,我想必须严格遵照执行。在装运港——在此案例中是旧金山,卖主按合同规定准备发货给买方。根据 1893 年《货物买卖法案》s.18,若货物已被适当地划归合同项下,以及按 s.32 规定,为把货物运往买方目的地,货物已交由买方指定的或未指定的承运人保管,即初步断定货物已交给买方。随后产生两个法律后果:货物风险转移给买方,对此买方的防范措施是通过 CIF 合同中约定的条款,即卖方承担投保货物费用并向买方提供海运保险单,若货物在运输途中丢失,买方便有权直接向保险公司索赔。在 CIF 合同下,货物在海运途中时,这些交付如何完成?通过交付提单,如果货物在运输途中丢失则需保险单来完成交付。提单在法律上及事实上都代表了货物。买方持有提单即拥有货物的控制权……但随后我明白了原告提出的异议:假设买方喜欢,他会接收这批货物并支付货款。但在"成本、运费加保险"的合同中,是什么动力驱使买方这样做呢?为什么他们不能等到货物运抵目的地,在有机会对货物进行检查后,再支付货款呢?

裁决:在 CIF 合同下,买方没有权利对货物进行检验,但在有关单据出示时应履行付款义务。

第四节 海运提单

一、海运提单的法律渊源

19 世纪,船公司所签发的提单列举了大量免责事项,形成了"除了收取费用,对所承运的货物,几乎不负任何责任"的状况,引起了代表货方利益的商界的不满。1893 年,美国国会通过哈特法,规定了承运人承担的最低责任,把承运人的过失分为管货过失和管船过失,在有这两种过失的情况下,提单中免责条款无效。1921 年国际法协会在海牙召开会议制定《海牙规则》。1924 年,布鲁塞尔会议上对其作了一些修改,正式定名为《关于统一提单的若干法律规则的国际公约》,通称为 1924 年《海牙规则》,1931 年生效,目前有 87 个成员国。《海牙规则》还是侧重保护船东利益。1968 年在布鲁塞尔制定了《修订统一提单法规国际公约的议定书》,简称《维斯比规则》,对《海牙规则》作了小的修改。由于发展中国家的斗争和要求,1978 年联合国贸易会议主持制定了《汉堡规则》,全称为《联合国海上货物运输公约》。该公约在有 20 个国家批准后一年届满的次月第一日起生效。目前已有 20 个缔约国,1992 年 11 月 1 日生效。《汉堡规则》按照船方和货方合理分担风险的原则,适当加重了承运人的责任,使双方权利义务趋于平等。其修改内容主要包括以下几个方面。①

(一) 适用范围

《海牙规则》适用于在任何缔约国签发的一切提单。

《汉堡规则》在此基础上扩大其适用范围,规定:

① 装货港在一缔约国内;

② 预订的卸货港或实际的卸货港在一缔约国内;

③ 提单或证明海上运输合同的其他单据是在缔约国内签发;

④ 提单或证明海上运输合同的其他单据规定,公约的各项规定或使其生效的国内立法,约束该提单;

⑤ 依租船合同签发的提单,如果该提单约束承运人和非承租人的提单持有人之间的关系。

(二) 承运人责任

从《海牙规则》规定的,从货物装上船时起至卸下船时止,货物处于承运人掌管之下的全部期间扩展为承运人在装货港接管货物时起至卸货港货交收货人为止,货物在承运人掌管之下的整个期间。值得注意的是,我国海上运输实践中一直采用《海牙规则》规定的责任起讫时间。在我国《海商法》的规定中,对集装箱货物和非集装箱货物的运输加以区分,并在承运人承担责任上分别作出规定:对于集装箱装运的货物的责任期间,是从装货港接收货物时起至卸货港交付货物时止,货物处于承运人掌管之下的全部期间;对非集装箱装运的货物,其责任期间从货物装上船时起至卸下船时止,货物处于承运人掌管之下的全部期间。对于装船前和卸船后所承担的责任,由双方协议决定。这样,对非集装箱货物承运人的责任起讫适用《海牙规则》,而对集装箱货物承运人的责任起讫适用《汉堡规则》。②

(三) 赔偿责任

《汉堡规则》把《海牙规则》中承运人的不完全过失责任改为承运人的推定完全过失责任制。即除非承运人证明他本人及代理人和所雇用人员为避免事故的发生及其后果

---

① http://www.businessdictionary.com/definition/multimodal-biU-of-lading-B-L.html.

② Diamond Alkali Export Corporation v. F. L. Bourgeois[1921]3 KB.443.

已采取了一切合理要求的措施,否则,承运人对在其掌管期间因货物灭失、损坏及延迟交货所造成的损失负赔偿责任。

（四）货物

《海牙规则》中货物的概念不包括舱面货物和集装箱装运的货物及活动物。《汉堡规则》规定,承运人只有与托运人达成协议或符合特定的贸易习惯或法规或条例要求时,才能在舱面载运货物,否则要对舱面货物发生的损失负赔偿责任。对于活动物,只要承运人证明是按托运人对该活动物做出的指示办事,则对活动物的灭失、损坏或延迟交货造成的损失视为运输固有的特殊风险而不承担责任。我国《海商法》中也规定了与之相类似的内容。

（五）赔偿金额

《汉堡规则》将《海牙规则》和《维斯比规则》的规定提高到每件或其他装运单位 835 计算单位或相当于毛重每千克 2.5 计算单位的金额,以较高者为准。所谓计算单位,是指国际货币基金组织规定的特别提款权。对于延迟交货,承运人的赔偿责任以相当于该延迟交付货物应付运费的 2.5 倍为限,但不得超过海上运输合同中规定的应付运费金额。

（六）保函

《汉堡规则》将保函合法化。规定托运人为取得清洁提单向承运人出具承担赔偿责任的保函在托运人和承运人之间有效,但对提单受让人包括任何收货人在内的任何第三方无效。在发生诈欺的情况下(无论是托运人或者承运人),承运人承担赔偿责任,且不能享受公约规定的责任限制利益。

（七）索赔与诉讼时效

《汉堡规则》将《海牙规则》和《维斯比规则》规定的 1 年时效改为 2 年,并经接到索赔要求人的声明可以多次延长。收货人应在收到货物次日,将损失书面通知承运人。如货物损失属非显而易见的,《汉堡规则》规定在收货后连续 15 日内,《海牙规则》规定 3 天内,我国《海商法》规定 7 天内,集装箱在运输交付货物次日起 15 天内,延迟交货应在收货后连续 60 天内将书面通知送交承运人,否则,收货人丧失索赔权利。

（八）管辖权

对此,《海牙规则》和《维斯比规则》均未作规定。《汉堡规则》规定,原告就货物运输的法律程序,可就法院地做下列选择：

① 被告主营业场所所在地或惯常居所所在地；
② 合同订立地,且合同是通过被告在该地的营业所、分支机构或代理机构订立的；
③ 装货港或卸货港；
④ 海上运输合同中指定的其他地点。

二、海运提单的种类

提单可以有多种形式。对单据的当事人而言,每种提单的法律意义非常重要。海运提单包括班轮提单和租船合同项下的提单。前者,提单正面除作了有关货物和运费事项的记载外,在提单背面还有印就的运输条款。为了统一提单背面的运输条款的内容,国际上曾先后签署了《海牙规则》《维斯比规则》和《汉堡规则》三项国际公约。

(一) 清洁提单

除作为物权凭证外,提单也是货物的收据,分为清洁提单(Clean B/L)和不清洁提单(Foul B/L)。清洁提单是指托运货物的外表状况良好,承运人未加有关货损或包装不良之类批语的提单。买方为了收到完好的货物,以维护自身的利益,故都要求卖方提供清洁提单。不清洁提单是指承运人加注了托货物外表状况不良或存在缺陷等批语提单。此种提单买方通常都不接受,银行也拒绝接收。通常情况下,这些批注只涉及货物的表面状况。比如,容器渗漏、铁制品生锈及外表迹象表明有昆虫寄生等,都应在提单中注明。然而,如果承运人知道或本应知道货物受损,尽管从外表看来不明显,按通常惯用做法仍应在提单上注明货物的不良状况。这样可以保护承运人免于承担装运前货物已受损的责任。买方应坚持要求卖方提供清洁提单。收到清洁提单的买方,也不能担保运抵目的地的货物状况良好。清洁提单只不过是承运人注明,货物在装船时状况良好,没有明显的缺陷或损坏。当然,清洁提单也不对货物质量作任何担保,不能保证货物符合销售合同中的描述,也不能保证货物在运输途中不会遭受损坏。①

(二) 已装船提单

是由船长或承运人代理签发的,表示货物已装载到指定轮船上的提单。在大多数跟单销售中,买方都希望明确将可转让的、清洁的、已装船提单作为支付货款的条件。这种提单证明了提单所描述的货物已装载到指定的船上,并在运往买方的途中。这样也使出口商避免货物装船前的损失。对已装船提单付款的进口商,还可以估算出货物到达的时间。

(三) 待装船提单

是由承运人在收到要托运的货物时签发的提单。通常仅限于承运人收到货物与装船之间存在时间延迟时所用。如买方被要求对待装提单付款,货物为从洪都拉斯运往美国的香蕉。此时买方对货物是否要在码头等候几个星期才能装运毫无把握。大多数跟单销售交易,买方都会要求卖方提交已装船(及清洁)提单。若承运人在待装提单的正面,加注船舶的名称及装运的日期,备运提单则转变为已装船提单。

(四) 记名提单

按提单收货人抬头分类,有记名提单(StraightB/L)、不记名提单(Open B/L, or Bearer B/L)和指示提单(Order B/L)。记名提单是指在提单收货人栏内具体指定收货人名称的提单。不记名提单是指在提单收货人栏内不填写收货人名称而留空,故又称空名提单。由于记名提单只能由指定的收货人提货,它不能转让流通;不记名提单,仅凭单交货,风

---

① http://www.silkweb.be.ca/portview/k_6.htm.

险较大,故这两种提单在国际贸易中都很少使用。指示提单是指在提单的收货人栏内填写"凭指定"或"凭某人指定"字样的提单,此种提单可通过背书转让,背书的方法有二:由背书人单纯签字盖章的称作空白背书;除背书人签字盖章外,还列明背书人名称的,称作记名背书。提单经背书后,可转让给其他第三者,因而又称为可转让的提单。由于指示提单可以背书转让,故其在国际贸易中被广为使用。在非跟单销售中,不可转让提单或记名提单则足够了。若卖方想把货物直接运给提单中注明的特定收货人,则可使用这些提单。收货人可以是外国买家,就像在赊销买卖时那样;也可以是买方银行或客户的代理。收货人收取货物时不要求一定出示正本的提单。记名提单也被广泛用于出口商发货给海外自己的代理商(或下属公司),委托其在货物转交给买方前安排好有关收取货款的事宜。与可转让单据的情况一样,承运人只能把货物交给提单上指定的收货人。若承运人把货物交给其他人,则必须承担错误交付货物的责任。记名提单不代表货物物权的转移,而且不能单独作为贷款担保的抵押品。为此,典型的记名提单一般不涉及资金融通。[①]

(五) 运输代理人提单

不管是记名还是指示式的货运提单,都可以由货物运输代理人签发。运输代理人提单只对运输代理人而非承运人的权利义务产生约束。承运人只向持有承运人提单的运输代理人负责。这些提单必须与运输代理人收据区分开:运输代理人收据只作为运输代理人收到货物并准备装运的凭证,一般不可转让,而且除非另有授权。在以汇票为付款方式时,运输代理人收据一般不被接受。

(六) 多式联运单据

当货物只以一种运输工具运输时,称为单式运输;当货物在运输过程中使用一种以上运输工具时,称为多式联运。多式联运或联合运营人代表托运人,负责货物在一个航程中经由几个不同的承运人,例如包括汽车、铁路、驳船和轮船等运输事宜。多式联运使用新的集装箱运输方式替代散件运输。多式联运单据是托运人与联运经营人之间唯一的协定,联运经营人再依次与其他承运人签订合同。联运经营人负担全程运输责任。

(七) 其他种类的提单

(1) 集装箱提单。凡用集装箱装货而由承运人签发给托运人的提单,称为集装箱提单。

(2) 舱面提单。舱面提单是指货物装在船舶甲板上运输所签发的提单,故又称甲板提单。在这种提单中应注明"在舱面"字样。

(3) 过期提单。关于过期提单有两种说法:一种是提单晚于货物到达目的港,称为过期提单。在海洋运输中难免会出现这种情况,因此,买卖合同中一般都规定"过期提单可以接受"的条款。另一种是向银行交单时间超过提单签发日期 21 天,这种滞期交到银

---

① http://www.5ilkweb.bc.ca/portview/k_8.htm.

行的提单,也称为过期提单,银行有权拒收。

(4) 航空运输。大多数货物空运,使用由空运货物承运人签发的不可流通转让的航空运单。承运人必须把货物交给运单上指定的收货人。可转让性在空运货物时不如海运时那么重要,因为运输时间短,货物离开当事人控制的时间不会很长。尽管航空运单不是跟单销售,但它包含了保证卖方能获得贷款的担保机制。航空运单可指定一国外银行作为收货人,并具体说明只有银行承诺付款或银行认可买方的免除债务书后,才能收取目的地货物。货到付款方式同样可行。应用于航空运单的国际法,主要有1929年制定的《华沙公约》及其以后的修订本。《华沙公约》适用于人或行李的国际航空运输以及商用飞机的货物运输。《华沙公约》对航空运单的内容、性质、承运人及托运人双方权利义务做了详细的规定,对空运承运人和顾客在航空旅途中受的伤害以及货物在运输途中的损坏做了免责规定,并限定申请索赔的期限为两年。

【背景与案情 5-3】

某年7月,中国丰和贸易公司与美国威克特贸易有限公司签订了一项出口货物的合同,合同中,双方约定货物的装船日期为该年11月,以信用证方式结算货款。合同签订后,中国丰和贸易公司委托中国宏盛海上运输公司运送货物到目的港美国纽约。但是,由于丰和贸易公司没有能够很好地组织货源,直到次年2月才将货物全部备妥,于2月15日装船。中国丰和贸易公司为了能够如期结汇取得货款,要求宏盛海上运输公司按去年11月的日期签发提单,并凭借提单和其他单据向银行办理了议付手续,收清了全部货款。

但是,当货物运抵纽约港时,美国收货人威克特贸易有限公司对装船日期产生了怀疑,威克特公司遂要求查阅航海日志,运输公司的船方被迫交出航海日表。威克特公司在审查航海日志之后,发现了该批货物真正的装船日期比合同约定的装船日期要迟延达三个多月。于是,威克特公司向当地法院起诉,控告我国丰和贸易公司和宏盛海上运输公司串谋伪造提单,进行欺诈,既违背了双方合同约定,也违反法律规定,要求法院扣留宏盛运输公司的运货船只。

美国当地法院受理了威克特贸易公司的起诉,并扣留了该运货船舶。在法院的审理过程中,丰和公司承认了其违约行为,宏盛公司亦意识到其失理之处,遂经多方努力,争取庭外和解。最后,我方终于与美国威克特公司达成了协议,由丰和公司和宏盛公司支付美方威克特公司赔偿金,威克特公司方撤销了起诉。

分析要点:提单是托运人与承运人之间订有国际海上货物运输合同的证明。在班轮运输中,托运人和承运人之间可能已订有货运协议,也可能已经定舱,取得定舱单,或托运人已填具托运单或与承运人通过电传、电话达成装货协议,因此正反两面印有提单条款的提单不一定就是承托双方之间唯一的合同,而只是运输合同已经订立的证明;但如果承托双方除提单外并无其他协议或合同,则提单就是订有提单上条款的合同的证明。

但是,当提单转让给善意的受让人或收货人时,按照有些国家的提单法或海商法规定,收货人或提单持有人与承运人之间的权利义务按提单条款办理,即此时,提单就是收货人与承运人之间的运输合同。因为收货人不是双方订立合同的当事人,他无法知道他们之间除提单以外的契约关系,他只知道手里的提单,只能以此作为运输合同。本案中,承运方宏盛公司没有意识到提单的这一重要性质,而应托运人请求倒签日期,以掩盖托运人的违约事实,属于伪造单据的违法行为。提单的日期应该是该批货物装船完毕的日期。根据买卖合同,卖方应在买方开出的信用证规定的装运日期之前或当日完成装运,否则买方可无条件撤销买卖合约并提出索赔。

第五节 贸易术语

In today's international trade practices, most of the transactions are carried out by means of trade terms. This part discusses some important trade terms and related problems.

International trade is, in contrast to national trade, characterized by long distance between parties, more comprehensive scope, more complex links, more risks, etc.. If parties in every transaction have to allocate the rights and obligations and risks in negotiation, this must undoubtedly prove to be not only time-consuming, but also expensive. In order to save time and reduce trade costs, merchants in European countries began gradually to use trade terms as a shorthand method of expressing shipping terms as well as allocating the risk of loss. Trade terms are usually expressed in the form of abbreviated symbols, such as FOB or CIF. They permit the parties to express their agreement quickly, with little confusion, and with few language problems. If the parties use a trade term in their contract, they must define it. If it is not defined in the contract a court would have to look to the applicable law, such as the UCC or Incoterms, for its interpretation. The most common method of defining trade terms, however, is to incorporate them into the contract by reference to some independent source or publication. The most important source for trade terms is the International Rules for the Interpretation of Trade Terms revised in 2000 (hereafter called "INCOTERMS 2000").

Incoterms is the most important set of trade term definitions published by the Paris-based International Chamber of Commerce. These definitions have the support of important business groups, including manufacturing, shipping, and banking industries worldwide. First published in 1936, the newest revision was released in 2011.

Incoterms is an acronym for international trade terms, provides rules for determining the obligations of both seller and buyer when different trade terms are used. They state what acts seller must do to deliver, what acts buyer must do to accommodate delivery, what costs each party must bear, and at what point in the delivery process the risk of loss passes from seller to buyer. Each of these obligations may be different for different trade terms.

Since the ICC is a non-governmental entity, Incoterms is neither a national legislation nor an international treaty. Thus, it cannot be "the governing law" of any contract. Instead, it is a written form of custom and usage in the trade, which can be, can often be, expressly incorporated by a party or the parties to an international contract for the sale of goods. Alternatively, if it is not expressly incorporated in the contract, Incoterms could be made an implicit term of the contract as part of international custom.

INCOTERMS 2000 Summary

EXW

Ex Works (…named place)

"Ex works" means that the seller delivers when he places the goods at the disposal of the buyer at the seller's premises or another named place (i.e. works, factory, warehouse, etc.) not cleared for export and not loaded on any collecting vehicle.

This term thus represents the minimum obligation for the seller, and the buyer has to bear all costs and risks involved in taking the goods from the seller's premises.

However, if the parties wish the seller to be responsible for the loading of the goods on departure and to bear the risks and all the costs of such loading, this should be made clear by adding explicit wording to this effect in the contract of sale. This term should not be used when the buyer cannot carry out the export formalities directly or indirectly. In such circumstances, the FCA term should be used, provided the seller agrees that he will load at his cost and risk.

FCA

Free Carrier (…named place)

"Free Carrier" means that the seller delivers the goods, cleared for export, to the carrier nominated by the buyer at the named place. It should be noted that the chosen place of delivery has an impact on the obligations of loading and unloading the goods at that place. If delivery occurs at the seller's premises, the seller is responsible for loading. If delivery occurs at any other place, the seller is not responsible for unloading.

This term may be used irrespective of the mode of transport, including multimodal transport.

"Carrier" means any person who, in a contract of carriage, undertakes to perform or to procure the performance of transport by rail, road, air, sea, inland waterway or by a combination of such modes.

If the buyer nominates a person other than a carrier to receive the goods, the seller is deemed to have fulfilled his obligation to deliver the goods when they are delivered to that person.

FAS

Free Alongside Ship (...named port of shipment)

"Free Alongside Ship" means that the seller delivers when the goods are placed alongside the vessel at the named port of shipment. This means that the buyer has to bear all costs and risks of loss of or damage to the goods from that moment.

The FAS term requires the seller to clear the goods for export.

However, if the parties wish the buyer to clear the goods for export, this should be made clear by adding explicit wording to this effect in the contract of sale.

This term can be used only for sea or inland waterway transport.

FOB

Free on Board (...named port of shipment)

"Free on Board" means that the seller delivers when the goods pass the ship's rail at the named port of shipment. This means that the buyer has to bear all costs and risks of loss of or damage to the goods from that point. The FOB term requires the seller to clear the goods for export. This term can be used only for sea or inland waterway transport. If the parties do not intend to deliver the goods across the ship's rail, the FCA term should be used.

CFR

Cost and Freight (...named port of destination)

"Cost and Freight" means that the seller delivers when the goods pass the ship's rail in the port of shipment. The seller must pay the costs and freight necessary to bring the goods to the named port of destination BUT the risk of loss of or damage to the goods, as well as any additional costs due to events occurring after the time of delivery, are transferred from the seller to the buyer.

The CFR term requires the seller to clear the goods for export.

This term can be used only for sea and inland waterway transport. If the parties do not intend to deliver the goods across the ship's rail, the CPT term should be used.

CIF

Cost, Insurance, and Freight (...named port of destination)

"Cost, Insurance and Freight" means that the seller delivers when the goods pass the ship's rail in the port of shipment.

The seller must pay the costs and freight necessary to bring the goods to the named port of destination BUT the risk of loss of or damage to the goods, as well as any additional costs due to events occurring after the time of delivery, are transferred from the seller to the buyer. However, in CIF the seller also has to procure marine insurance against the buyer's risk of loss of or damage to the goods during the carriage.

Consequently, the seller contracts for insurance and pays the insurance premium. The buyer should note that under the CIF term the seller is required to obtain insurance only on minimum cover. Should the buyer wish to have the protection of greater cover, he would either need to agree as much expressly with the seller or to make his own extra insurance arrangements. The CIF term requires the seller to clear the goods for export.

This term can be used only for sea and inland waterway transport. If the parties do not intend to deliver the goods across the ship's rail, the CIP term should be used.

CPT

Carriage Paid to (...named place of destination)

"Carriage paid to" means that the seller delivers the goods to the carrier nominated by him but the seller must in addition pay the cost of carriage necessary to bring the goods to the named destination. This means that the buyer bears all risks and any other costs occurring after the goods have been so delivered.

"Carrier" means any person who, in a contract of carriage, undertakes to perform or to procure the performance of transport, by rail, road, air, sea, inland waterway or by a combination of such modes.

If subsequent carriers are used for the carriage to the agreed destination, the risk passes when the goods have been delivered to the first carrier.

The CPT term requires the seller to clear the goods for export.

This term may be used irrespective of the mode of transport including multimodal transport.

CIP

Carriage and Insurance Paid to (... named place of destination)

"Carriage and Insurance paid to..." means that the seller delivers the goods to the carrier nominated by him but the seller must in addition pay the cost of carriage necessary to bring the goods to the named destination. This means that the buyer bears all risks and any additional costs occurring after the goods have been so delivered. However, in CIP the seller also has to procure insurance against the buyer's risk of loss of or damage to the goods during the carriage.

Consequently, the seller contracts for insurance and pays the insurance premium.

The buyer should note that under the CIP term the seller is required to obtain insurance only on minimum cover. Should the buyer wish to have the protection of greater cover, he would either need to agree as much expressly with the seller or to make his own extra insurance arrangements.

"Carrier" means any person who, in a contract of carriage, undertakes to perform or to procure the performance of transport, by rail, road, air, sea, inland waterway or by a combination of such modes.

If subsequent carriers are used for the carriage to the agreed destination, the risk passes when the goods have been delivered to the first carrier.

The CIP term requires the seller to clear the goods for export.

This term may be used irrespective of the mode of transport including multimodal transport.

DAF

Delivered at Frontier (...named place)

"Delivered at Frontier" means that the seller delivers when the goods are placed at the disposal of the buyer on the arriving means of transport not unloaded, cleared for export, but not cleared for import at the named point and place at the frontier, but before the customs border of the adjoining country. The term "frontier" may be used for any frontier including that of the country of export. Therefore, it is of vital importance that the frontier in question be defined precisely by always naming the point and place in the term.

However, if the parties wish the seller to be responsible for the unloading of the goods from the arriving means of transport and to bear the risks and costs of unloading, this should be made clear by adding explicit wording to this effect in the contract of sale.

This term may be used irrespective of the mode of transport when goods are to be delivered at a land frontier. When delivery is to take place in the port of destination, on board a vessel or on the quay (wharf), the DES or DEQ terms should be used.

DES

Delivered Ex Ship (...named port of destination)

"Delivered Ex Ship" means that the seller delivers when the goods are placed at the disposal of the buyer on board the ship not cleared for import at the named port of destination. The seller has to bear all the costs and risks involved in bringing the goods to the named port of destination before discharging. If the parties wish the seller to bear the costs and risks of discharging the goods, then the DEQ term should be used.

This term can be used only when the goods are to be delivered by sea or inland waterway or multimodal transport on a vessel in the port of destination.

DEQ

Delivered Ex Quay (...named port of destination)

"Delivered Ex Quay" means that the seller delivers when the goods are placed at the disposal of the buyer, not cleared for import on the quay (wharf) at the named port of destination. The seller has to bear costs and risks involved in bringing the goods to the named port of destination and discharging the goods on the quay (wharf). The DEQ term requires the buyer to clear the goods for import and to pay for all formalities, duties, taxes and other charges upon import.

This is a reversal from previous INCOTERMS versions which required the seller to arrange for import clearance.

If the parties wish to include in the seller's obligations all or part of the costs payable upon import of the goods, this should be made clear by adding explicit wording to this effect in the contract of sale.

This term can be used only when the goods are to be delivered by sea or inland waterway or multimodal transport on discharge from a vessel onto the quay (wharf) in the port of destination. However, if the parties wish to include in the seller's obligations the risks and costs of the handling of the goods from the quay to another place (warehouse, terminal, transport station, etc.) in or outside the port, the DDU or DDP terms should be used.

DDU

Delivered Duty Unpaid (...named place of destination)

"Delivered duty unpaid" means that the seller delivers the goods to the buyer, not cleared for import, and not unloaded from any arriving means of transport at the named place of destination. The seller has to bear the costs and risks involved in bringing the goods thereto, other than, where applicable, any "duty" (which term includes the responsibility for and the risks of the carrying out of customs formalities, and the payment of formalities, customs duties, taxes and other charges) for import in the country of destination. Such "duty" has to be borne by the buyer as well as any costs and risks caused by his failure to clear the goods for import in time.

However, if the parties wish the seller to carry out customs formalities and bear the costs and risks resulting therefrom, as well as some of the costs payable upon import of the goods, this should be made clear by adding explicit wording to this effect in the contract of sale.

This term may be used irrespective of the mode of transport but when delivery is to take place in the port of destination on board the vessel or on the quay (wharf), the DES or DEQ terms should be used.

DDP

Delivered Duty Paid (…named place of destination)

"Delivered duty paid" means that the seller delivers the goods to the buyer, cleared for import, and not unloaded from any arriving means of transport at the named place of destination. The seller has to bear all the costs and risks involved in bringing the goods thereto, including, where applicable, any "duty" (which term includes the responsibility for and the risk of the carrying out of customs formalities and the payment of formalities, customs duties, taxes and other charges) for import in the country of destination.

Whilst the EXW term represents the minimum obligation for the seller, DDP represents the maximum obligation.

This term should not be used if the seller is unable directly or indirectly to obtain the import license.

However, if the parties wish to exclude from the seller's obligations some of the costs payable upon import of the goods (such as value-added tax: VAT), this should be made clear by adding explicit wording to this effect in the contract of sale.

If the parties wish the buyer to bear all risks and costs of the import, the DDU term should be used.

This term may be used irrespective of the mode of transport, but when delivery is to take place in the port of destination on board the vessel or on the quay (wharf), the DES or DEQ terms should be used.

There are other sources of such definitions of trade terms, in addition to the UCC and Incoterms, such as the American Revised Foreign Trade Definitions (1941). It has been widely used in Pacific Ocean trade, but may be replaced by the more recently revised INCOTERMS 2010(《国际商会的国际贸易术语解释通则2010号》).

与其他买卖条款一样,装运条款经常由经验丰富的律师详细地起草成合同。但很多合同都使用简写的贸易术语,表明装运条款及货物风险的划分界限。贸易术语通常用缩写的几个字母表示,如FOB或CIF等,简单、明了,没有语言问题,快速地表达了双方的协议。如果当事人在合同中使用了贸易术语,他们必须对其进行定义。如果没有定义的话法院会根据适用的法典,如《美国统一商法典》的解释进行判决。但定义贸易术语最常用的办法是,在合同中注明解释此术语应参照的出版物或资料来源。

一、贸易术语概述

贸易术语又可称为交货条件、贸易条件、价格术语,是进出口商品价格的一个重要组成部分,它是用一个简单的表述或三个字母的缩写来说明价格的构成、买卖双方费用的负担、手续承办和风险的划分等内容。价格构成,指有关交易价格是如何计算出来的,除货物本身的价值外,还包括从属费用。手续,指洽租运输工具、装货、卸货、办理货运手续、申领进出口许可证和保管纳税等。费用,指装卸费、运费、保险费、税捐和其他杂项费用。风险,指货物在整个交易过程中发生损坏或灭失的可能性。

贸易术语以简短的方式准确清晰地反映出贸易条件,避免了买卖双方分别对费用、风险和手续的责任划分逐项进行洽商,从而起到了简化交易磋商的内容,缩短磋商时间和节省费用的作用。

有关贸易术语的国际商事交易惯例主要有三种。

(一)《1932年华沙—牛津规则》

国际法协会于1928年在波兰华沙举行会议,制定了有关CIF买卖合同的统一规则,共为22条,称为《1928年华沙规则》。后经1930年纽约会议和1932年牛津会议修订为21条,定名为《1932年华沙—牛津规则》一直沿用至今。这一规则对CIF合同的性质、买卖双方所承担的风险、责任和费用的划分以及所有权转移的方式等问题都作了比较详细的解释。

(二)《1941年美国对外贸易定义修订本》

美国9个商业团体曾于1919年制定《美国出口报价及其缩写条例》。后来于1941年在美国第27届对外贸易会议上对该条例作了修订,命名为《1941年美国对外贸易定义修订本》。这一修订本经美国商会、美国进口商协会和全国对外贸易协会所组成的联合委员会通过,由美国对外贸易协会予以公布。

美国对外贸易定义所解释的贸易术语共有六种,分别为:(1)Ex Point of Origin,产地交货;(2)Free on Board,在运输工具上交货;(3)Free along Side,在运输工具旁边交货;(4)Cost & Freight,成本加运费;(5)Cost, Insurance and Freight,成本加保险费、运费;(6)Ex Dock,目的港码头交货。

该定义在美洲国家采用较多,它对贸易术语的解释,特别是对FOB的解释与国际商会的解释有明显差异,我国进口商在与美洲国家进行交易时应加以注意。

二、《国际贸易术语解释通则》

由巴黎国际商会(International Chamber of Commerce)制定的《1990年国际贸易术语解释通则》(简称《1990年通则》),[①]是有关贸易术语定义影响最为广泛、最重要的一种,并得到许多重要商业团体的支持,包括全球制造商、运输商及银行业等。国际商会于1936年首次公布了一套解释贸易术语的通则,最新修订本1990年出版,新的术语增加了航空运输、多式联运、集装箱运输以及电子数据交换等内容。

---

① http://www.iccwbo.org/Comm/comm.html.

《1990年通则》对13种贸易术语作了统一解释，并根据各方当事人承担的相对责任及货物风险转移等分为E、F、C、D四组。《1990年通则》并不能自动成为货物买卖合同的一部分，为确保《1990年通则》的解释适用于合同，当事人必须在合同条款中注明"《1990年通则》对术语的解释适用于本合同"一句话。

（一）E组术语表示卖方承担的义务最少。假设一个荷兰买家从纽约奥尔巴尼（Albany）的一家供货商订货。买方声明其美国的分公司会直接到奥尔巴尼的工厂提货，并安排一切出口事宜。因此，卖方所报价格为EXW奥尔巴尼工厂交货价（EXW Albany factory）。根据这一术语，卖方只需使其在工厂（或仓库、其他营业地）的货物适于装运，并把付款发票交给买方。买方必须自行安排所有的运输事宜，承担收取货物后途中的一切费用及风险。并且还要向海关办理报关，并取得美国政府颁发的出口许可证。

这一术语常用于买方用火车或汽车方式，直接到卖方工厂提取货物的情况。为此，在国际运输中，术语EXW应用于欧洲国家，在那里货物常可通过陆路运输，从一国运往另一国。在加拿大、美国及墨西哥贸易往来中，EXW很有可能将变得更为普遍。

（二）F组术语中，要求卖方必须在指定出发地交付货物，在那里，货物损失的风险由卖方转移到买方。买方安排一切运输事宜并支付全部运费。但若求方便并且双方同意的话，卖方可先支付运费，再把这笔金额增加到已报过的价格发票上。这组贸易术语常用于买方采购一整船原材料或商品，于是买方有理由承担安排货运事宜的责任；也可用于买方认为其自行安排货运的运费比卖方安排产生的运费低的情况。一些F组术语只适用于海运；另一些则可适用于所有运输方式。

（三）C组术语也是装运合同条款。字母C表示卖方在货物交给承运人后还须负责一些费用。但与FOB术语一样，货物风险的转移是在货物越过船舷之时。假设前面那个荷兰买方向卖方奥尔巴尼公司索要货物的价格信息。作为有经验的出口商，卖方理解买方对安排货物运输没有太大兴趣，更别说亲自上门取货了。买方只希望货物能直接运至离他所在地较近的货运港口。如果需要海上运输，卖方会报价CFR鹿特丹港口（准确来说应该是C&F）或者是CIF鹿特丹港口。对此报价，卖方需把货物交给海运承运人、安排装运、预付运往指定目的港的运费、取得注明运费已付的清洁已装船提单，以及把这些单据连同有关发票交付给买方以取得货款。

术语CFR与CIF唯一不同之处是，CIF条款要求卖方购买以买方为受益人、承保转移后的风险的货物保险（这里规定的为最基本的保险项目，买方可要求增加保险项目来保证其自身利益）。通过提供运输及货物保险，卖方可通过保留货物权直至货款支付而获得更多的利益。在卖方向买方提交提单时，荷兰的买方必须支付货款，但买方一旦获得提单，他可立即转售货物；若货物在运输途中丢失，买方可向保险公司索赔。而且，根据《1990年通则》以及《航运实务》的规定，若卖方愿意，可不采用交单托收方式,卖方可以直接把货运提单交付给买方,然后双方共同商议其他的付款或信用方式。

(四) D 组术语使用的合同为目的地合同。若奥尔巴尼的卖方愿意签订目的地合同,则意味着他愿意承担的责任及风险比使用其他任何术语所承担的要多。在合同中约定的价格下,卖方不但要负责把货物运至目的港,还要承担运输途中的货物风险。因此,若货物在运输途中丢失,荷兰的买方无权向保险公司索赔,尽管买方丧失了预期能从货物中获得的利润。

DES 与 DEQ 均为海上运输术语。若合同条款为 DES 鹿特丹,卖方必须支付运至鹿特丹的运费,但由买方支付货物在鹿特丹港的卸船费用。DES(未完税)鹿特丹要求卖方支付海上运费及卸货费用,把货物存放在码头。DEQ(完税)鹿特丹要求卖方支付运费、卸船费用,并从荷兰政府取得进口许可证以及支付进口关税和港口费用。DEQ 与 DES 常用于商业赊销支付方式,尽管卖方要提交可转让提单及必要单据以办理报关手续。显然,若卖方对荷兰的进口业务欠缺经验,对当地海关有关规定和关税法规不熟悉的话,卖方就不会愿意承担 DEQ 术语这么多责任与风险。

《国际贸易术语解释通则》(International Rules for the Interpretation of Trade Terms, INCOTERMS)是国际商会为统一各种贸易术语的不同解释于 1936 年制定的,随后,为适应国际贸易实践发展的需要,国际商会先后于 1953 年、1967 年、1976 年、1980 年、1990 年、2000 年和 2010 年进行过多次修订和补充。1999 年,国际商会广泛征求世界各国从事国际贸易的各方面人士和有关专家的意见,通过调查、研究和讨论,对实行 60 多年的该《通则》进行了全面的回顾与总结。为使贸易术语更进一步适应世界上无关税区的发展、交易中使用电子讯息的增多以及运输方式的变化,国际商会再次对《国际贸易术语解释通则》进行修订,并于 1999 年 7 月公布《2000 年国际贸易术语解通则》(简称 INCOTERMS 2000 或《2000 年通则》),于 2000 年 1 月 1 日起生效。2010 年 9 月 27 日,国际商会正式推出《2010 国际贸易术语解释通则》(INCOTERMS 2010),与《INCOTERMS 2000》并用,新版本于 2011 年 1 月 1 日正式生效。

(五) 本规则将贸易术语分为 11 种,每一术语订明买卖双方应尽的义务,以供商人自由采用。该 11 种贸易术语如下:

第一类:适用于任何运输方式。

CIP——Carriage and Insurance Paid 运费/保险费付至目的地;

CPT——Carriage Paid To 运费付至目的地;

DAP——Delivered At Place 目的地交货;

DAT——Delivered At Terminal 目的地或目的港的集散站交货;

DDP——Delivered Duty Paid 完税后交货;

EXW——Ex Works 工厂交货;

FAC——Free Carrier 货交承运人。
第二类：适用于海运和内河运输。
CFR——Cost and Freight 成本加运费；
CIF——Cost, Insurance and Freight 成本、保险费加运费；
FAS——Free Alengside Ship 装运港船边交货；
FOB——Free On Board 装运港船上交货。

《INCOTERMS 2010》中将贸易术语划分为适用于各种运输的 CIP,CPT,DAP,DAT, DDP,EXW,FCA 和只适用于海运和内水运输的 CFR,CIF,FAS,FOB,并将术语的适用范围扩大到国内贸易中,赋予电子单据与书面单据同样的效力,增加对出口国安检的义务分配,要求双方明确交货位置,将承运人定义为缔约承运人,这些都在很大程度上反映了国际货物贸易的实践要求,并进一步与《联合国国际货物销售合同公约》及《鹿特丹规则》衔接。

三、贸易术语的变更

有时,双方当事人希望改变他们合同中使用的贸易术语的意思,以符合他们交易的需要。国际商会及很多经验丰富的律师通常建议买卖双方,在没有法律建议下不要试图增加、解释或改变贸易术语的意思。这种"定制"要求只会引起不必要的混乱。这一问题经常发生在 CIF 合同中。通常的规定是,若买卖双方在 CIF 合同中所增加的装运条款与通常情况下的 CIF 合同没有冲突时,则此合同仍被看作 CIF 合同。

另一方面,若买卖双方所增加的装运条款与 CIF 的普通解释相矛盾时,则会影响 CIF 术语的本来含义。举个例子,假设双方当事人签订一份标注为"CIF"的合同,然后又增加了一个"货款要在买方售出货物后支付"的条款,那么法院就不得不根据所有证据判断这一合同是否为 CIF 合同。

第六节 运输条款和风险损失(国际货运保险)

在销售合同中,装运条款规定了以下几方面买卖双方各自的责任：安排装运事宜、支付运费、为货物投保、支付港口费用以及承担货物在运输途中灭失或损坏的风险。在合同谈判时,当事人都把这一条款看作与商品的质量及价格同样重要。实际上,装运条款是价格条款中不可分割的组成部分。

一、风险损失的划分

合同的当事人必须十分清楚,什么时候他们要承担货物灭失或损坏的风险,什么时候不用。显然,在卖方厂房里的生产过程中,货物因火灾而被损坏的责任由卖方承担。

同样,货物在转移至买方仓库后所遭受的损失,由买方负责。但货物损失的风险是什么时候从一方转移到另一方的呢?在包括英国的一些国家,规定承担货物风险损失的就是拥有货物"物权"的那方当事人——货物遭损毁时的拥有方。但由于代表货物物权的单证的转让与货物的实际转移并非同时发生,很难决定在货物遭受毁坏时的那一刻,究竟是哪方当事人掌握货物所有权。在美国,《美国统一商法典》正式通过前,一直采用这种"物权"的方法。

理想情况是,卖方希望货物一离开仓库就不再承担风险损失;买方则希望尽可能推迟承担风险的时间。自然,双方的谈判能力取决于相对的议价地位。如果卖方的产品具有较高的科技含量,或者卖方的产品是市场紧缺商品,或是买方所需的专利产品,那么卖方将处于较有利的地位,可以把货物风险尽早转移给买方。相似地,若买方具有经济统治地位,例如订单数量十分巨大,则买方就可支配合同条款。

买卖双方有充分的自由在合同中决定,风险损失在何时从一方转移给另一方。但若双方没有这样做,并在该问题上发生了纠纷,那么法院只能依据合同是属于装运类型还是属于目的地类型来做出裁决。

《联合国国际货物销售合同公约》(CISG)在第66～70条,对货物风险的划分做了详细规定,该《公约》只是在买卖双方未对何时转移货物风险做出明确的约定时适用。第67条适用于货物交给承运人运输的货物销售。若合同要求卖方在指定地点把货物交给承运人,则在该地点,风险转移给买方。但是,如果合同仅涉及卖方应进行货物的装运,而没有要求卖方有义务在某一特定地点交货,那么自货物按照买卖合同,交付第一承运人装运给买方时起,风险就转移到买方。举个例子,假设一家坐落在北卡罗来纳州布恩的公司,确定了一份出口其产品给外国顾客的订单。合同中只简单注明"由卖方支付一切运费并安排运输事宜"。于是卖方安排一家货车公司,装载货物到100英里以外的夏洛特(Charlotte)机场的航空承运人的装货点。那么,货物在卖方工厂或布恩的仓库交付给货车公司时,风险即转移了买方。如果货物在这一时刻以后受到损坏,无论在陆地上还是在空中(若海运则在海上),风险都由买方承担。当然,卖方负责给予货物适当的包装,并准备好要发运的货物。如果由于卖方的行为或疏忽造成货物遗失或损坏,买方则免除支付货款的义务。①

二、货物运输及运费

买卖双方不能只在货物价格上达成一致,还必须商定由哪方支付运输费用。对于报价,是卖方负责把货物运到目的地交付给买方,或是卖方需要负责把货物装上往国外运输的轮船,还是卖方仅在其工厂将货物交给一般承运人呢?比如,一个卖家可能会说:"如果你到我的工厂装载货物,是这个价格;如果你想我们负责把货物运到我国内的发货港或是跨海运到你国家内的目的港,我们也可以,但货物的价格则是另一个。"而且,卖

---

① http://www.cisg.law.pace.edu/cisg/text/cisg—toc.html.

方还有机会商谈货物风险的转移问题。卖方会说:"我方愿意将货物运往美国的目的港,我们会安排在 SS Anna Star 号,运费预付,但你方必须自货物装载上船时起,承担货物损失风险。"

卖方通常会向买方提供多种装运条款的方案选择,比如有一个方案是包括海运运费的,另一个则不包括。这些选择为买方提供了各种费用以及交易过程中责任的不同分类。买方可把卖方逐条列记的各种运输、搬运及保险费用与自行安排运输等事宜所需花费进行比较。由卖方准备并提交给买方的详细列明货物及费用组合的单据称为形式发票。此外,如果买方在对不同供应商的相同货物的报价进行比较时,运输费用就是必须的。买方要求多家卖方在相同的条件下报价,以便对同类事物进行比较。

合同当事人不会只单纯基于成本及风险转移来谈判装运条款。买卖决策更有可能需要考虑,这些条款是否符合买方整体的业务需要。经常进口货物的买家一般都会在卖方所在国内设有购买代理,他们能够处理装运货物的大小事宜;同样地,有些买方也会自行负责包括租船在内的运输全部事宜,就像在一些国家为本国人民大量进口粮食时,他们会要求卖方将粮食运到他们的船边,他们承担此后的所有运费及风险。在很多情况下,如果出口商在进口国有仓库,他们所报价格为在该仓库的提货价。

三、海上货物保险

货物保险是国际贸易中的一个基本组成部分。国际海上货物运输保险是以国际海上货物为对象的保险。海上运输中货物受损的风险比航空运输中的风险要大得多。一旦损失发生,承担风险的当事人(可能是提单的持有人)肯定会寻求将财务负担转移给保险人。买方、卖方及在国际贸易中进行融资的银行等金融机构,都想确保自身的货物利益得到充分的保证;若不能,则财产风险将会高得令人无法承受。

(一) 海上货物运输保险承保的风险

海上货物运输保险承保的风险

海上货物运输保险承保的风险主要有三类。

1. 自然灾害

自然灾害是指恶劣气候、雷电、海啸、地震、洪水等人力不可抗拒的灾害。

2. 意外事故

意外事故是指运输工具遭受搁浅、触礁、沉没、互撞、与流冰或其他物体碰撞,以及失火、爆炸等由于偶然原因所造成的事故。

3. 外来风险

外来风险是指上述风险以外的其他风险,包括一般外来风险和特殊外来风险。前者为偷窃、短量、碰损、缺损、雨淋等,后者主要是指由于政治、社会原因造成的风险,如战争、罢工等。

（二）海上货物运输保险合同

海上货物运输保险合同是指由保险人与被保险人订立的，由被保险人支付保险费，在保险标的发生承保范围内的风险而遭受损失时，由保险人负责给予赔偿的合同。

海上货物运输保险合同的订立，通常是由投保人填制投保单，然后以此向保险人投保，经保险人审核同意，保险合同即告成立。实践中，保险人同意投保人的申请后，即凭投保单向投保人签发一份保险单。在保险单中，除载明被保险人的名称、保险的货物、运输工具种类与名称、保险的险别、保险起讫地、保险期限、保险金额等项内容外，还规定保险的责任范围和保险人与被保险人的权利义务等详细条款。因此，保险单是保险合同的证据，也是确定双方当事人权利义务的依据。保险单和被保险人填制的投保单，实际上就是保险合同的书面表现形式。

海上货物运输保险合同的转让，一般通过保险单的背书来实现，无须取得保险人的同意。

海上货物运输保险合同的终止，主要基于期满终止、协议终止或违约失效。

（三）海运保险单及保险凭证

保险单一般用于单独的货物运输，而有大量的货物要进出口的托运人，会与保险人签订预约保单。预约保单可简化投保手续，担保特定目的地或特定线路的某种货物运输损失。随着预约保单的生效，出口商则自动与保险公司签订格式由保险公司规定的保险凭证。预约保单常用于以 CIF 术语出口的货物。这些凭证为可转让单据，可以同提单一起转移给购买提单并取得货物物权的一方。凭证的格式或种类，取决于当事人之间的合同或为买卖提供资金融通的银行的要求。在预约保险中，保险公司必须在货物发运后尽早得到通知。

若买卖合同要求卖方代表买方取得货物海上保险单或保险凭证，则保险凭证通常会得到承认。若当事人只是声明合同为 CIF 合同，除此以外，没有其他有关保险问题的附注，则保险凭证能否得到承认会引起疑惑。英国的观点是：保险凭证不能代替保险单。但在美国，它们的判决基于保险凭证已在商业上得到广泛的认可，则也应在法律上得到广泛的认可，这一准则已被纳入《美国统一商法典》中。

（四）共同海损及平安险损失

海上货物运输保险承保的损失，限于上述风险造成的损失，又称海损，它分为全部损失和部分损失两大类。

1. 全部损失

全部损失简称全损，又分实际全损和推定全损。实际全损是指保险标的发生保险事故后灭失，或者受到严重损坏完全失去原有形体、效用，或者已不能再归保险人所有。推定全损是指货物发生保险事故后，认为实际全损已经不可避免，或者为避免发生实际全损所需支付的费用与继续将货物运抵目的地的费用之和将超过保险价值。

2. 部分损失

部分损失,即不属于实际全损或推定全损的损失,又分为共同海损和单独海损。

(1) 共同海损是指在同一海上航程中,船舶、货物和其他财产遭受共同危险,为了共同安全,有意地、合理地采取措施所直接造成的特殊牺牲、支出的特殊费用。共同海损必须具备以下条件:

① 必须是确实遭遇危及船舶、货物的共同危险。

② 所做出的特殊牺牲和支出的特殊费用,必须具有非常性质。

③ 做出特殊牺牲或支出的特殊费用,必须是有意的和合理的。

④ 牺牲或支出的费用必须是为挽救处在共同危险中的船舶和货物,并须使船、货取得救助的实际效果。

(2) 单独海损是指保险标的由于承保的风险所引起的不属于共同海损的部分损失。和共同海损相比,它的特点是:

① 它是承保风险直接造成的,而不是由人的有意识行为做出的。

② 它只涉及船舶或货物单独一方的利益。

③ 它只能由受损一方单独承担,而不能由航行中的各方利益关系人共同分摊。

3. 《约克—安特卫普规则》

这是一系列有关共同海损的准则。早在 1860 年,英国已努力发展能得到普遍承认的共同海损规则,这一规则于 1890 年完成。第二次世界大战后,经过世界各国的共同努力,终于在 1950 年重新修订了《约克—安特卫普规则》,对共同海损的规定取得大体一致的意见。此规则在航海业得到广泛的承认,最近的修订版本在 1994 年通过。由于所有现代提单通常都注有这些规定,于是它们已经成为货运合同的一部分。

4. 承运人共同海损要求权

海上承运人可向货主提出共同海损要求权。

(五) 海上货物运输保险的险别和责任范围

根据国际惯例并结合我国实际,将海上货物运输保险险别分为基本险和附加险两大类。

1. 基本险

基本险是海上货物运输保险的主要险别之一。它是指对于被保险货物在运输中遭受暴风、雷电、流冰、海啸、地震、洪水等自然灾害或由于运输工具搁浅、触礁、碰撞、沉没、失火或爆炸,以及装卸过程中整件货物落海等意外事故所造成的全部或部分损失,以及因上述事故引起的救助费用、共同海损的牺牲和分摊,由保险人负责赔偿的保险。

基本险是可以单独投保的险别,分平安险、水渍险和一切险三种。按其责任范围,平安险最小,水渍险居中,一切险最大。

(1) 平安险。其原义是"单独海损不赔",指保险人仅负责赔偿因自然灾害或意外事故造成的货物全损(含推定全损)和共同海损的损失。

(2) 水渍险。其原义是"负单独海损责任",除包括上列平安险的各项责任外,本保险还负责被保险货物由于恶劣气候、雷电、海啸、地震、洪水等自然灾害所造成的部分损失。

(3) 一切险。一切险又称综合险,是指除包括上列平安险和水渍险的各项责任外,本保险还负责被保险货物在运输途中由于外来原因所致的全部或部分损失。

2. 附加险

附加险是基本险的补充。它可以由被保险人根据需要选择确定加保一种或几种附加险。附加险所承保的是外来原因所致的损失,包括一般附加险、特别附加险和特殊附加险三种。

(1) 一般附加险。一般附加险别不能单独投保,必须在投保了主险(平安险、水渍险)的基础上加保或部分加保。由于一般附加险别的全部风险都属于一切险的责任范围之内,所以只要保了一切险,则保险公司对一般附加险的所有风险都负责。一般附加险别主要有以下 11 种:①偷窃提货不着险;②淡水雨淋险;③短量短少险;④沾污险;⑤渗漏险;⑥破损破碎险;⑦串味险;⑧受潮受热险;⑨钩损险;⑩包装破裂险;⑪锈损险。

(2) 特别附加险。特别附加险同一般附加险一样,必须在投保主险后,才能加保此险。这种附加险的责任范围已超出了一般"意外事故"的范围,故不属于一切险的责任范围之内。甚至致损原因往往同政治、国际行政管理及一些特别风险相关联。特别附加险分为以下几种险别:①交货不到险;②进口关税险;③舱面险;④拒收险;⑤黄曲霉素险;⑥出口货物到我国香港(包括九龙在内)或澳门地区存仓火险责任扩展条款。

(3) 特殊附加险。特殊附加险也必须在保了主险后才能加保,其责任范围也已超出了一般的"意外事故",故不属于一切险的责任范围。特殊附加险的险别主要包括战争险、罢工险等。

3. 其他

海上货物保险适用于各种风险、各种货物以及指定的任何港口。唯一的限制取决于保险人愿意承担的风险及费用。保单的险别在危险条款中注明。**危险条款**(perils clause)包括了海上航行的基本危险,通常包含航行中无法预料的、特殊的、异常的危险。例如,适航船只无法抵御的恶劣天气、船破、搁浅、碰撞、与礁石或漂浮物相撞等。但并非所有造成货物损坏的危险情况都能在此条款中包含,那些由于船只不适航、船只爆炸或被抢掠等所造成的损失不能包括在内,而且所包含的必须是在海上航行过程中遇到的意外的、偶然的危险情况。**偶然发生**(fortuitous losses)是一个贯穿保险法始终的概念,指由于无法预料的意外事故所造成的损失,若是由已预测到的风暴所造成的损失就不能算为此范围。为此,若是船只在天气情况极好、风平浪静的海上沉没,则推断损失是由于船只的不适航造成的。船只适航是适用偶然意外事故的前提。法院认为由于不正当装载货物使得货物受到海水损坏不能作为偶然事故。**战争险**(war risk insurance)适用于海上运输,由托运人向保险人单独购买。在 CIF 中,卖方无须购买战争险。若是买方要求投保战争险,则必须对其独立于海上保险的费用达成一致意见。战争险的保费在和平时期保持相对稳定,在战事爆发时则波动极大。

(六) 海上货物运输保险的除外责任和被保险人责任

1. 海上货物运输保险的除外责任

保险人对不属于保险责任范围内的风险事故所造成的保险标的的损失或由此产生的费用不承担责任。海上货物运输保险的三种基本险中,保险人对下列原因所造成的货物损失都不负责赔偿:

(1) 被保险人的故意行为或过失行为所造成的货损。

(2) 被保险货物的潜在缺陷和货物本身性质所造成的损失,包括货物已存在的品质不良、包装不善、标志不清所造成的损失,以及因发货人责任所造成的损失。

(3) 被保险货物的自然损耗、自然渗漏和自然磨损所造成的损失。

(4) 被保险货物因市价跌落或运输延误所引起的损失或费用。

(5) 属于战争险条款和罢工险条款所规定责任范围和除外责任的货损。

2. 被保险人的责任

被保险人除按约定缴付保险费外,还应承担下列责任:

(1) 及时提货,尽快报损,保留向有关责任方索赔的权利。

(2) 合理施救,积极处理,防止或减少被保险货物的损失。

(3) 被保险内容变化,应立即通知保险人并加缴保险费。

(4) 索赔时,备全单证,办妥手续,以使保险人能定损核责结案。

(5) 尽到对船舶互撞责任的通知义务。

(七) 海上货物运输保险责任期限

保险责任期限,是指保险公司承担保险责任时间的起讫规定,又称保险有效期。不同的保险条款对海上货物运输保险责任期限的规定也不尽相同。

1. "仓至仓"条款

"仓至仓"条款规定,保险人对保险货物所承担的保险责任,是从保险单所载明的起运港发货人的仓库开始,直到货物运抵保险单所载明的目的港收货人的仓库为止。当货物进入收货人的仓库,保险责任即行终止,保险人对在仓库中发生的损失概不负责。但是,货物从目的港卸离海轮时起算满 60 日,不论保险货物有无进入收货人的仓库,保险责任均告终止。例如,纱锭100件从张家港出口到新加坡,海轮于6月1日抵达新加坡港口开始卸货,6月3日卸完,但卸在码头货棚里,而没有运往收货人仓库,那么保险责任至8月2日即告终止。如果8月2日前将这批纱锭运到了收货人仓库,则不论哪一天进入该仓库,保险责任也即终止。由于货物到达目的港后,进入收货人仓库的情况较为复杂,应按照不同情况加以规定:

(1)保险单上所载的目的地就是卸货港。收货人提货后,运到他自己的仓库,保险责任即行终止。如果收货人提货后,并不是运往他自己的仓库,而是对货物进行分配、分派或者是分散转运,保险责任从这个时候起也即行终止。

(2)保险单上所载的目的地不在卸货港,而是在内陆某地。收货人或其代表将货物提取后运到内陆某地。当货物进入内陆目的地收货人的仓库时,保险责任即行终止。

(3)保险单上所载的目的地是内陆。保险货物从海轮卸离后运往内陆目的地时,并没有直接运往收货人的仓库,而是在途中先放在某一个仓库,然后将整批货物进行分配、分派或者是分为几批运往几个地方,包括其中有一部分仍运往保险单原来载明的目的地。保险责任在到达分配地后全部终止,包括那部分运往原保险目的地的货物。

上述情况均受保险货物卸离海轮60日的限制。

2. 扩展责任条款

扩展责任条款是指保险货物在运输途中,由于在被保险人无法控制的情况下产生的船只绕道、延迟、被迫卸货以及转运等,保险公司对此仍继续负责。此外,对船、车或租船人根据运输契约或租船合同所赋予的权利改变航程,保险责任仍继续有效。

3. 航程终止条款

在被保险人无法控制的情况下,保险货物在运抵保险单载明的目的地之前,运输契约在其他港口或地方终止,或者由于其他原因,航程在运输条款规定的保险责任截止期以前宣告终止,保险继续有效,负责期限直到保险货物在这些卸载的港口或地方卖出去以及送交时为止。但是,最长期限不能超过货物在卸载港全部卸离海轮后满60日。这两种情况保险期限终止应以先发生的为准。如果在上述60日的期限内,或者在约定的任何扩展期限内,保险货物仍旧运到原来保险单所载明的目的地,或者运到其他目的地,则保险期限的终止依旧按照运输条款的规定办理。保险公司对发生这些被保险人无法控制的特殊情况,并不终止保险责任,原来的保险继续有效。当然,被保险人在获悉这些情况后,应该立即通知保险公司,而且保险公司认为有必要的,还可以加收保险费。

4. 驳运条款

海上运输的货物有两种装卸情况:一种是海轮停靠码头,直接从码头上将货物装上或卸下;另一种是海轮停泊在海面的浮筒旁,用驳船将货物装上去或卸到驳船上。驳船在驳运过程中也常会发生损失,而驳船又非保险单上写明的海轮。本条款就因此而造成的货物损失予以负责,负责的范围按保险单上所载的承保险别办理。这一条款中还规定每一条驳船均作为单独保险。单独保险的含义是指驳船上承运的货物虽然从整个保险单所保的货物来看,是一个部分,不是单独的,但是可以将它作为一个单独的整体来考虑。例如,一张保险单承保了 1 200 包水泥的平安险,可装 4 条驳船驳往海轮,每艘驳船装 300 包水泥,其中一条驳船在驳运过程中遭遇恶劣气候,300 包水泥全部损失,如果作为一张保险单的一部分来对待,那么没有达到所有货物的全损,保险公司不予负责。现在将它作为单独保险来处理,则已经达到驳船的货物全部损失,保险公司予以负责。

(八)海上货物运输保险的索赔时效

索赔是指被保险人在被保险货物因所承保的风险而遭受损失时,向保险人要求赔偿损失。被保险人提出索赔时,必须应保险人的要求,提供与确认事故性质和损失程度有关的证明和资料。保险人只有在经过审查确定风险事故与损失之间存在因果关系,风险事故又属于承保范围之内的,才按损失的程度予以赔偿。此外,被保险人提出索赔还必须在索赔时效的期限之内,否则将丧失索赔权利。根据我国《海商法》规定,该时效为 2 年,自保险事故发生之日起计算。

索赔时效亦即诉讼时效。被保险人只有在索赔时效内提起仲裁或诉讼,其权利才能得到保护,否则丧失追诉权。

四、国际航空货运保险

国际航空货物运输保险是以国际航空货物为对象的保险。

(一)保险责任范围

国际航空货物运输保险分为航空运输险和航空运输一切险两种。被保险货物遭受损失时,保险人按保险单上订明承保险别的条款负赔偿责任。

1. 航空运输险的责任

(1)被保险货物在运输途中遭受雷电、火灾、爆炸或由于飞机遭受恶劣气候或其他危难事故而被抛弃,或由于飞机遭受碰撞、倾覆、坠落或失踪意外事故所造成的全部或部分损失。

(2)被保险人对遭受承保责任内危险的货物采取抢救,防止或减少货损的措施而支付的合理费用,但以不超过该批被救货物的保险金额为限。

2. 航空运输一切险的责任

除包括上列航空运输险的责任外,航空运输一切险还负责被保险货物由于外来原因所致的全部或部分损失。

(二)除外责任

国际航空货物运输保险的除外责任与国内航空货物运输保险的除外责任基本相同,

此处不再重述。

（三）责任期限

1. 该保险负"仓至仓"责任，自被保险货物运离保险单所载明的起运地仓库或储存处所开始运输时生效，包括正常运输过程中的运输工具在内，直至该项货物运达保险单所载明目的地收货人的最后仓库或储存处所或被保险人用作分配、分派或非正常运输的其他储存处所为止。如未运抵上述仓库或储存处所，则以被保险货物在最后卸载地卸离飞机后满30日为止。如在上述30日内被保险的货物需转送到非保险单所载明的目的地时，则以该项货物开始转运时为止。

2. 由于被保险人无法控制的运输延迟、绕道、被迫卸货、重新装载、转载或承运人运用运输契约赋予的权限所作的任何航行上的变更或终止运输契约，致使被保险货物运到非保险单所载目的地时，在被保险人及时将获知的情况通知保险人，并在必要时加缴保险费的情况下，该保险仍继续有效。保险责任按下述规定终止：

（1）被保险货物如在非保险单所载目的地出售，保险责任至交货时为止。但不论任何情况，均以被保险的货物在卸载地卸离飞机后满30日为止。

（2）被保险货物在上述30日期限内继续运往保险单所载原目的地或其他目的地时，保险责任仍按上条的规定终止。

航空货物运输保险的正常责任期限，同海洋货物运输险的责任期限基本规定相同。但在扩展保险期限上航空货运险是30日，比海运险的60日短。这是因为航空货物运输所需时间比海洋运输短，所以扩展责任期限也相应地缩短。

（四）被保险人的义务

被保险人应按照以下规定的应尽义务办理有关事项，如因未履行规定的义务而影响保险人利益时，保险人对有关损失有权拒绝赔偿。

（1）当被保险货物运抵保险单所载目的地以后，被保险人应及时提货。当发现被保险货物遭受任何损失，应立即向保险单所载明的检验、理赔代理人申请检验，如发现被保险货物整件短少或有明显残损痕迹，应立即向承运人、受托人或有关当局索取货损货差证明。如果货损货差是由承运人、受托人或其他有关方面的原因造成，应以书面的方式向他们提出索赔，必要时还须取得延长时效的认证。

（2）对遭受承包责任内危险的货物，应迅速采取合理的抢救措施，防止或减少货物损失。

（3）在向保险人索赔时，必须提供下列单证：保险单正本、提单、发票、装箱号、磅码单、货损货差证明、检验报告及索赔清单。如涉及第三者责任，还须提供向责任方追偿有关函电及其他必要单证或文件。

（五）索赔期限

该保险的索赔时效，从被保险货物在最后卸载地卸离飞机时起算，最多不超过2年。

第七节 货物运输与航空及海运承运人责任

一、承运人责任的历史

有关承运人对货物毁坏及灭失所负责任的法律,根植于贸易及运输的发展历史。货物在运输途中,一次性地长达几个月地完全置于船长的控制中。在这期间,托运人无法证明货物所受的毁坏是由于自然灾害、承运人的疏忽还是船员偷窃原因造成的。为此,英国和美国的海运法都有这样的规定,承运人必须对其所运输的货物在运输途中所受到的毁损负全部责任。尽管有一些免责条款,但承运人还是成了事实上的货物承保人。随着国际贸易的迅速增长以及轮船的发明使用,承运人的经济实力大大增强,他们开始争取在货运提单(托运人与承运人之间的合同)中包含一些限定赔偿责任的条款。这些限定赔偿责任的条款,试图让承运人免于因其自身疏忽或不适航而造成损失的赔偿责任。一些规模较小的托运人受到轮船公司的支配,结果在一段时间里,海运承运人的责任极其不确定。

(一)《哈特法案》

在1892年,美国议会正式在《哈特法案》(Harter Act)中提出这个问题,此法案至今仍是具有法律效力的联邦法案。法案详细规定了承运人保护货物的责任,并对承运人在提单中为自己开脱责任的条款进行限制。随后法律的发展,影响到《哈特法案》有限地使用。今天,《哈特法案》只适用于美国国内港口之间的货物运输。至于国际货物运输,则要适用新的法规,在货物装载之前以及卸货之后(如仓储时),承运人的责任规定仍适用《哈特法案》。

(二)《海牙规则》

第一次世界大战结束时,很多国家都试图订立相似的法规,最终在1924年签署了《统一提单的若干法律规则的国际公约》,简称《海牙规则》(Hague Rules)。这些规则代表了达成货运提单统一格式的国际努力,旨在降低承运人责任的不确定性。《海牙规则》对承运人的赔偿责任做了详细规定。事实上,今天几乎所有贸易国家都把《海牙规则》作为本国法律的参照。

二、委托及普通承运人

对托运人和承运人之间的法律关系有所了解是十分重要的。当承运人接受货物给予运输时,委托关系宣告产生。托运是指货主——委托人,把货物的占有权让渡给受托人的法律安排。委托形式的一个例子是,委托人把货物储存于仓库中。仓库库主即为受托人。在货物运输情况下,委托人是托运人,他把货物交付给普通承运人即受托人,承运人把货物运给收货人。普通承运人是指向公众提供运输服务的承运人,包括公路运输、铁路运输、航空运输、海运以及内陆水运承运人等。托运人与承运人之间签订的合同称为运输合同,是书面的运输单证。在海运中,这一合同称为提单;在航空运输中称为航空运单。托运人及承运人之间的权利和义务,取决于运输合同中的约定以及适用该合同的法律条文。在许多涉及货物毁损的案例中,原告通常是货物的所有者,或者是原货主、收货人或对货物有物权的其他方。

在传统的托运法下,承运人必须将其在同样条件下获得的货物权利,完全返还给托运人(或交付给收货人)。为此,普通承运人对货物的毁坏及灭失负有严格的责任。若是货物受损或灭失,不论是否由于承运人过错,他都有义务承担责任。但普通承运人对因以下原因造成的货物损坏不必负责:(1)天灾,如地震;(2)公共敌人及恐怖分子的行为;(3)政府干预及法院命令;(4)货主过失,如包装不当或标签错误;或(5)货物的固有瑕疵及本质引起的损失,如易腐烂的货物或发生化学反应而引起的货物毁损。此外,承运人可通过免责条款限定所承担的义务责任。

三、国际航空承运人的义务

19世纪上半叶,航空运输刚刚起步时,航空事故的风险远大于今天。由于风险太大,以致投资者都害怕涉足航空业,担心其财产在事故中荡然无存。保险公司也不敢为新的航空公司承保。立法者很快意识到,要促进航空业的发展,必须为进入航空业的公司提供保护以防灾难性的损失。在20世纪20年代的后期,20多个国家的代表在波兰华沙共同起草了一份国际协议,统一了有关航空承运人对货物及乘客所应承担义务的规定。《统一国际航空运输某些规则的公约》,简称为《华沙公约》,至今仍然有效。美国于1934年承认此公约,现已有120多个国家加入这项公约。

《华沙公约》:制定了统一的规则,管辖国际旅客、行李及货物的航空运输。它对航空运单、旅票及行李票等的格式作了规定。《华沙公约》的主要条款规定了航空公司对旅客受伤、货物或行李受损或灭失应负的责任。根据公约规定,除非航空承运人能证明:(1)货物损坏不是由其过失或疏忽造成的,或(2)货物损坏是由托运人在包装、装运及贴标签中的过失造成的,否则必须对货物损坏承担全部责任。另外,虽然承运人是有责任的,但也因责任范围有一定限制而受到保护。除非托运人在托运时已声明货物具有较高价值,且已加缴运费,否则责任范围的限定都是有效的。[①]

没有向托运人提供航空运单的承运人,不能受到公约的保护。而且,航空运单必须包括以下内容:

航空运单开立日期和地点;起运地及目的地;商定的中途停机地;托运人、第一承运人以及收货人的姓名与地址;货物的性质;包装数量、包装方法以及包装唛头(商业上重要时);装运商品的重量、数量、体积或尺码等(商业上重要时);注明此运输合同适用《华沙公约》。

---

① http://ra.irv.uit.n0/tr3de_hw《华沙公约》。

【背景与案情 5-4】

Williams 牙科公司把 50 盎司的镶牙金及一些仪器交给航空承运人——瑞典的国际航空速递公司。Williams 公司的员工再三检查过镶牙金后,密封包装并放在提桶中,并将提桶装箱以便于装运。当货物运抵瑞典的买方,提桶上的安全封条已被破坏,镶牙金不见了。Williams 公司索赔镶牙金总价值 23 474 美元,但遭到承运人拒绝。Williams 公司为此提起诉讼,被告国际航空速递公司认为,根据《华沙公约》其责任只限 1 262 美元。

地区法官玛卡西(Mukasey)

……该案例适用"对所有用飞机运输的国际货物运输都可适用"的《华沙公约》。合同当事人采纳了《华沙公约》的条款,其航空运单附注中声明适用《华沙公约》。

《华沙公约》第 22 条(2)款规定,"在货物运输中,承运人的赔偿责任以每磅货物 9.07 美元为限,但若托运人在托运时已声明货物具有较高价值,且已加缴运费,则承运人赔偿的责任最高不超过托运人声明的价值。"①为此,若原告没有声明货物的特殊价值,被告的赔偿责任仅限于每磅 9.07 美元。

但原告认为应不受此限定的约束。相反,原告声明所有货物的特殊价值为 23 474.50 美元,并称他已单独向海关声明其中黄金的价值为 21 680 美元。原告装运货物时,声明的货物价值比《华沙公约》中的规定限额要高,并加缴了运费。如果货主所声明的价值比实际价值低,且支付较低的运费时,所能获得的赔偿以声明的价值为限。

概括地说,双方没有就原告向被告声明货物价值达 25 000 美元这一事实争论……而且被告基于申报的高额价值,接受了超额运费。因此,原告提供了足够的信息让被告知道,货物中有黄金。其余的事情便是由被告决定了。作为商业经验丰富的承运人,被告应当清楚知道要么拒绝运输,要么必须为这么高的运费率承担特别风险。

根据《华沙公约》第 22 条(2)款,若货主所声明的货物价格高于市场价格,当货物灭失时,不能获得其所声明的货物价值的赔偿。为此,货主所能获得的赔偿以市场价格为限。原告发票上的价值 21 680 美元是按 1990 年 8 月 21 日的黄金市场价格计算的,总价值中扣除黄金价值所剩下的 1794 美元是设备价值,由于设备没有灭失,所以这笔款项不能取得。

裁决:判决原告获得所申报货物价值的赔偿。尽管《华沙公约》中规定了国际航空承运人的最高赔偿责任,但若货主已在航空运单中申报了货物价值,并支付了相对较高的运费,则货主可获得其所申报的货物价值,但最高以市场价格为限。

四、海运货物承运人的责任

海上运输货物的风险很大。造成货物损失的因素很多,包括外部力量、货物的内在性质、时间的推移以及其他综合因素。货物毁损的典型情况有:昆虫、霉菌等的寄生;货

---

① Trans World Airlines, Inc. v. Franklin Mint Corp., 466 U.S. 243, 104 S. Ct. 1776, 80 L. Ed. 2d 273 (1984).

物在船舱内由于发生化学反应而产生的污损;货物在船舱内由于潮湿而生锈;由于冷藏设备或其他设备毁损而造成的损失;由于火灾或沉船而造成的损失;在发生海难时货物遭到的损失;货物由于在甲板上放置不合理而造成的损失;在公海上遇到海盗或偷窃;由于战事而受到损失等。尽管国际贸易中使用集装箱有如此之影响,但托运人也必须对货物在运输途中可能受到的损坏及灭失有所预见。一旦损失发生,货主或保险人会向承运人索赔。但有关法律给予了承运人相当多的法律保护。①

(一) 船只的适航

承运人对由于在出发前没有恪尽职责确保船只适航而造成货物的损坏要负责赔偿。这种保证称为承运人的"适航保证"。船只的适航,是指船只适合于沿指定航线运载货物。换句话说,承运人不但要在船只开航前恪尽职责检查、修理船只,而且还必须保证船只的类型适合在特定航线上运载特定的货物。船只适航的标准包括一些因素,有船只的类型、船只装备的状况及适用性、船员的能力、装载货物的类型、货物搬运及存储的方式、天气状况(例如,船只是否准备好应付预期的天气情况)以及航行的性质等。如果船只在天气状况良好、海面风平浪静的情况下,启航后不久就出现了故障,法院一般会判定船只不适航。

承运人要负责合理配置人员、装备船只,使冷藏库、冷冻室以及船上装载货物的其他设备处于适合接收、搬运和存放货物的良好的安全状态。承运人还应负责正确装载、存储、搬运货物。例如,要避免货物在船只货舱里因潮湿而造成损失;货物存储方式要正当,避免移动或压实;避免把货物暴露于雨水及海水中;冷藏设备一定要运转正常等。承运人还要负责恰当地卸货,并把货物转交给指定的当事人。

(二) 船只驾驶及管理中的过失

承运人——船舶公司所有人,无须承担由于船长、海员、领航员、水手等在驾驶船舶及管理船舶中的过失造成货物毁损的责任(不包括由于船员在处理、保管货物方面,例如在装货及卸货过程中产生的疏忽,因为承运人要对此负责)。

理解船员在"驾驶船舶及管理船只"时的过失,与船舶公司所有人在启航前,未能恪尽职责确保船只适航,是两件不同的事情。尽管承运人无须对前者负责,但必须承担后者——未能提适航的船只所造成的损失。因此,一些法院认为,如果船上工作人员在驾驶或管理船只中的疏忽,是由于他们不能胜任本职工作导致的,则承运人应对由他们造成的损失负有赔偿责任,因为没有为船只配置胜任的工作人员,就意味着该船只是不适航的。结果,尽管承运人可以得到该项的保护,但仍经常被判要承担赔偿责任。

(三) 船上火灾造成的毁坏

船只在海上发生火灾很可能会导致灾难性的损失。除非火灾是由于承运人——船舶公司所有人的疏忽引起,或是扑灭、救火不力,否则海上承运人无须承担火灾造成的损失。

---

① http://www.mglobal.com/.

【背景与案情 5-5】

S. S. Sabine Howaldt 是一艘小货船,被租用完成从比利时的安特卫普到特拉华的威尔明顿的航行。货船运输一批钢材给原告。货物在安特卫普装运时状况完好。但到达美国目的港后,发现钢材被海水腐蚀,大量生锈。在这次途经北大西洋的航程中,货船遇到极其恶劣的天气。海水涌进通风设备,使货物遭到损坏。承运人争辩,造成货物损坏的唯一原因是海难,而不是船只不适航。地方法院裁定,由于被告疏忽使船只不适航,而且货船所遇到的风暴强度尚未达到海难的强度标准。

巡回法官安德森(Anderson)

船只的航海日记记载:船只的接缝被严重扭曲,海水猛烈拍击着前甲板、舱口盖及其上面的机件。货船不得不停止航行 12 小时。船壳在风暴中被严重扭曲、损伤,船只在暴风中左右摇晃的幅度达 25～30 度。在巨大风浪的冲击、拍打下,船只不断地摇摆、震颤……随后发现,船只走廊的一个舷窗被暴风浪拍击粉碎,船只连接前后舱的通道和船尾甲板被严重损毁,斜靠在已凹陷的通风设备旁。

地方法院不仅裁定风暴的强度尚未构成事实上的海难,而且发现由于被告疏忽,货船不适于航行。法院之所以推断被告疏忽是因为,在船只航行过程中,有缺陷的舱口盖没有用防水布加盖,而且货船的通风设备没有得到足够的保护……

在货船 1966 年 1 月 3 日抵达威尔明顿时,船长检查过船舱,发现船舱口、船舱盖以及其橡胶垫片都没有毁坏,状况良好……没有证据说明,实务及惯例要求用防水帆布覆盖船舱盖。但很明显,很多航运公司的习惯做法是,都不用防水帆布覆盖舱口盖……在这个案例中,并没有证据表明船只的舱口盖没有被维护好,而相反的证据则很多,为此,认为被告没有在舱口盖上覆盖防水帆布是一种疏忽的观点,明显错误。

由于风暴肆虐的强度无法估量,船只适航的标准肯定是无法确定的。经过数个世纪的发展,船只的设计、建造已经可以抵御一定强度的风暴。但要确定特定的船只所遇到的风暴是否能构成海难事实,则要解决风暴如何猛烈及海浪如何澎湃等问题。而这些都是程度问题,经不起精确定义的检验……另一些问题是,假设船只适航,船只自身所遇到损坏的种类及范围,船只在航海过程中是否受逆浪或者是其他因素的猛撞,船壳受到破坏,并在其上产生强大的压力等因素。尽管适航船只已按照能抵御合理的风暴来设计、建造、装备,但这只是在特定航海范围、特定时间所遭遇的通常情况下的恶劣天气。并不包括航海经验丰富、航海技术高超的船长也会遇到的无法预见的、不寻常的极强破坏力风暴及海浪肆虐,而使船只遭到致命的沉重撞击的情况。飓风级的风暴以及狂暴的逆浪,使船壳遭受强大的压力则是一个典型例子。

我们认为,货船于 1965 年 12 月 15 号在安特卫普启航时是适于航行的。整个航行过程中,航行操作正常,承运人不构成疏忽的责任。货物的损毁是狂暴的风暴及逆浪造成,逆浪扭曲船只,猛扭船壳,掀起船舱盖,使海水进入船舱内部。

裁决:判决被告胜诉。被告有足够证据表明船只启航时是适航的,航行中操作正常,货物的损坏是由海难造成的。

思 考 题

1. 国际海上货物运输合同当事人的法律责任有哪些?
2. 有关国际运输的公约有哪几个? 举例说明?
3. 构成国际多式联运应具备哪些条件?
4. 海上货物运输保险的种类有哪些?
5. 贸易术语对当代国际商事活动带来了哪些便利?

第三编　现代国际市场

第六章 电子商务的时代

随着互联网的发展,电子商务正在对人类的社会生活产生着越来越大的影响。国际贸易中众多公司、企业纷纷在其国际经济与贸易中采用电子商务,这极大地促进了国际贸易的发展。越来越多的国家、地区的商家看中了电子商务带来的无限商机,积极参与到 21 世纪经济持续激烈的竞争中。

第一节 全球电子商务发展现况

In the 15 years since it began in 1995, electronic commerce has grown in the United States from a standing start to a $255 billion retail business and a $3.6 trillion business-to-business juggernaut, bringing about enormous change in business firms, markets, and consumer behavior. Economies and business firms around the globe, in Europe, Asia, and Latin America, are being similarly affected. During that short time, e-commerce has itself been transformed from its origin as a mechanism for online retail sales in to something much broader. Today, e-commerce has become the platform foe new, unique services and capabilities that are just impossible in the physical world. There is no physical world counterpart to Facebook, or Twitter, or Google search, or a host of other recent online innovations. Welcome to the new e-commerce!

Although e-commerce in 2010 has been impacted by the worldwide economic recession, in the next five years, e-commerce in all of its forms is still projected to continue growing at high single-digit rates, becoming the fastest-growing form of commerce. Just as automobiles, airplanes, and electronics defined the twentieth century, so will e-commerce of all kinds define business and society in the twenty-first century. The rapid movement toward an e-commerce economy and society is being led by both established business firms such as Wal-Mart, Ford, IBM, JCPenney, and General Electric, and newer entrepreneurial firms such as Google, Amazon, Facebook, Yahoo, MySpace, Twitter, YouTube.

网络的发展虽然仍处于新兴阶段,但其已极大改变了个人日常生活习惯:包括教育、保健、工作及娱乐等方面的需求,均可经由互联网(Internet)获得满足,以往处于全球各地时空间隔的族群也得以经由互联网充分交换信息而融合为地球村的一员。互联网除了使民众生活多样化外,同时也创造了新形态的商业及经济行为模式。企业与消费者通过互联网完成交易,举凡计算机软件、娱乐性商品、信息提供服务、技术信息、金融服务、专业服务等交易,均可通过电子媒介完成。企业非但能降低成本,而且可创新交易商品或服务的类型,另外,消费者则可在住所内享受"逛街购物"的乐趣,因此电子商务交易所带来的商机与便利将是无远弗届。

为因应电子商务发展的趋势,联合国国际贸易委员会(The United Nations Commission on International Trade Law,UNCITRAL)已于1996年3月所召开的第29次会议中,通过了《联合国国际贸易法委员会电子商务模范法》(UNCI-TRAL Model Law on Electronic Commerce)。1997年12月公布《电子签章统一规则草案》(Draft Uniform Rules on Electronic Signature),1998年1月,在维也纳召开电子商务工作小组第32次会议并提出报告,报告中认为本规则的制定应涵盖以公开密钥系统为基础的数字签章(digital signature)以外的电子签章方式,尚须注意认证中心(certification authority,CA)与电子契约等相关问题。报告中也指出前述草案须注意与电子商务模范法间的调和。美国总统克林顿则于1997年7月1日批准并公布最新的《全球电子商务纲要》(A Framework for Global Electronic Commerce),明确揭示美国政府面对电子商务世纪来临时,所抱持的态度及看法。由该份报告可以看出,美国政府对于互联网上的商业活动发展的主要态度,是鼓励企业多多上网做生意,并增强消费者在网上从事交易行为的信心。另外,对于网络商业活动,美国政府认为不应加诸太多法律限制,而应采取市场导向原则,以期发展出全球性、透明化及可预期的法律环境,如此方有助于电子商务的发展。1998年10月21日,时任总统签署了规范美国电子商务赋税制度的"互联网免税法案"(Internet Tax Freedom Act,ITFA),在3年内不对电子商务课税,也免除了所有于1998年10月1日之前立法通过的网络交易税。

1998年12月23日欧盟正式通过并颁布《内部市场电子商务法律架构指令》(Directiveon. Certain Legal Aspects of Electronic Commerce in the Internal Market),其主要目的在于清除欧盟域内对于电子商务发展有所妨碍的不合宜法律,并期望促进欧盟单一市场内部电子商务发展。

根据Gartner Group调查公司的统计,1999年全球B2B电子商务达到了145亿美元,其中北美地区占63%,达到91亿美元。该公司电子商务全球服务权威分析家Leah Knight指出,B2B商务正在全球范围内自然而然地增长,而且电子商务的普遍化使这种趋势更加不可遏抑。尽管目前领先的电子商务公司都是美国的公司,但它们大部分的利润都是来自国际。而据Gartner Group调查表明,B2B市场最为强劲的增长趋势将出现在欧洲。1999年欧洲的B2B总额为318亿美元,2004年则将超过2.34万亿美元。该公司电子商务欧洲服务权威分析家 Petra Gartzen 指出,目前 BMW、PhiHps、KLM、Swissair、英国电信和德国电信已经大量地采用了 B2B 电子商务,B2B 已经获得了大公司的认可,这股潮流已然势不可当。

又据 Gartner Group 统计,1999 年亚太地区 B2B 的总额为 92 亿美元,2004 年达到 9 920 亿美元。而 1999 年拉美地区 B2B 市场达到了 10 亿美元,2004 年该地区市场总额已达 1 240 亿美元。拉美地区资料调查部主任 Luis Anavitarte 指出,拉美地区的一些大公司已经首先从它们以前的 B2B 建设中开始获利,同时中小型企业也开始了解 B2B 的价值,并且正在开始建设 B2B 的平台。

第二节　电子商务的概念

从电子商务活动的基本内容来看,一般是指通过电子手段对货物或服务进行跨境分销、营销、销售或交货。国际商会在 1997 年 11 月 6 日举行的"世界电子商务会议"上,将电子商务定义为:对整个贸易活动实现电子化,即电子商务是指买卖双方依托电脑网络进行的各种商业贸易活动。欧洲经济委员会于 1997 年 10 月在布鲁塞尔召开的"全球信息社会标准大会"上,对电子商务定义为:电子商务是各参与方之间以电子方式而不是以实际交换或直接实际接触方式完成任何形式的业务交易。美国政府在《全球电子商务纲要》中对电子商务所下定义是:通过互联网进行的各项商业活动,包括广告、交易和支付服务等活动。

一、电子商务的分类

(1) 企业与企业之间的电子商务。

(2) 企业与消费者之间的电子商务。

(3) 货物销售电子商务——通过向网上虚拟化的商店进行订货和支付,而送货则在网下进行的销售。其中网上订货和支付活动须适用电子商务法律规则。

(4) 无形销售电子商务——货物之外的其他作品等智力成果、服务和其他信息的销售。这类标的具有知识产权或者经济价值的性质,其交易和履行往往受到著作权等知识产权法律保护,或者适用不同于货物销售的各种交易规则,且这类电子合同完全可以在网上交易并履行。

(5) 电子支付——电子交易的当事人通过网络,使用数字化方式进行电子货币数据交换和资金结算。电子支付有现金支付、信用卡支付、电子支票支付(包括电子钱包)等方式。

二、电子商务涉及的法律问题

电子商务的虚拟性、无国界性、无纸化等特征向现有的法律规则提出了诸多法律问题,主要有以下内容:

1. 电子商务合同——电子商务合同与传统合同有着较大不同,因此,需要明确电子商务合同的要约、承诺和签名的效力、合同成立的时间、地点以及合同的有效性和可执行性等,以保证电子合同具有与传统合同同等的法律效力。

2. 知识产权的保护——电子商务的虚拟性使知识产权的保护出现新的困难:大量的电子文件、CD、软件以及报刊新闻等被任意下载,构成对他人著作权的侵犯;域名抢注现象严重,域名无地区性使这一问题的解决难度增大。

3. 电子商务的税收——电子商务的无国界性产生了诸如对通过互联网提供电子出版物、软件数字化产品和网上各种服务等电子商务是否应当纳税以及如何纳税等问题。又由于电子商务是无纸化交易,税收凭证也是税收征收的一大困难,这对海关统计以及税收征收来说是一大难题。如何规范跨国税收规则、避免双重征税以及如何确定税收管辖权等都是一些棘手的问题。

4. 电子商务的支付——电子商务需要通过电子方式进行支付和结算。明确电子支付命令的签发和接受,有关银行对发送方指令的执行,有关当事人的权利、义务以及网上支付中的电子货币、电子现金等,是保障电子支付和发行的安全性的前提条件。所以都需要法律加以规范。

5. 电子证据——电子商务合同以及其他单证主要是以电磁记录物等电子形式表现出来的,记录的内容容易遭到篡改;并且由于计算机程序或者操作人员的过失也会出现差错,进而影响电子商务的真实性和安全性,因此需要明确电子证据的可用性、有效性以及审查规则。

6. 电子商务管辖权——国际电子商务的虚拟性对传统的管辖权理论与实践提出了新的要求。例如,确定合同签订地、(网上履行)合同履行地、(网上侵权)侵权行为发生地,网址构成新的管辖依据;网上消费者合同管辖权的确定,其根本问题是原有的管辖权理论能否套用于电子商务。

7. 电子商务隐私权——远程交易、联机购买、网上俱乐部或免费电子邮件都需要提供购买者的个人资料,电子商务企业可能由此在其网络数据库中建立客户资料档案,收集有用的客户信息,商业企业可依次有的放矢地推销其产品、服务,更令人担忧的是个人账号、消费者爱好等个人信息被泄露或买卖。因此,需要解决在网络公开性的情况下,如何有效保护个人隐私的问题。

8. 网络的安全问题——电子商务的安全性要求有效地保障通信网络、信息系统安全,保证信息的真实性、完整性、保密性和不可抵触性,防止他人非法侵入使用、盗用、篡改和破坏。它涉及立法、社会环境、操作人员素质和安全防范技术水平等诸多方面。

第三节 各国电子商务的历史及发展

一、美国

1998年11月30日美国电子商务工作小组(U. S. Government Working Group on Electronic Commerce)的首届年度报告(First Annual Report)终于出炉,此份报告是继克林顿公布前述全球电子商务纲要后,对于美国政府执行这份电子商务政策的第一次成果说明,也提出了5个新的议题,作为未来发展的重点。此外,本报告还针对商务部于1998年4月所提的报告——"新兴的数字经济"(E-merging Digital Economy),第一次完整地分析了信息科技及电子商务发展过程中,经济因素所扮演的角色。

为执行全球电子商务纲要,克林顿总统曾发布关于电子商务的行政命令(Presidential Directive on Electronic Commerce),责成相关部门推行13项主要工作。根据这份年度报告,经过一年半的努力,这些工作已通过国会立法、签订国际协议及业界自律的方式达成。

(一)在电子商务立法方面,已经由国会通过了以下四个法案:

(1)网络免税法(Internet Tax Freedom Act);

(2)数字式千禧年著作权法(Digital Millennium Copyright Act);

(3)政府文书作业简化法(Government Paperwork Elimination Act);以及

(4)儿童线上隐私保护法(Children's Online Privacy Protection Act)。

(二)在签订国际协议方面,为实现电子商务发展的重要目标,经由国际组织所制定的多国协议则包括:

(1)WTO于1998年部长会议决议,不对电子商务课征关税。

(2)OECD于1998年10月的全球电子商务部长会议(the Ottawa Conference)宣布,赞成克林顿总统的电子商务政策,反对就互联网及电子商务课税,并呼吁各国政府排除无纸化交易的障碍,确保私人对认证其交易所用的技术及商业方法有选择权,也确认政策的施行必须科技中立、非歧视,且在市场导向的模式下从事认证;

(3)巴赛尔银行监理委员会(Basle Committee on Banking Supervision)的主要国家于1998年3月发表报告书,支持纲要中对于电子付款系统不加管制的模式;

(4)全球标准会议(Global Standards Conference)于1997年10月确认支持由私人主导互联网技术规格开发的立场;以及

(5)数个国际商业团体均发表决议,支持美国电子商务政策。

(三)经由美国电子商务工作小组的协商而与其他国家签订的双边条约有:

(1)美、日两国政府于1998年5月互相承诺,对于电子商务不做管制,并经由国际合作致力于排除电子商务发展的障碍;

(2) 美、法两国政府于 1998 年 6 月互相承诺，维持开放信息管道的原则，及在文化及语言上多元化的信息内容得以自由传输；

(3) 美国及欧盟政府于 1997 年 12 月发表联合声明，遵循近似于纲要中所规定的原则，并通过新成立的"跨大西洋经济伙伴"（Transatlantic Economic Partnership）定期讨论关于电子商务的议题；

(4) 时任美国总统克林顿及爱尔兰领袖 Taioseach Ahem 于 1998 年 9 月签订了历史上第一份使用数字签章的国际协议，支持美国及欧盟的联合声明；以及

(5) 美国与荷兰、韩国及澳洲等发表共同宣言，支持全部或部分的美国电子商务政策。

（四）至于美国总统所提因特网的民间导向及业界自律方案，执行成果如下：

(1) 1998 年 7 月，由主要几家因特网通信业所组成的商业团体承诺，于 1999 年第一季度结束前完成网络隐私权的保护措施，以符合克林顿总统的指导原则；

(2) 美国政府已认可将因特网域名系统（Internet Domain Name System）的技术管理工作交由名为互联网络名称及编码公司（ICANN）的非营利性新兴民间团体接管；以及

(3) 民间团体已发展出筛选及分级的制度，使家长、学校及图书馆得以过滤内容有问题的信息；在建置网站以提供儿童高品质的信息内容方面，也有显著成效。

（五）在未来的一年中，美国电子商务工作小组不仅将继续执行总统的命令，也将以过去一年来新兴的五项议题作为努力的方向：

(1) 增加美国境内的可用频宽及因特网信道；

(2) 确保有效的线上消费者保护；

(3) 将因特网及电子商务的使用范围扩及开发中国家；

(4) 更深入了解因特网及电子商务在经济面的影响力；以及

(5) 帮助小型企业及商家利用因特网从事电子商务。

美国目前在全球电子商务发展方面居龙头地位，不论是信息传输量、使用人数，还是服务供货商数量、网络联机数量，皆居全球首位。美国的电子商务主要由国家信息通信基本建设项目（Nil program）推动，为此行政单位特别组成跨部会联邦电子商务项目小组（Federal Electronic Commerce Acquisition Team），筹划整个电子商务架构。此小组由 12 个政府部门组成，由行政服务部及国防部联合主持。

此外，为推行电子商务，克林顿总统更于 1997 年 7 月 1 日提出"全球电子商务架构报告"，勾画出未来电子商务发展的蓝图。

【背景与案情 6-1】

美国博库股份有限公司诉北京讯能网络有限公司、我国香港地区汤姆有限公司案

原告诉称其得到作家周洁茹的许可，获得在全球范围内独家以国际互联网络、光盘、

磁盘等电子出版物形式使用周洁茹创作的作品的权利。原告在获得许可授权后发现,被告汤姆公司在其开办的网站上登载了周洁茹两部小说集中的 26 篇作品,所登载的作品是由讯能公司提供。两被告称:讯能公司受汤姆公司的委托,通过与北京市今日视点文化事务发展中心签订合作合同,合作为汤姆公司开办的网站进行文学频道设计及制作有关栏目。根据合同约定,汤姆公司的网站与今日视点中心所属今日作家网的相关网页建立了链接。本案涉及的周洁茹作品登载于今日作家网,汤姆公司的网站只是与今日作家网登载周洁茹作品的网页设置了链接,汤姆网站本身并没有实施登载行为,故两被告的行为并不构成侵权。

法院经审理后认为:互联网上传播的各种信息和作品量巨大,如果要求设链网站在设置链接时必须承担无限的事先主动审查义务,无疑将会使网络服务提供者负担过重的义务。同时也应看到,由于设置链接往往出于增加网站访问量的需要,而增加网站访问量又与网站经营者力图获取经济利益的目的密切相关,按照权利与义务应相适应原则,要求网络服务提供者设置链接时履行适当的注意义务也是十分必要的。因此,法院认为,讯能公司与今日视点中心签订的合作合同中,向对方提出了明确的权利保证要求,据此,不能认定被告与登载该作品的网站之间对登载传播原告享有专有使用权的作品行为存在共同的主观故意。在得知原告起诉内容后,被告亦及时采取了停止链接措施,因此被告不应当承担侵权责任。

简评:法院判决说理充分,除网络服务提供者应当对明知被链接的内容属于侵权而仍然以设置链接的方式提供传播条件,或者在得知权利人提出警告后仍拒不采取积极措施加以控制所产生的后果承担法律责任外,设置链接的网站不承担过多的法律责任。

二、欧盟

(一) 万维网部长会议重点

1994 年欧盟发表《邦格曼报告——欧洲与全球信息社会》(Bangemann Report, Europe and the Global Information Society,以下简称《邦格曼报告》),由欧洲数家著名的信息、通信厂商出面呼吁欧盟政府采取行动支持《邦格曼报告》,该报告的十项目标准中,有四项包括 SMES 的电传服务、电子招标、环欧公共行政网络以及城市间信息高速公路等,皆与电子商务有关。

《邦格曼报告》之后,欧盟随之提出电子商务倡议。于 1996 年,ESPRT 项目计划亦呼吁发展环欧网络以配合电子商务发展。欧盟电子商务的推动主要由欧盟政府中的 DIRECTORATE Ⅲ 及 XIII 负责,大部分的研究和发展工作由 DIRECTORATE XIII 负责。1997 年 7 月 6 日至 8 日德国与欧盟执委会共同于德国波恩举行"万维网部长会议"。该会议出席成员除欧盟各国、欧洲自由贸易协会的会员国(European Free Trade Association)、中欧和东欧国家及塞浦路斯的电信部长与欧盟执委会的代表外,美国、日本、加拿大及俄罗斯等国的官方与民间代表及其他国际组织也获邀参加。兹将该会议重要结论摘陈如下：

1. 对万维网的期许

与会部长认为，欧洲各国应把握万维网发展的契机，提升竞争力、维持经济成长及提供就业机会，而对于信息网络发展所衍生的技术及法律问题应积极寻求解决，以免影响企业投资的意愿，而延缓其发展与使用。

2. 在经济效果方面

与会部长认为可借由网络提供更具效率的传播方式、进行网络内容的研发及促进电子商务交易的发展，以促进欧洲各国的经济成长。对企业界而言，万维网不仅可提高效率、降低成本，亦可使小型及新进企业易于伸展其触角。而对消费者而言，可享受多样的选择、易于获得特殊产品、拥有更充分的产品信息、花费较低成本与获得更快速服务的利益。

3. 民间企业所扮演的角色

肯定民间企业在投资建立网络基础建设及提供服务上所扮演的重要角色，认为万维网的发展须以市场需求为取向，并由民间企业主导。

4. 政府应扮演的角色

（1）各国政府应提供明确及可预测的管理架构，以鼓励企业投资。对于相关税赋，应遵守不歧视原则，并认为有关电子商务交易的相关税赋议题，应在国际架构下处理，以避免扭曲各国的竞争。

（2）各国应致力于使民众能更容易、更广泛地使用万维网，并以此作为信息全球化的推动力；鼓励研究发展，并创造有利于使用者的信息社会。

5. 建立信心

与会部长认为必须运用适当的法律，同时兼顾相关基本人权及社会整体的利益，以建立大众与业界对万维网的信心。在鼓励创新方面，知识产权的保护将扮演相当重要的角色，与会部长承诺将尽速完成建立法律架构的工作，以建立具一致性与合适的创新与投资环境。部长们欢迎 WIPO 在 1996 年 12 月通过的两项条约（亦即"著作权条约"及"表演及录音物条约"WCT/WPPT），将尽速推动其在各国通过生效，不过仍强调充分与及时执行《与贸易有关知识产权协议》（TRIPs）的重要性。

6. 在信息安全方面

鉴于信息安全为全球信息社会的主要议题，及加密（Encryption）技术对电子商务交易的重要性，与会部长将在适当的法律下，致力于推动国际间取得与自由选择加密软件及不同产品软件相互沟通的服务，以确保信息安全及个人与企业信息机密。

7. 在使用者权益方面

主张应朝向让一般大众均有使用信息网络的机会、提供相关知识与教育、个人资料的保护、使用的便捷等方面努力。

8. 欧洲的贡献

将积极鼓励通过欧洲视听、电子通信与出版企业的相互合作,创新网络内容及服务,以对万维网做出贡献。

9. 加强其国际重要性

部长们建议充分运用多边论坛加强国际合作,以确保相关活动间能有适当的联络协调,因此,将联合欧洲委员会、经济暨合作发展组织(OECD)、世界贸易组织(WTO)及其他国际论坛,检视并消除现有的障碍,并建立明确、可预测的法律架构、加强维护网络治安与司法的合作、以防止及打击非法内容与高科技犯罪行为。

(二) 欧盟正式颁布"内部市场商务的法律架构指令"

1998年12月23日欧盟正式颁布"内部市场电子商务法律架构指令"相关条文,主要目的是清除欧盟境内对于电子商务发展障碍难行的法律,并期望促进欧盟单一市场内部电子商务发展。

此份指令中特别提出信息社会服务(Information Society Services)的概念,以涵盖所有通过网络进行电子商务的各种行为。指令中开宗明义指出,为寻求确保内部市场适当机能(proper functioning of the internal market)得以发挥最大效用,将采取适当方式来促进各会员国间信息社会服务(Information Society Services)的自由流通。指令中涵盖议题涉及内部市场规划、硬件设施服务提供者、商业讯息传递、线上电子缔约、媒介者的责任、行为规范、法庭外纠纷解决机制、司法行为及各会员国间所应建立的合作关系。

指令中并要求服务提供者于各服务领受者(recipient of the service)及监督机关有所需要时,必须提供适当方式对外提供包括以下内容的讯息:服务提供者名称、设立地地址、电子邮件地址、商标注册地及主管当局核准同意通过的服务提供项目等。指令中并规范所谓未经邀约同意的商业讯息传递(unsolicitedmercial communication),要求凡属未经邀约同意的商业讯息传递行为,经由电子邮件传送,在接收者接收到之当时,该商业讯息的发送者必须采取适当措施,让接收者立即得以清楚明确地辨识其身份,以保障消费者的权益。而对于线上电子缔约行为(on line contracts),指令中亦特别要求各会员国必须立法保障其法律效果及正确性,并且各会员国必须保证,其国内法律相关规定并不会对于线上电子契约的有效使用有任何妨碍措施。

而有关契约缔结完成的时点,指令中明文规范,当服务领受者对于服务提供者的要约,表示承诺意思,以电脑网络科技途径回复给服务提供者,并且当服务领受者完成以下各情形时,契约便为缔结完成:(1)服务领受者已向服务提供者做出承诺,服务提供者接收到服务领受者的承诺,而再以电子方式发出"接收通知"(acknowledgment of receipt of the recipients acceptance)时;并且,(2)服务领受者接收到前述服务提供者所发出的接收通知,已完成向服务提供者为"接收确认"。

指令中并特别对于"单纯从事媒介、中介行为"的媒介业者(intermediary)独立规范,希望能够免除或减少其法律义务,以利保障。专门为服务领受者提供通信网络传送服务者,或是提供通信网络接取服务行为的业者,其性质符合自动(automatic)、中介性(intermediate)、短暂性储存(transient storage),并且其于全部通信网络传送过程中,仅单纯负责传送的服务,于下列情况下,其不须受到严格法令的规范,而负有法律上的义务责任:(a)其并非为信息传输的开端起始者;(b)信息传输的领受者并非由其所挑选;或(c)对于所传输的信息,其并无挑选或更改的权限。

此指令鼓励由各贸易、专业的协会团体为主导角色,完成以共同体层次(community level)适用的行为规范(codes of conduct)。并加强法庭外争议纠纷解决机制(out of court dispute settlement)的形成,要求各会员国于产生交易争议纠纷时,各会员国法律体制需能允许以法庭外争议纠纷解决机制的方式来解决,且要求此法庭外争议纠纷机制,必须遵守共同体法律,以及包括独立审理、透明化、效益性及各当事人、其代表人自由表达的原则,以进行纠纷的解决。

最后指令特别提及各会员国需建立完善的环境,将电子传播媒体(electronic media)应用于电子商务发展中,及在此指令相关措施的实施过程中,电子传播媒体得以妥善运用,并能发挥其特殊效益,促进其进一步的使用及发展。

三、英国

与美国近年来的网络狂潮相比,老牌帝国英国的网络热可谓姗姗来迟。但是,近来,布莱尔首相领导的英国新工党政府已经把发展网络经济和电子商务看作是英国在 21 世纪保持国际竞争力的核心战略。2000 年以来,英国的电子商务运动在政府的全力催化下已经开展得轰轰烈烈。英国的各大通信服务公司也纷纷采取行动,网络服务商更是竞相宣布免收上网月租费并大幅度降低上网电话费,降低上网成本,鼓励人们使用互联网。布莱尔首相明确表示,要在 5 年内让所有英国公民都有上网能力,到 2005 年,75% 的英国人已可以经常使用互联网。英国最大的电信服务公司英国电讯(BT)宣布已开辟了新的信息高速公路,并降低了互联网电话费。

四、韩国

为了分清以电子讯息方式进行交易的法律效力,并借以建立完善且有秩序的电子商务,韩国于 1999 年 3 月 29 日通过《电子商务基本法》(The Basic Law On Electronic Commerce),赋予数字签章合法的效力,并明订电子讯息(electronicmessages)具有与纸本讯息相同的法律效力。且根据该法附录中的第 1 条规定,本法自同年 7 月 1 日开始生效。

该法第 1 条规定,即开宗明义地指出本法的立法目的是规范运用电子讯息方式进行交易的法律效力,以确保电子讯息的安全、可信赖性,维护公平的贸易,并且进一步建构完善且有秩序的交易、促进电子商务的发展。而其中许多的规范,也明白地宣示政府应设立相关机构,拟订策略、方针,进行研究,以促进电子商务发展。

本法分为六章,共有 34 条规定,涵盖的范围包括总则、电子讯息的相关效力、电子商

务的安全、促进电子商务的发展、消费者的保护以及其他事项,此处概略说明如下:

(1) 适用范围:本法将适用于所有使用电子讯息方式所进行的贸易或交易。

(2) 电子讯息的有效性:除其他法律有特别规定外,电子讯息不应仅因为其为电子形式,而否认其与纸本形式有同等的效力。

(3) 数字签章的效力:除其他法律有特别规定外,由本法许可的认证机构所认证的数字签章,应赋予其与相关法律规定的签名或盖章有相同的效力。

(4) 电子讯息的证据性:在诉讼程序或其他法律程序中,电子讯息不应仅因其为电子形式而否认其证据性。

(5) 电子讯息的保存:如电子讯息已符合法律规定的一定要件,则法律规定中关于文件或资料的保存,得以电子方式为之。

(6) 认证机构的许可:政府可指定认证机构以确保电子商务的安全及可信赖性;该经许可设立的认证机构,可核发凭证以确认电子讯息发送者的身份。

(7) 认证机构的管理:为保护电子商务的参与者,并促进电子交易,政府应采取必要的政策,以管理认证机构的运作。

(8) 信息系统的安全:进行电子交易者应采取相关保护措施,以确保信息系统的安全性。

(9) 消费者保护:依据消费者保护法及其他相关的法律规定,政府应采取必要原则及措施,以保护电子商务中消费者的利益。

五、澳大利亚

澳大利亚政府对电子商务的发展极为重视,已于 1997 年 9 月间将原"通信及技术部"改为"通信、信息经济及艺术部",并指定该部部长 Richard Alston 负责协调推动澳大利亚电子商务的发展。澳政府另设立下列机构协助推动电子商务发展的相关事宜:

(1) 于通信、信息经济及艺术部之下设立"全国信息经济局",负责协调制定电子商务相关的管理政策及法令,确保澳政府的相关政策立场与各国际论坛的立场一致,及将相关新技术运用于政府施政的督导管理。

(2) 于通信、信息经济艺术部之下设立"信息政策咨询委员会",负责就线上服务(特别为互联网)快速发展所衍生的社会、技术及法令规范等问题,向澳政府提供咨询及建议。

(3) 于总检察长部之下设立"电子商务专家小组",其成员包括澳政府部门、商界、法学及法律业界人士。该小组负责研议如何修订相关法令规定,使切合电子商务技术的最新发展,并向澳总检察长提出相关报告。

(4) 由澳联邦、州、领地及地方政府官员共同组成"线上咨询委员会",并由联邦政府通信、信息经济艺术部长担任该委员会主席。该委员会主要在促使澳大利亚各级政府在推动电子商务发展所采取的政策措施可趋于一致。

澳大利亚联邦法务部(The Attorney General)于1999年1月28日公布电子交易法草案(Draft Electronic Transactions Bill),并自该日起至2月26日为止,征询社会各界意见。此草案为澳大利亚政府发展信息经济政策架构的一部分,反映澳大利亚政府对人民的承诺,确保人民享有信息经济发展下的经济利益,提供产业界在信息时代进入全球经济的机会,并减少信息、交易方面的成本。

该项法案的目的是促进信息经济的发展,特别是促进在商业方面进行的电子沟通。此外,该法案也提供一种机制,令业者、民众在与政府机关往来时,能够自由选择是否采取电子方式来进行。为了达到上述目的,法案所采取的方式为:排除现行法律制度下使用电子方式所遭遇到的困难;给予电子化的商业行为与纸本式同等的法律基础,并且对于不同的技术形式也一视同仁。

此法案的草拟,基本上是根据电子商务专家小组(Electronic Commerce Expert Group)的建议而形成。该团体是由法务部于1986年7月间设立,负责研究电子商务所引发的相关法律问题,以及国际的发展趋势。依其1987年3月间提出的报告指出,联邦原则上应该依据联合国国际贸易法委员会(UNCITRAL)于1996年所通过的电子商务模范法来制订法律,再根据该国实际状况加以修正。因此,本草案即采取电子商务模范法的方式来拟订。

本草案的研拟主要根据两个基本原则:其一为机能性平等(functional equiv-alence),亦即以纸本式或电子式所进行的交易或处理,在法律上应同等对待;其二为技术中立,亦即对于不同的技术形式不应有差别待遇。不过应注意,在所谓的机能性平等原则之下,必须符合一个前提条件,即电子式的往来或沟通必须先符合法律上规定的要件,例如该电子方式必须是可以信赖者,且可维持所沟通信息的完整性,始得给予法律上的同等待遇。

六、马来西亚

马来西亚为配合其2020年前瞻政策,推动"多媒体超级走廊计划"(Multimedia Super Corridor, MSC Project),以期转型为以信息业为主的经济形态。该计划是历史创举,首度由政府出面主导建立一个适合企业发展的法律架构与环境,并借此建立投资者的信心。微软、英特尔等跨国公司对此走廊的建立贡献良多。

马来西亚的电子商务交易量近年来快速增长,1997年的电子商务交易额仅为400万美元,1998年增至约2 000万美元,1999年进一步增至约9 500万美元。

电子商务在马来西亚的迅速发展与政府的大力推动是分不开的。为促进电子商务的发展,政府成立了全国电子商务委员会来制定协调电子商务发展的政策。全国电子商务委员会由两个分科委员会组成,一个分科委员会设在国际贸易部,专门负责确定方便电子商务发展的政策、条例和其他各种机制;另一个分科委员会设在能源、通信和多媒体部,负责研究完善发展电子商务的基础设施问题。马来西亚政府正在拟订"国家电子商务蓝图",旨在为电子商务提供指南,推动策略性计划,加强基本设施的建设,更有效地推动国内的电子商务活动。

为配合政府的规划,马来西亚多媒体发展公司去年正式推出了"电子马来西亚"网站。这个网站拥有各类电子商务活动,譬如联机交易的电子贸易中心,处理银行事务、股市交易等类别的金融中心,这个网站已被视为推动电子商务的强心剂。

另外,为保护消费者的利益,确保电子商务在健全轨道上运作,马来西亚政府已先后通过了一系列较完善的电子法令,包括版权修正法案、电子医疗法令、数码签名法令、惩治计算机犯罪法令,通信和多媒体法令等。

为协助马来西亚的公司进行安全电子业务,1997年成立的马来西亚电子付账系统私人有限公司在1997年3月推出了电子安全交易付账系统,马来西亚国内不少商行和银行也都加入了有关的系统,马来西亚政府希望通过该系统能确保它与99%的世界互联网用户所使用的安全电子付账系统连线,使本地区和世界各地的互联网用户都能使用它的安全电子交易付账系统,促进其电子商务的发展。

马来西亚的一些社团也积极配合政府政策,推动电子商务的发展。马来西亚华人公会在亚洲电子出版业有限公司的配合下,向华商提供了1万个免费网页,让他们在网页上销售产品。

【背景与案情 6-2】

因怀疑中学生徐某在服装店试衣服时偷了一件衣服,被告人蔡晓青将徐某在该店的视频截图上传到其微博上。一个多小时后,网上的人肉搜索就将徐某的个人信息,包括姓名、所在学校、家庭住址和个人照片全部曝光,并且这些信息也被服装店主蔡某用微博发出。两日后,徐某跳河自杀。

法院一审认为,被告人蔡晓青因怀疑徐某在其经营的服装店试衣服时偷了一件衣服,竟在该店的视频截图中配上"穿花花绿绿衣服的是小偷"等字幕后,上传到其微博上,公然对他人进行侮辱,致徐某因不堪受辱跳河自杀,情节严重,其行为已构成侮辱罪,应依法惩处。鉴于案发后被告人亲属与被害人亲属达成调解协议,被告人亲属对被害人的亲属赔偿了经济损失,取得被害人家属的谅解,被告人当庭认罪,确有悔罪表现,法院依法给予从轻处罚,以侮辱罪判处被告人蔡晓青有期徒刑一年。蔡晓青不服上诉,二审法院维持原判。

第四节 国际电子商务知识产权法律环境

一、WIPO 著作权条约/表演与录音条约

1999年12月2日至20日世界知识产权组织(WIPO)在日内瓦集会,通过 WIPO 保护著作权条约(WIPO Copyright Treaty,WCT)及 WIPO 保护表演与发音片条约(WIPO

Performances and Phonograms Treaty, WPPT)。这是继《关贸总协定》(GATT)在1993年达成与贸易有关知识产权协议(TRIPs Agreement)后,国际间就著作权保护所达成的另一项重要共识。

160余个WIPO会员国的800多位代表在历经三个多星期的讨论后达成的这两项新条约,目的除了分清传统著作权的相关争议外,最主要的是拟就目前因信息与通信技术发展所衍生的迫切问题提供国际解决方案。因此可以说,这次所通过的两项条约,只是所谓GII系列条约的一部分。

在新条约的最终协商过程中,最受争议的莫过于使用计算机时无可避免的暂时性重制(如计算机自动抓取资料储存在RAM中)应不应纳入著作权人的权利范围内。许多线上网络团体、电信公司强烈主张,网络使用者在浏览WWW时,计算机一定会作暂时性的拷贝,而这是计算机技术本质所使然,一旦将暂时性的重制也认定为重制,将使所有Internet使用者进行浏览时都可能构成著作权侵权。提供线上服务的公司或图书馆也将暴露于著作权侵权的风险中,如此一来,将严重侵害Internet的普及与发展。

幸好,最后所通过的条文,将原先草案中所规定电脑暂时性重制也算重制而归入著作权人专属权利范围内的条文删除。互联网相关团体对这样的结果都表示兴奋,认为这是互联网的一大胜利。

此外,较值得一提的是,为进一步保障著作权人的权益,新著作权条约将赋予所有著作的著作权人散布权(right of distribution)(见WCT第6条,WPPT第8条)与公开传输权(right of communication to the public)(见WCT第8条,WPPT第15条),但对于美国所提议的增加输入权提案则予以删除。对于真品平行进口的合法性问题,也未作规范,留待各国自行决定。

对于时下所流行的各种形式装置或设计,借以保护著作免于被不当拷贝,新条约也认可其必要性。因此明文规定,专门破解他人著作权保护设计的人,各国应立法加以禁止并给著作权人提供有效的救济与保护。

二、美国《电子窃盗禁止法》

时任美国克林顿总统于1997年12月16日签署通过《电子窃盗禁止法》(No Electronic Theft Act, NET Act)(Public Law 105~147, 115 Stat. 2678),对于上网侵害著作权者拟以严刑重罚。该法案修正原著作权法中关于著作权侵害的刑事责任部分,规定任何人为商业利益或私人财产获益,明知而重制、散布(包含电子传输)他人受著作权保护的著作物,均有著作权法刑罚的适用,其重点分析如下:

1. 《美国联邦法典》第18篇第2319条(18U.S.C. § 2319)规定,以重制或散布方式侵害他人著作权者将受刑事处分;本法加入"包含以电子方式所为的重制、散布",明文纳入上网侵害著作权的规范,使之同科以刑事责任。

2. 扩大"图利"(financial gain)的概念。触犯刑责的著作权侵害行为包括了为商业利益的违法重制或散布,以及单纯为使自己私人获益的行为。本法特别将"financial gain"重新定义为"获取任何形式的价值,包含收到受著作权保护的著作物"[参见 17 U. S. C. §101(1998)];因此,纵使行为人未将盗拷著作物与他人交换、共享以换取经济利益,只是单纯借由网络、计算机盗拷著作物供自己使用,即使仅拷贝一份,在本法的明确定义下亦须受到刑事处分。

3. 延长追诉期限。将刑事责任的追诉时效由原本的三年延长为五年。

4. 加重刑事责任。将刑事处分区分为三级:

(1) 在 180 天内,以电子传输或其他方式重制或散布 10 份或 10 份以上他人受著作权保护的著作物,且其总值达市价 5000 美元以上者,处三年以下有期徒刑或课或并课《美国联邦法典》第 18 篇各条所定的罚金。

(2) 前条累犯或连续犯得处六年以下有期徒刑或课或并课《美国联邦法典》第 18 篇各条所定的罚金。

(3) 其他情况的著作权侵害,得处一年以下有期徒刑或课或并课《美国联邦法典》第 18 篇各条所定的罚金。

该修正法案乃美国为确认其于 1996 年 12 月在日内瓦所签订的《世界知识产权保护条约》,因而立法对著作物的网络传输权提供进一步的保护。美国软件出版商协会(Software Publishers Association,SPA)非常支持此项法案,该协会表示,由于科技与网络的帮助,使用人拟盗拷高品质的著作物易如反掌,而软件产业因全球盗拷行为所蒙受的损失,在 1996 年全年便高达 113 亿美元,所以,对电脑网络的著作权侵害行为处以重罚绝对有必要。但电信产业与数字未来联盟(Digital Future Coalition)则反映该法案的规定过于严苛。

至于美国学界方面,普遍担心在互联网上发表自己的著作也许会违反《电子窃盗禁止法》。因为该法对于不论是否获利的散布与重制行为均课以刑责。麻省理工学院(M. I. T.)法务人员,也为知识产权律师的 Karen Hersey 在"M. I. T. 科技论坛"(MIT Technology Talk)指出:"学术期刊将不至于开始起诉其作者。只是如作者未获出版商允许从事线上散布或重制行为,他们必定会遭遇违法风险,对于 MIT 教职人员、学生以及行政人员而言,皆有可能负担个别责任与机构责任。"

Hersey 律师也指出:"提供受著作权保护资料的链接(link),可能被视为辅助侵权(contributory infringement),特别是如吾人未获允准即通过链接以下载或拷贝该资料。"其建议在网络上贴上(post)使用人下载资料即为违法的警告通知,因为"合理使用"原则(fair use doctrine)将不能适用于电子传输资料。换言之,虽然美国著作权法制定了图书馆得基于保存与建档文件目的影印书面资料的例外,不过该例外并未扩及于互联网。因此 MIT 可能会因电子传输课程资料,特别是对远距教学学员为之,而涉及刑事责任。

三、欧盟数据库保护指令

欧盟于 1996 年 3 月 11 日颁布的"数据库指令"履行期,已于 1998 年 1 月 1 日届至。

在此指令揭示的原则下,成员国纷纷公布新法制,对不具创意的数据库加以保护,其中绩效最显著者,当为英国1998年新著作权法及德国1997年新著作权法。相较于美国此部分立法进度之胶着,欧盟的法制,可谓是国际上相当先进的立法。

为防止数据库的资料遭到未经授权的撷取与利用,以保护数据库创作人的权益。欧洲议会与理事会在1996年3月11日颁布有关保护数据库的指令,其正式名称为《96/9/EC欧洲议会与理事会关于数据库保护指令》,全文共计17条,这项指令要求各会员国应在1998年1月1日前采取适当措施,以保护数据库的全部或部分内容,不会遭受非法的侵害。

为使投资大量时间、金钱及精力来创建数据库的人能够获得回报,这项指令给予创作人特定的权利。这项权利的有效期间为15年,但数据库的质量与数量若有实体上更动,则期间重新起算;这些更动包括资料内容的持续性累积成果。因此,交通工具的时刻表、股票市场的成交记录,以及电话簿等动态性资料都将享有无限制的保护期间。对于前述的更动,数据库创作人必须负担举证的责任。专家们建议,每次对于数据库进行更新的工作时,应保留原始相关的记录,以作为日后举证所需的证物。

数据库制作人选取与编排资料的工作,应视为其智能的创作物,除上述所称的特定权利外,应享有著作权的保障。这项新指令也调和数据库结构著作权的法律保障问题,保护期间将持续至著作权人死亡后70年。这项著作权的保护也有例外许可的情形,例如为个人使用目的而进行的非电子化的重制行为、以教学为目的的重制行为、为公共行政、公共安全以及司法程序等目的所需的重制行为等。这项指令并未更改其他有关数据库著作权的规定,但授权各会员国得自行给予前述的例外许可。

思 考 题

1. 简述电子商务在各国的发展情况。
2. 电子商务在现代商事活动中的作用?
3. 电子商务相关法律的完善,体现在哪些方面?

第七章 国际产品责任法律要求

在现代国际市场中,产品、产品质量、产品标准等都是各国关注的问题,尤其是在发展中国家及不发达、落后国家。学习本章内容,需要了解产品责任的概念、构成要素及有关产品责任的国际公约;重点掌握美国、欧洲国家的产品责任法。

第一节 概括产品责任定义及其法律的发展

According to Black's Law Dictionary (eighth edition), product liability refers to a manufacturer's or seller's tort liability for damages or injuries suffered by a buyer, user, or bystander as a result of a defective product. MUPLA, Sec. 102(C). "Product" means any object possessing intrinsic value, capable of delivery either as an assembled whole or as a component part or parts, and produced for introduction into trade or commerce. Human tissue and organs, including human blood and its components, are excluded from this term. Restatement Third, 19. For purposes of this Restatement: (a) A product is tangible personal property distributed commercially for use or consumption. Other items, such as real property and electricity, are products when the context of their distribution and use is sufficiently analogous to the distribution and use of tangible personal property that it is appropriate to apply the rules stated in this Restatement. (b) Services, even when provided commercially, are not products. (c) Human blood and human tissue, even when provided commercially, are not subject to the rules of this Restatement. Restatement Second, 402A: (1) One who sells any product in a defective condition unreasonably dangerous to the user or consumer or to his property is subject to liability for physical harm thereby caused to the ultimate user or consumer, or to his property, if… In the Third Restatement, the defects of product could be divided into three categories: (1) Manufacturing defect of product. Manufacturing defect is a physical departure from a product's intended design causing the product contains the unreasonable danger. For example, a small stone was mixed into a food can which inflicted injury upon the consumer when he ate it. Here, the stone being mixed in food is not the producer's intended design. Typically, manufacturing defect occurs in only a small percentage of units in a product line, usually because of the producer's negligence. But it also may occur when the producer has exercised all reasonable care. (2) Design defect of product. Design defect means when the specific product unit conforms to the intended design but the intended design itself renders the product not reasonably safe. For example, one company manufactures novelty items. One item, an exploding cigar, is made to explode with a loud bang and the emission of smoke. When one consumer used it, the cigar exploded and he was suffered serious bums to his face. In this case, the cigar conforms to the producer's intended design, i. e. for purpose of prank, but it contains unreasonable danger obviously. If the design defects are found to exist, then every unit in the same product line is potentially defective. (3) Warning defect of product. Warning defect means the product is lack of necessary and adequate instructions or warnings which would have reduced or eliminated the risk of products. As same as the design defect, if the warning defect is found to exist, then every unit in the same product line would be defective. In addition, the presence of warnings of risk only does not exempt the producers or the sellers from compliance with the other obligations under the product liability. In general, when a safer design can reasonably be implemented and risks can reasonably be designed out of a product, adoption of the safer design is required over a warning that leaves a significant residuum of such risks. In a word, Warnings are not, a substitute for the provision of a reasonably safe design. Doctrine of Strict Liability Strict liability means, with respect to the defective product, the manufacturer or seller shall be liable for the defectiveness of product, even if he has exercised all reasonable care. Strict liability also can be called as liability without fault. Under strict liability, the center of the burden of proof by the claimant is to prove the defectiveness of product. The claimant is not requiring to prove the defectiveness is resulted from the negligence by the manufacturer or seller. The doctrine of strict liability can be backdated to the case of Escola v. Coca-Cola Bottling Co., 1944. In this case, although the plaintiff could not prove the negligence of the defendant with respect to the defectiveness of product, the court used the rule of res Ipas loquitur to conclude that the defendant was negligent for the defective product. The rule of res Ipas loquitur is still in the category of fault-based liability, but it has reversed the burden of proof onto the defendant who shall prove the non-negligence for sake of exemption of liability. In 1963, the case of Green man v. Yuba Power Products, Inc. marked the establishment of strict liability. In the case, the court held that a manufacturer is strictly liable in tort when an article he places on the market, knowing that it is to be used without inspection for defects, proves to have a defect which causes injury to a human being. In the field of legislation, the Second Restatement incorporates the strict liability into its provisions, stating that, the seller shall be liable " although the seller has exercised all possible care in the preparation and sale of his product". Furthermore, according to the section 402A of the Second Restatement, the strict liability could be used in any kind of product liability actions. But this provision was changed in the Third Restatement. The Third Restatement section 2 divides the defects into three categories, manufacturing defect, design defect and warning defect. In short, the Third Restatement applies the strict liability on the manufacturing defect, but applies liability of negligence on the design defect and warning defect, in which the sell would be liable only when the consumer could prove that the risk is foreseeable and it should have been avoided by using a reasonable alternative design or warning by the seller, i. e. to prove the seller's negligence. Convention on the Law Applicable to Products Liability (hereafter called Hague Convention or the Convention) is a convention of conflicting law on product liability, which was drafted by the Hague Conference on Private International Law and was passed on October 2, 1973. Hague Convention came into force from October 1, 1977, and 11 countries have adopted it. Although Hague Convention is not a convention on the substantive rules of product liability, it is helpful to establish common rules on the law applicable to product liability, which could reduce the uncertainty in the international cases of product liability to some extent. Restatement Third, 2. A product is defective when, at the time of sale or distribution, it contains a manufacturing defect, is defective in design, or is defective because of inadequate instructions or warnings. A product: (a) contains a manufacturing defect when the product departs from its intended design even though all possible care was exercised in the preparation and marketing of the product; (b) is defective in design when the foreseeable risks of harm posed by the product could have been reduced or avoided by adoption of a reasonable alternative design by the seller or other distributor, or a predecessor in the commercial chain of distribution, and the omission of the alternative design renders the product not reasonably safe; (c) is defective because of inadequate instruction or warnings when the foreseeable risks of harm posed by the product could have been reduced or avoided by the provision of reasonable instructions or warnings by the seller or other distributor, or a predecessor in the commercial chain of distribution, and the omission of the instructions or warnings renders the product not reasonably safe. Products In Article 2 of Directive 1985, it provides that "product" means all movables, with the exception of primary agricultural products and game, even though incorporated into another movable or into an immovable, and "Product" includes electricity. Furthermore, Directive 1985 has explained the meaning of primary agricultural products, which include the products of the soil, of stock-farming and of fisheries, excluding products which have undergone initial processing.

And the "initial processing" means a processing of an industrial nature (industrial processing). In short, with respect to the product liability, the products in Directive 1985 exclude the immovable and the natural agricultural products. But in Directive 1999, this article has been modified. It says that products mean all movables and there is no any exception. That means Directive 1999 has adopt the primary agricultural products into the categories of products, and the producers of the agricultural products also shall bear the product liability for their defective agricultural products. Defectn. In Article 6 of Directive 1985, it provides that a product is defective when it does not provide the safety which a person is entitled to expect. Directive 1985 use the consumer's expectation to test the defect of the product. And to decide whether the product is defective, Directive 1985 says that the following circumstances should be taken into consideration: (1) the presentation of the product; (2) the use to which it could reasonably be expected that the product would be put; (3) the time when the product was put into circulation. Furthermore, Directive 1985 emphasizes that the product shall not be considered defective for the sole reason that a better product is subsequently put into circulation. Persons Liable. The persons liable for the product liability in Directive 1985 refer to the producers of products. Concretely speaking, producers include: (1) the manufacturer of a finished product; (2) the producer of any raw material or the manufacturer of a component part; (3) any person who puts his name, trade mark or other distinguishing feature on the product presents himself as its producer; (4) any person who imports into the Community a product for sale, hire, leasing or any form of distribution in the course of his business. In Directive 1985, this kind of person shall be deemed to be a producer and shall be responsible as a producer; (5) the supplier of the product who cannot informs the injured person, within a reasonable time, of the identity of the producer or of the person who supplied him with the product. And the same shall apply, in the case of an imported product. That means the supplier shall be liable as a producer if he cannot indicate the identity of the importer referred to in the above item; (6), even if the name of the producer has been indicated. If there are several persons liable for the damage, they shall bear joint and several liabilities, i. e. any one of them should be liable to pay the full compensation to the injured parson. Basis of Liability, In Directive 1985, the product liability is a non-fault based liability. The injured person shall be required to prove the damage, the defect and the causal relationship between defect and damage, but he need not prove the fault of the producer.

Product Liability, Product liability governed by the Hague Convention means the liability of the manufacturers and other specified persons for damage caused by a product, including damage in consequence of a misdescription of the product or of a failure to give adequate notice of its qualities, its characteristics or its method of use. Here, the Convention does not use the "defective product", the purpose of which is to make the Convention having a broad scope of application. In addition, it should be noted that there is an exception that the Convention does not apply in situation where the product was transferred by the person claimed to be liable to the person suffering damage. This exception is to avoid the conflict between the application of the Convention and the application of other laws applicable to the international sale of goods. Persons liable. First, the word "person" shall refer to a legal person as well as to a natural person. And in detail, the persons liable include: (1) manufacturers of a finished product or of a component part; (2) producers of a natural product; (3) suppliers of a product; (4) other persons, including repairers and ware housemen, in the commercial chain of preparation or distribution of a product. In addition, the Convention also applies to the liability of the agents or employees of the persons specified above. Hague Convention, Article 8. The law applicable under this Convention shall determine, in particular (1) the basis and extent of liability; (2) the grounds for exemption from liability, any limitation of liability and any division of liability; (3) the kinds of damage for which compensation may be due; (4) the form of compensation and its extent; (5) the question whether a right to damages may be assigned or inherited; (6) the persons who may claim damages in their own right; (7) the liability of a principal for the. acts of his agent or of an employer for the acts of his employee; (8) the burden of proof insofar as the rules of the applicable law in respect thereof pertain to the law of liability; (9) rules of prescription and limitation, including rules relating to the commencement of a period of prescription or limitation, and the interruption and suspension of this period.

产品责任是指生产者或销售者因其生产或销售的缺陷产品致使购买者、使用者以及旁观者遭受财产损害或人身伤害而需承担的侵权法律责任。

产品责任法,即是调整产品生产者或销售者因其生产或销售的缺陷产品,致使产品使用者遭受损害而引起的侵权赔偿法律关系的法律规范的总称。产品责任法是随着现代工业生产的发展,许多新产品投入市场,造成消费者受到伤害的案件不断增多而形成和发展起来的。产品责任法和买卖法有一定的联系,因为买卖法中有关卖方对货物品质的担保责任的规定同产品责任法的某些要求是有共通之处的。但是,就法律性质来说,产品责任法与买卖法又是不同的。买卖法是属于"私法"的范畴,它所调整的是卖方与买方之间基于买卖合同所产生的权利义务关系,它的规定大多数是任意性的,双方当事人可以在买卖合同中加以排除或更改;而产品责任法则属于社会经济立法的范畴,它主要调整产品的制造者、销售者与消费者之间基于侵权行为引起的人身伤亡和财产损害的责任,它的各项规定或原则大都是强制性的,双方当事人在订立合同时不得事先加以排除或变更。产品责任法主要是确定产品制造者和销售者对其生产或出售的产品所应承担的责任。如果他们提供的产品存在某种缺陷,致使消费者的人身遭受伤害或使其财产受到损失,则生产或出售这一产品的制造商、批发商乃至零售商都要对该消费者承担赔偿损失的责任。产品责任法的主旨是加强生产者的责任,保护消费者的利益。从这个意义上说,产品责任法是一种保护消费者的法律。

一、产品责任法律理念的演变

产品责任法的出现,可以追溯到普通法系的判例。1842 年,英国上诉法院(Exchequer of Pleas)判决的温特伯特姆诉赖特案(Winterbottom v. Wright)①是关于产品责任方面最古老的案例。但该案所确立的产品责任诉讼的基础是合同关系(privity),即缺陷产品的受害人与责任人之间需要有直接的合同关系。如果没有合同关系,受害人就不能要求生产者或销售者承担赔偿责任,即所谓"无合同,无责任。"该判例在普通法系国家奉行了近百年。虽然该判例对于消费者权益的保护有一定的作用,但由于受到合同关系的限制(privity bar),消费者的合法权益并没有得到有利的保护。

随着社会经济的发展,买卖关系的天平开始由"买主当心"(caveat emptor)向"卖主当心"(caveat venditor)倾斜,消费者的权益逐渐开始受到重视。从 20 世纪 20 年代开始,在普通法系国家尤其是美国,疏忽责任理论开始在产品责任诉讼中占据主导地位。疏忽责任理论属于侵权归责理论的范畴,该理论的纳入摒弃了产品责任诉讼附属于合同关系的限制,使产品责任真正开始进入侵权责任的领域。消费者即使与生产者或销售者之间不存在合同关系,但如果其能够证明产品的缺陷是出于生产者或销售者的疏忽,其权利请求就可能获得支持。

到 20 世纪 60 年代,随着新判例的产生,以及美国法学会(the American Law Institute, AU)《侵权法重述(第二版):条文部分》[Restatement (Second) of Torts,以下简称《侵权法重述二》或 Restatement Second]的出版,严格责任理论逐渐被美国各州的立法和司法判例所采纳。由于严格责任理论要求生产者或销售者对产品缺陷所导致的损害承担的是一种无过错责任,因此其更有利于消费者权益的保护。严格责任理论也是目前世界上大多数国家在产品责任立法上所采纳的主要归责原则。进入 20 世纪 90 年代,美国法学会颁布的《侵权法重述(第三版):产品责任》[*Restatement (Third) of Torts : Products Liability*,以下简称《侵权法重述三》或 Restatement Third]标志着美国产品责任理论的发展进入一个新的阶段,主要体现了美国法学界对严格责任理论法律适用的反思和建议;其颁布必将对此后的美国各州乃至世界各国的产品责任立法和司法工作产生深远的影响。

在各国产品责任立法发展的同时,为协调各国的产品责任法律制度,产品责任的国

---

① Wimerbouom V. Wright, 152 Eng. Rep. 402, 1842. 该案案情为:被告向邮局提供马车,并负责马车的修理,原告则受雇于邮局。由于马车的内在缺陷和疏于修理,原告在驾驶马车时因马车毁坏而受伤。原告诉被告赔偿,法院以双方没有直接合同关系而驳回了原告的诉请。

际立法亦应运而生。其中,欧盟的区域性国际立法工作尤为突出。1985年,欧洲经济共同体《产品责任指令》的颁布,代表着欧盟在协调统一各成员国产品责任法律制度方面的重大成果。

二、中国产品责任法

(一) 中国产品责任法概述

中国的产品责任法起步较晚。1986年全国人大制定通过的《民法通则》中的相关规定,可以视作中国在产品责任立法上的开端。《民法通则》第122条规定:"因产品质量不合格造成他人财产、人身损害的,产品制造者、销售者应当依法承担民事责任。"该规定比较简洁,不能应对中国日益复杂的产品责任问题。1993年2月22日,七届全国人大常委会三十次会议制定通过了《中华人民共和国产品质量法》(以下简称《产品质量法》)。该法并非严格意义上产品责任的单独立法,其内容以中国政府监管产品质量的规定为主,同时也包含了大量的产品责任法律规范。

《产品质量法》的施行,对于遏制假冒伪劣产品泛滥、保护消费者的合法权益起到了一定的作用,但中国所面临的产品质量和安全问题依旧严峻。2000年7月8日,九届全国人大常委会十六次会议通过了《关于修改〈产品质量法〉的决定》,该决定主要强化了产品质量的行政管理和行政责任,并适当扩大了产品责任中关于人身伤害的赔偿范围。《产品质量法》是中国目前关于产品责任的最主要的法律渊源,此外关于产品责任的规定还可散见于各相关法律法规中,如中国《消费者权益保护法》《食品卫生法》等。

(二)《产品质量法》的主要内容

1. 产品

《产品质量法》第2条规定,本法所称产品是指经过加工、制作,用于销售的产品。建设工程不适用本法规定;但是,建设工程使用的建筑材料、建筑构配件和设备,属于前款规定的产品范围的,适用本法规定。根据上述规定,可以看到中国对产品的范围界定比较狭窄,主要是指加工过的、用于销售的动产,不动产和原始农产品并不包含在内。此外,对于一些特殊的产品,如电、输血用的血液等,是否包含在上述的产品定义中,《产品质量法》并未作明确的规定。[①]

2. 缺陷

《产品质量法》第46条规定,本法所称缺陷,是指产品存在危及人身、他人财产安全的不合理的危险;产品有保障人体健康和人身、财产安全的国家标准、行业标准的,是指不符合该标准。中国对产品缺陷的定义采用双重标准,前一标准,即产品缺陷是指产品含有不合理的危险;后一标准,即在有国家标准或行业标准的前提下,缺陷是指产品不符

[①] 1999年,河南省南阳市中级人民法院在一起输血感染艾滋病的案件中,认定输血用血液不符合《产品质量法》第2条的产品定义,因此不是"产品"。参见梁慧星:《中国产品责任法——论假冒伪劣之根源和对策》,载《法学》,2001(6)。

合该标准。前一标准的规定基本与欧美国家的缺陷定义相同,但对于后一标准,欧美国家在其缺陷定义中基本没有规定。在欧盟的《产品责任指令》中,产品执行国家强行性法律规定是作为产品责任的免责理由之一。

3. 责任主体和归责原则

我国《产品质量法》将产品责任的承担者限定在产品的生产者和销售者。在产品责任的认定上,《产品质量法》对生产者和销售者采用了不同的归责原则。根据《产品质量法》第41条和第42条的规定,产品生产者对于缺陷产品所造成的损害承担严格责任,而产品销售者则承担过错责任,即如果产品的缺陷是因为销售者的过错所致,销售者应承担赔偿责任。但是,如果销售者不能指明缺陷产品的生产者也不能指明缺陷产品的提供者,即使销售者对产品缺陷没有过错,也应当承担赔偿责任。虽然,生产者和销售者的归责原则不同,但两者对消费者因缺陷产品所遭受的损失须承担连带责任,也就是说,销售者即使对产品缺陷没有过错,消费者亦可以要求销售者赔偿,只不过销售者可以就支付的赔偿向生产者进行追偿。《产品质量法》如此规定,有利于充分保护消费者的利益。

4. 损害赔偿的范围

根据《产品质量法》第44条的规定,损害赔偿的范围包括财产损失和人身伤害。对于因产品存在缺陷造成受害人财产损失的,侵害人应当恢复原状或者折价赔偿;如果受害人因此还遭受其他重大损失的,侵害人亦应当赔偿损失。其他重大损失主要是指受害人因财物毁损所导致的经济损失,应该包括"可得利益"的损失。对于人身伤害赔偿,应当包括医疗费、治疗期间的护理费、因误工减少的收入等费用的赔偿;如果造成受害人残疾的,还应当支付残疾者生活自助具费、生活补助费、残疾赔偿金以及由其扶养的人所必需的生活费等费用;如果造成受害人死亡的,并应当支付丧葬费、死亡赔偿金以及由死者生前扶养的人所必需的生活费等费用。上述赔偿费用中,残疾赔偿金和死亡赔偿金在中国属于精神损害赔偿的范畴,[①]但对于缺陷产品给受害人造成的其他精神损害是否给予赔偿,《产品质量法》没有作明确的规定。此外需要明确的是,在损害赔偿的原则上,《产品质量法》采用的是补偿原则,没有设定惩罚性赔偿。

5. 免责事项

根据《产品质量法》第41条的规定:生产者能够证明有下列情形之一的,不承担赔偿责任:

(1) 未将产品投入流通的;

(2) 产品投入流通时,引起损害的缺陷尚不存在的;

(3) 将产品投入流通时的科学技术水平尚不能发现缺陷的存在的。该规定与欧盟《产品责任指令》规定的免责事项基本相同。

---

① 最高人民法院2001年发布:《关于确定民事侵权精神损害赔偿责任若干问题的解释》(法释2001年7号)。

6. 诉讼时效

产品责任损害赔偿请求权的诉讼时效期间与我国民法规定的普通诉讼时效期间相同,即为2年,自当事人知道或者应当知道其权益受到损害时起算。

第二节 美国产品责任法

美国是联邦制国家,由于联邦宪法对联邦政府立法权的限制,美国产品责任法的正式法律渊源主要表现为美国各州的普通法判例,以及各州的相关制定法。为了统一各州的产品责任法,美国商务部于1979年公布了《统一产品责任示范法》(The Model Uniform Product Liability Act, MUPLA)以供各州采纳使用,但至今只有极少数几个州全部采纳。[①]

相反,对美国各州立法和司法判例具有重大影响的,则是美国法学会编纂的《法律重述》。1965年,美国法学会颁布了《侵权法重述二》。《侵权法重述二》关于产品责任的核心条款,是其第402A条款。该条款彻底否定了产品责任诉讼的契约原则,同时确定了产品责任的归责原则为严格责任。严格责任理论迅速在美国各州流行,并为绝大部分州所采纳,成为产品责任归责理论的主导。严格责任对消费者权益的保护非常有利,但在随后的发展中,严格责任逐渐向低效率的绝对责任发展,对产品生产者或销售者的责任要求越来越严格,抗辩的理由也越来越狭窄,从而导致企业生产成本的增加和经营风险的加剧。

到20世纪90年代,修改《侵权法重述二》第402A条款的呼声日见高涨。1997年5月,美国法学会颁布了《侵权法重述三》[②]。《侵权法重述三》包括四章共21条。《侵权法重述三》对《侵权法重述二》第402A条款所确立的严格责任原则作了重大的修改,限制了严格责任适用的范围,并力图对产品责任的相关主要问题做出清晰的整理和阐释。

一、产品责任的重要术语

(一) 产品(products)

由于涉及严格责任的适用,因此对产品进行界定,成为产品责任法的首要问题。美国《统一示范法》第102条(C)项规定:"'产品'是指具有内在价值的,为进入市场而生产的,能够作为组装整件或作为零部件而交付的物品。但人体的组织器官包括血液及其组成成分除外。"

[①] [美]罗伯特·考特,托马斯·尤伦:《法和经济学》,张军等译,623、624页,上海,上海三联书店,上海人民出版社,1994。

[②] 《侵权法重述三》的报告人为 James A. Henderson and Aaron D. Twerski,张学森《国际商法》(中英文双语版),上海,复旦大学出版社,2009。

此外,《侵权法重述三》亦对产品作了定义,其第19条规定为《侵权法重述三》之目的:(a)产品是经过商业性销售以供使用或消费的有形动产。其他项目如不动产和电,当他们的销售及使用与有形动产的销售及使用足够类似时,也是产品,适用本《侵权法重述三》所述规则是适当的。(b)服务,即使是商业性提供的,也不是产品。(c)人体血液及人体组织器官,即使是商业性提供的,也不受本《侵权法重述三》规则的约束。[①]

依据上述定义以及美国各州的立法和司法判例,美国产品责任法中的产品范围,除了普通的有形动产外,还可以延伸到下列财产,诸如:①天然产品(natural products),如原材料、原始农产品以及染病的动物等;[②] ②无形动产(intangible personal property),如电和信息类产品。前者主要是指因电压不稳定而致损害;后者诸如书籍、地图、航行图等,因其中提供的信息错误而致损害;[③] ③不动产(real property),如出售和出租的房屋,尤其是批量生产的房屋。同时需要注意的是,虽然上述产品的范围非常广泛,但美国各州法院在部分案例上的判决和观点并非一致。

此外,《侵权法重述三》亦指出,产品不包含服务。但服务中提供的商品应属于产品的范围,如在航空运输中,航空公司提供给乘客的食品。最后,《侵权法重述三》中将人体血液和人体组织排除在产品责任的适用范围之外,基本代表了美国目前各州立法和司法实践的普遍观点。[④]

(二) 缺陷(defect)

缺陷是产品责任中的核心概念。如果产品没有缺陷,那么就不会产生相应的产品责任。对于缺陷,美国立法和司法实践中,同样没有一个统一的概念。《侵权法重述二》第402A条的规定,代表了美国对产品缺陷定义的普遍观点,该条第1款规定凡销售的缺陷产品对使用者或消费者或其财产具有不合理的危险,那么销售者应对最终使用者或消费者或其财产因此而遭受的实际损害承担责任。

可见,《侵权法重述二》把产品的缺陷定义为"不合理的危险"(unreasonable danger)[⑤]。就理论上而言,任何产品都有危险,但要构成产品责任法上所述的缺陷产品,

---

[①] 本节《侵权法重述三》的中文译文参考或引自:肖永平,龚乐凡,汪雪飞译:《侵权法重述(第三版):产品责任》,北京,法律出版社,2006。张学森《国际商法》(中英文双语版),上海,复旦大学出版社,2009。

[②] 例如Sease v. Taylor's Pels, Inc.,700 P.2D 1054 (Or. App. 1985)一案,宠物店出售的患狂犬病的臭鼬导致对宠物主人的伤害构成产品责任。

[③] 对于信息类产品,美国法院的观点比较复杂,一般认为书籍中的信息错误属观点错误,因此不应包括在产品的范畴之中,例如Wimerv. G. P. Putnam'8 Sons, 938 F.2d 1033 (9th Cir.1991)一案,蘑菇爱好者因信赖《蘑菇百科》一书的信息,采摘并食用蘑菇中毒;但地图和航行图中的信息错误类似于"一个破裂的指南针或不精确的高度计",属产品的范畴,例如Saloomey v. Jeppesen & Co., 707 F.2d 671 (2nd Cir.1983)一案飞机因航空图标示地形有误而坠毁。

[④] 肖永平等译:《侵权法重述(第三版):产品责任》。

[⑤] 对于产品缺陷的定义,《统一示范法》第104条的表述为"不合理的不安全"(unreasonably unsafe)《侵权法重述三》则在其第2条"产品缺陷的分类"所作的"报告人注释"中引入并推荐"非合理的安全"(not reasonably safe)这一概念,即缺陷产品是指产品不具有合理的安全性。参见肖永平等译:《侵权法重述(第三版):产品责任》,108~110页,北京,法律出版社,2006。张学森《国际商法》(中英文双语版),上海,复旦大学出版社,2009。

是指产品含有不合理的危险。

然而,如何界定产品是否含有不合理的危险,无论在美国的理论界还是司法实务界,始终是一个复杂而难解的问题。早期,美国各州法院多采用"消费者期望标准"(consumer expectations test)作为判断产品缺陷的标准,即产品是否满足普通消费者对产品合理的安全期望。进入 20 世纪 80 年代,美国法律界开始对消费者期望标准的适用进行反思。《侵权法重述三》的颁布,既体现了这一反思的成果,也反映了美国产品责任法今后的发展方向。

《侵权法重述三》在对产品缺陷进行分类的基础上,对于产品缺陷的认定,把"风险—效用比较标准"(risk-utility test)作为判断的主要标准,而消费者期望标准则只是作为判断的辅助标准,并不构成判断缺陷的独立标准。

对于产品缺陷的种类,美国产品责任法主要包括以下三种:

(1)产品的制造缺陷(manufacturing defect)。产品的制造缺陷是指产品存在与该产品的设计意图相背离的物理状况,从而使产品含有不合理的危险。

(2)产品的设计缺陷(design defect)。产品的设计缺陷是指产品虽然符合产品的设计意图,但该设计本身含有不合理的危险。

(3)产品的警告缺陷(warning defect)。产品的警告缺陷是指产品存在可以合理预见的危险,但产品的生产者或销售者没有提供必要和充分的产品使用说明或警告以降低或避免产品存在的危险。

(三)责任主体(persons liable)

从产品制造的分工合作,到产品的批发和零售,再到产品最终到消费者手里,需要经过很多环节。这意味着,在其中的各个环节的产品经营者,都有可能成为产品责任的承担者。

根据《侵权法重述三》第 1 条和第 20 条的规定,产品责任承担者可分为两类:其一是生产性销售商(manufacturing sellers),主要是指产品的生产者;[①]其二是非生产性销售商(nonmanufacturing sellers)和其他类型的产品分销者,主要是指从事产品销售或分销的销售者,包括产品的批发、分销和零售业者。此外,还可包括从事产品出租(product lease)的经营者、在销售——服务混合经营(sales-service combinations)中提供产品的经营者以及提供产品寄托(product bailment)的经营者。[②]《侵权法重述三》强调销售应为商业性销售,不包括非商业性销售或分销。销售的产品,包括商业活动中的赠品。

(四)权利请求者(claimants)

在美国产品责任法中,没有对产品责任的权利请求者做出统一的界定。但依美国各

[①] 需要注意的是,在美国产品责任法中,产品责任的承担者一般可以统称为销售者(sellers)。
[②] 提供产品寄托的经营者,诸如自助洗衣店的经营者,其应对因自助洗衣机的缺陷所造成的损害承担产品责任。

州的司法实践,在产品责任案件中,凡是其人身或财产因产品缺陷遭受损害的受害者(victim)都有权向产品的生产者或销售者提出产品责任的权利请求,无论前者与后者是否有合同关系,因此亦包括可以合理预见的旁观者(reasonably foreseeable bystanders)。

二、产品责任的归责理论

产品责任的归责理论(doctrine of liability fixation)是指缺陷产品的生产者或销售者承担责任的责任基础(basis of liability);就裁判的角度而言,也就是指法官以何种责任理论来认定缺陷产品提供者的法律责任。

产品责任的归责理论是产品责任法中的核心制度。与世界上的其他国家相比,美国的产品责任归责理论最具代表性,其主要包含以下三种,即疏忽责任理论、担保责任理论和严格责任理论。

(一) 疏忽责任理论(doctrine of negligence)

疏忽责任是指产品的生产者或销售者因其在产品生产或销售过程中存有疏忽导致产品存在缺陷,从而应对消费者所遭受的损失承担产品责任。美国早期的产品责任理论受到英国判例的影响。[①]

(二) 担保责任理论(doctrine of warranty)

担保责任理论,是指产品的生产者或销售者违反对产品的品质担保义务而承担的责任。担保责任来源于合同法,销售者有义务保证出售产品的品质。担保可以分为明示担保(express warranty)和默示担保(implied warranty)。明示担保是销售者通过合同、广告、产品的说明、标签等明示的形式担保产品具有一定的品质。默示担保主要是指销售者担保产品具有可商销性(merchantability),即产品符合产品的一般使用用途(fitness for ordinary purpose)。默示担保其实质是销售者对产品所承担的法定义务,保证产品具有起码的品质和效用。

美国产品责任立法上的进展,主要体现在《美国统一商法典》中。《美国统一商法典》在1966年修订时,对于担保责任诉讼,提出了三个方案(alternative)供各州立法采纳:[②]

方案 A,销售者的担保,无论是明示或暗示的担保,其范围不仅涵盖合同的买方

---

① 温特伯特姆诉赖特案(Winterbottom v. Wright)要求产品责任诉讼的当事人必须要有合同关系。合同关系理论对于美国早期工业的发展起到了促进作用,但其对消费者权益的保护显然有其不利之处,如果受到缺陷产品损害的消费者不能证明其与产品的生产者或销售者之间有合同关系,那么即使消费者能够证明后者对产品缺陷存有疏忽,其权利请求依然不能得到支持。合同关系理论在美国的影响持续了七十多年,虽然其间在产品责任的个别领域突破了合同关系限制,如食品,但合同关系理论的真正突破要等到美国1916年麦克弗森诉别克汽车公司(MacPherson v. Buick Motor Co.)一案的出现。该案的基本案情是,被告别克公司将生产的汽车卖给零售商,零售商又将其卖给原告麦克弗森。之后因为轮子的缺陷,导致汽车倾覆,并致原告受伤。被告主要提出两项抗辩,一是原被告之间无合同关系;二是轮子并非由被告生产。但该案法官首先否决了产品责任诉讼须有合同关系的限制,并认为被告作为成品生产商有义务检验产品零部件的质量,应当发现其中的缺陷,因此认定被告疏忽责任成立。麦克弗森诉别克汽车公司一案确立了产品生产者的疏忽责任,并排除了合同关系的要求,由此将产品责任正式导入到侵权责任领域,为消费者的产品责任诉讼敞开了大门。

② See Uniform Commercial Code,2-318.

(immediate buyer),还包括买方的各家庭成员以及其他可以合理预见的使用、消费产品或受产品影响的客人。

方案 B,销售者的担保延伸至可以合理预见的使用、消费产品或受产品影响的任何个人(any individual)。

方案 C,销售者的担保延伸至可以合理预见的使用、消费产品或受产品影响的任何人(any person),并且销售者不能将责任仅局限于人身伤害赔偿。方案 C 意味着法人也可以成为担保责任诉讼的原告,并且如果受害人只是遭受财产损害也可以提出诉请。①

对于上述三个方案,美国大多数州的立法采纳了方案 A,亦有相当数量的州立法采纳了方案 B,少数几个州的立法采纳了方案 C。②

(三) 严格责任理论(doctrine of strict liability)

严格责任,是指对于产品存在的缺陷,即使产品的生产者或销售者不存在任何过错,也应当对缺陷产品所造成的损失承担赔偿责任。严格责任是一种无过错责任(liability without fault),③因此在该责任下,消费者证明的核心,在于产品的缺陷,而无须证明产品的缺陷是否由于生产者或销售者的疏忽所致。

严格责任理论对于消费者提起产品责任诉讼非常有利,但这并不意味着疏忽责任理论和担保责任理论的消失。相反,在美国产品责任诉讼中,还是有相当数量的案件,消费者选择疏忽责任或担保责任作为诉讼的责任基础,但毫无疑问的是,大多数的案件消费者选择的是严格责任。④

(四) 严格责任的发展和《侵权法重述三》的重述

严格责任理论为消费者的产品责任诉讼提供了非常有利的条件,但这也对美国产业的发展乃至相关的公共利益产生了重大的影响。《侵权法重述三》第 2 条对产品缺陷的界定,与严格责任的适用具有直接的关系。该条把产品缺陷分为三类,即制造缺陷、设计缺陷和警告缺陷。

对于制造缺陷,该条在(a)项予以规定:对于产品背离设计意图,即便在制备或销售产品过程中,(销售者)已经尽到了一切可能的注意,该产品即存在制造缺陷。而对于设计缺陷和警告缺陷,该条分别在(b)(c)作出了规定:

(b) 对于产品存在的可以合理预见的损害风险,如果销售者或其他分销者,或者他们在产业销售环节中的前手,可以通过采用合理的替代设计(reasonable alternative design)减少或避免该风险的话,而他们疏于采用该替代设计以致产品不具有合理的安全性,那么该产品即存在设计缺陷;

---

① 张学森:《国际商法》(中英文双语),上海,复旦大学出版社,2009。
② 参见屈广清等编著:《国际商法学》,331 页,北京,法律出版社,2003。
③ 虽然目前美国对严格责任的理解有分歧,但普遍的观点还是主张严格责任是一种无过错责任。
④ 具体情况参见张骐:《中美产品责任的归责原则比较》,载《中外法学》,1998(4)。

（c）对于产品存在的可以合理预见的损害风险，如果销售者或其他分销者，或者他们在产业销售环节中的前手，可以采用合理的说明或警告减少或避免该风险的话，而他们疏于采用该说明或警告以致产品不具有合理的安全性，那么该产品因缺乏适当的说明或警告而存在缺陷。

由此可见，《侵权法重述三》对于产品的制造缺陷采用的是严格责任，这与《侵权法重述二》的规定是相同的。但对于产品的设计缺陷和警告缺陷，消费者需通过证明产品存在更合理的替代设计或警告以减少或消除现存的危险，方可证明产品确有缺陷，进而方可要求生产者或销售者承担责任。[①] 总之，对于产品的设计缺陷和警告缺陷，《侵权法重述三》规则设置的目的"和基于过失的侵权责任达到的目的是相同的"，[②]这意味着生产者或销售者对此承担的是过错责任，而非严格责任。这一点是《侵权法重述三》对《侵权法重述二》的最大修改。

三、产品责任的抗辩（defense）

产品责任的抗辩（defense），是指产品责任人主张减轻或免除责任的理由。在美国立法和司法实践中，常见的抗辩主要有以下几种：

（一）不可预见性（unforeseeability）

不可预见性，是指产品含有不可预见的危险（unforeseeable danger）。

（二）业内技术发展水平（state of art）

业内技术发展水平，往往是指产品的设计，代表了产品投入流通时的业内最高水平。就产品缺陷的角度而言，"业内技术发展水平"意味着，当产品投入流通时，依当时的科学技术水平难以发现产品存在的缺陷。对此抗辩，多数法院持肯定态度。

（三）显而易见的危险（obvious danger）

显而易见的危险，或可称为众所周知的危险（generally known danger）。对于该类危险，"几乎所有的法院都认为产品的生产者没有义务对此提出警告"[③]。正如前文所述，如果要求对显而易见的危险提出警告，会降低警告总体上的有效性。

（四）产品固有的危险（inherent product danger）

很多产品含有天生的或固有的危险，该危险不可避免，比如一把刀，或含有天然副作用的药品。消除该产品的固有危险，可能会根本上改变产品的性质和功能。依产品缺陷的"风险—效用比较标准"，该项抗辩能够成立的产品，往往是因为产品的实际效用明显高于产品的固有危险；反之，如果危险低于效用，那么该项抗辩不能成立，而且其后果往往是该产品被逐出市场。

[①] 《侵权法重述三》认为，以合理替代设计来证明产品缺陷并非绝对，比如有些产品设计明显不合理，产品危险性高但效用低下，那么即使不存在合理的替代设计，仍可认定产品存在缺陷。参见肖永平等译：《侵权法重述（第三版）：产品责任》，20页，北京，法律出版社，2006。

[②] 肖永平等译：《侵权法重述（第三版）：产品责任》，18页，北京，法律出版社，2006。

[③] David Qwen：*American Products Liability Law Restated*，p.178.

（五）产品的误用和改造（product misuse and alteration）

消费者对产品的误用和改造并非罕见,因此而造成的损害,生产者能否免责,关键在于产品的误用和改造是否可以合理预见。

（六）合同中的免责或限制责任条款（disclaimers and limitations）

因为关涉公共利益和消费者权益的保护,美国法院不允许生产者或销售者通过在合同中订立免除责任或限制责任的条款来减免自身的责任。不过《侵权法重述三》允许一个有限的例外,即当消费者在获取充分信息和具备充分实力的条件下,承认减免责任条款的效力。①

（七）原告的过错（plaintiff's fault）

对于原告的过错行为能否成为生产者或销售者的抗辩理由,《侵权法重述二》主要考虑了两种情况：其一是共同过失（contributory negligence）；其二是自担风险（assumption of risk）。《侵权法重述二》第17条亦认为原告因产品缺陷所导致的损害,如果同时亦缘于原告没有尽到适当的注意义务,那么将减少原告的赔偿请求。目前,美国绝大多数州在产品责任诉讼中,采用比较过错原则来确定责任的分担,只是有些州采用的是纯比较过错（pure comparative fault）原则,即责任的划分,纯粹按照双方过错所占的比例；而有些州采用的是经过改造的比较过错原则（modified comparative fault）,比如多数州规定,如果原告负有超过50%的过错,那么他的赔偿请求将完全被禁止。②

四、损害赔偿

美国产品责任法中的损害赔偿范围,主要由美国各州的判例法所决定,因而其具体内容非常繁杂。但有一个突出的普遍特点,即相较于世界上其他国家,包括欧洲发达国家,美国产品责任诉讼判决的赔偿金额相当高,普通案件动辄几十万、上百万美元,个别案件甚至高达上百亿美元。③ 有时一个案件的判决足以构成对涉案生产企业的致命打击,甚至对整个产业产生重大影响。

美国产品责任法中的赔偿范围,一般包括如下内容。

1. 人身伤害赔偿（damages for personal injury）

人身伤害赔偿一般又可包括：①受害人已花费的和将来花费的必要的医疗费用；②因人身伤害而导致的间接经济损失,如收入损失及因收入能力的减退而导致的经济损失；③肉体痛苦和精神伤害（pain and suffering）,该项赔偿在全部赔偿金额中往往占很大的比例,这也是美国产品责任赔偿的一个特点；④受害人死亡后,其近亲属因此而遭受的损失,如抚养费、精神损害等。

---

① 肖永平等译：《侵权法重述（第三版）：产品责任》,375~376页,北京,法律出版社,2006。
② 肖永平等译：《侵权法重述（第三版）：产品责任》,364页,北京,法律出版社,2006。
③ 2000年,在一起几乎包含所有佛罗里达州吸烟者的集团诉讼中,案件一审中陪审团裁决的惩罚性赔偿金高达1450亿美元。这也是美国历史上裁决的最高赔偿金额。参见[美]史蒂文·L.依曼纽尔（Steven L. Emannuel）：《侵权法》（Torts）,349页。

2. 财产损害赔偿(damages for property damage)

该项赔偿的对象是缺陷产品以外的财产损失,不包括缺陷产品本身的损失以及因缺陷产品本身的损害所导致的间接损失。① 对于财产损害所导致的间接损失的赔偿问题,美国侵权法的规定比较复杂,需考虑该损失的可预见性、近因性、确定性等因素。一般情况下,美国法院支持该赔偿请求。

3. 惩罚性赔偿(punitive damages)

所谓惩罚性赔偿,是指侵权行为人实施侵权行为出于恶意或存有重大过失,因而法院在判令支付补偿性赔偿金的基础上,再要求侵权行为人向受害者支付额外的赔偿金。惩罚性赔偿是对侵权行为人的惩罚,从而达到抑制该类侵权行为的目的,构成美国产品责任法的一个重要制度。《统一示范法》第120条规定:"如果原告通过清晰且信服的证据证明,产品消费者、使用者或其他人所遭受的损害是因为销售者对产品安全所采取的轻率漠视的态度所致,那么原告将获得惩罚性赔偿。"

惩罚性赔偿在美国产品责任案件中被广泛应用,但法院在具体判决中一般需考虑下列因素:①销售者不当行为(misconduct)导致严重损害的可能性;②销售者对上述可能性的认知程度;③销售者因不当行为所能获得的非法利益;④销售者不当行为的持续时间和隐瞒程度;⑤销售者发现不当行为后所采取的态度,以及不当行为是否已经终止;⑥销售者的经济状况;⑦对销售者已经施加的或可能施加的其他惩罚措施的总体效果;⑧原告所遭受的损害是否源于原告本身对产品安全的轻率漠视。②

【法律阅读 7-1】

现代意义上的产品责任,是指产品的制造者或销售者因制造或经销有缺陷的产品,造成消费者或使用者的人身或财产损害而应承担赔偿的一种侵权责任。随着经济的发展和全球经济一体化,我国的进出口贸易日益频繁,其中工业制成品在我国进出口总额中的比重占一半以上,这些在给我国经济带来繁荣发展的同时,也引起了大量的产品责任纠纷。

美国现在已是我国第二大贸易伙伴,在两国进出口贸易中,因我国产品质量不合格或存在其他缺陷在国外引起的产品责任纠纷或国外进口产品在我国引起的产品责任纠纷数量逐年上升。其索赔额之巨大,从几十万美元到几百万美元甚至高达上亿美元,不仅使所得利润化为乌有,有时甚至使出口企业以破产告终。而美国的产品责任立法,在世界各国中起步最早、发展最迅速、最完善,并一直处于领先地位。这些客观情况,要求

---

① 《侵权法重述三》第21条评注d和e中谈到两个例证,如装配线上的传输带因缺陷而断裂,导致装配线停产,进而导致停产的利润损失,《侵权法重述三》认为这不属于产品责任的赔偿范围,可以通过合同法解决,因为这属于缺陷产品本身所导致的损失。但如果是因为一辆有缺陷的叉车失控撞毁传输带,进而导致停产的利润损失,《侵权法重述三》则认为这属于产品责任的赔偿范围,因为这属于缺陷产品以外的财产损害导致的间接损失。

② See MUPLA, Sec. 120(B).

我国进出口企业了解产品责任方面的国际惯例,尤其要熟悉美国的产品责任法及中美两国产品责任法的异同,以知己知彼,制定相应对策,力争避免产品责任诉讼或在诉讼发生后能审时度势,争取主动,最大限度地维护我方利益。

美国有一种非常特别的司法管辖原则,叫作"长臂管辖",也叫"长臂法"。这种管辖原则最初被规定在州法中,亦即各州都要求凡是该州居民的被告只要与该州有某种"最低限度的接触",该州法院就能对该被告享有对人的管辖权。根据美国1962年《统一州际和国际诉讼法》规定,只要具备下列情形之一的,即可构成"最低限度的接触":(1)在该州经营商业的;(2)通过签订合同在该州供应劳务或货物的;(3)在该州的作为或不作为造成侵权伤害,并在该州经常从事商业或招揽商业,或从事任何其他持续性的行为,或从在该州所使用或消费的商品或提供的劳务中获得相当收入的。由于美国这种"长臂法"的规定,被告在美国某州内只要做了某事或做过一次交易,就将他和该州的司法管辖连在了一起,甚至一个实际上从未在该州进行过交易的被告也可能受制于该州的司法管辖,只要其产品在该州被使用并由此造成损害就是以构成"长臂法"所要求的最低限度的接触。

美国的长臂管辖制度,不仅能在国内产品责任诉讼中更便于原告在受害地法院起诉,从而保护原告的利益,而且在涉外产品责任诉讼中亦有利于本国原告选择在本国法院起诉,从而根据其冲突法的指向适用本国法律。

可见,美国产品责任法的立法特点是侧重保护受害人的利益。这一原则适用于涉外产品责任诉讼中,必然导致无限扩大本国法律的域外效力,从而构成对他国法律效力的限制。

为防患于未然,在中美出口产品贸易中,建议我国出口企业注意采取以下措施预防产品责任。

首先,重视在出口产品的广告中预防产品责任风险。做广告是构成"最低限度联系"的一个重要因素。例如,在涉外产品责任案件的管辖权方面,美国各州都制定了"长臂法",以扩大州法院对外国公司的管辖权。行使长臂管辖权的主要依据是外国公司与该州有某种"最低限度的联系"。根据美国法院的判例,在法院地州做商业广告是构成最低限度联系的一个重要因素。因为做广告的行为表明该外国公司有加入该州市场的意图并希望该州的消费者购买其产品。因此,我们就要处理好推销产品与承担产品责任风险的关系。当企业向美国市场推出产品时,要采取相应的配套措施,防范或减少产品责任的风险。

其次,避免产品责任而采取相应市场营销策略。对外贸企业来说,既要打开和利用外国市场,特别是发达国家的市场,又不想承担产品责任的风险是很困难的。但这并非意味着企业在这方面无能为力,毫无文章可做。在对外贸易中,外贸企业可以根据自己的经营性质和法律地位,采取不同的营销策略来避免产品责任风险。

如果外贸企业是经销商,则可以采取以下对策:(1)尽量避免和产品责任法严厉的国家的市场发生直接联系。例如,我国外贸企业可以把产品出售给设在B国(产品责任法不完备)的英国公司,该英国公司又在英国把产品出售给美国的经销商,美国的经销商再把产品卖给美国境内的其他零售商,最终美国消费者从零售商处购得该产品。在这个假设的案例中,我国外贸企业与美国的唯一联系就是可能预见到产品最终在美国市场销售,这样就可能避免美国法院的管辖。但另一方面,这种间接销售是以利润的损失为代价的。(2)利用外国的诉讼制度转移产品责任风险。在美国,我们可以利用美国程序法中的要求诉讼第三人参加诉讼的制度。由于美国原告可以向美国境内的数个有支付能力的被告起诉,因此,一般不会直接向外国经销商起诉。这是因为适用外国法律和在外国起诉的不便会给原告的补偿带来不利影响。但是,美国法律允许被告根据"补偿"和"分摊"理论向第三者起诉。这就是所谓的要求诉讼第三当事人参加诉讼的制度。这种制度允许被告把原告没有提出请求的第三者引入诉讼,被告可以要求第三者承担被告对原告应承担的责任。这种制度要求被告与第三者有一定联系,从而在被告对原告负有义务时第三者对被告也负有义务。但是,第三者对被告的义务一般以双方合同为依据。因此,在合同中订入某些条款,经销商即可以避免因要求诉讼第三当事人参加诉讼的程序而卷入诉讼之中。我国外贸企业在和美商进行贸易往来时,可以在合同中约定,所有针对我国外贸企业的诉讼,将在中华人民共和国的法院进行。这样,当原告向美国零售商(其购得我国外贸企业出口的产品)起诉时,零售商就不能使用要求诉讼第三当事人参加诉讼的程序把我国外贸企业引入美国法院参加诉讼。

如果外贸企业是生产商,则可采取以下措施:(1)尽量与有关市场保持距离,不直接发生联系。例如,美国有的州法院开始越来越不愿意对没有直接在法院地销售产品的生产商行使管辖权。美国第一巡回上诉法院1986年在"多摩·罗德里格兹诉休斯飞机公司案"的判决中体现了这一立场。休斯飞机公司把直升机卖给经销商,经销商又转卖给受伤害的当事人。休斯公司曾在波多黎各招徕过生意,也曾做过广告。第一巡回上诉法院认为,休斯公司不受波多黎各的管辖,尽管原告购买飞机和受伤害都发生在该地。法院认为,休斯公司知道飞机公司将销往波多黎各不是预谋的。这笔交易只是"一颗分离的水珠",而不是"商业的溪流"涌进了波多黎各。这样,法院认定不存在对休斯公司的管辖权。当然这一措施并非万无一失。美国还有许多法院坚持认为,如果生产商的产品经常性地在法院地州销售,那么该外国生产商即受该州法院管辖。(2)利用要求诉讼第三当事人参加诉讼的程序。在美国,外国生产商也有可能通过要求诉讼第三当事人参加诉讼的程序而被引入产品责任诉讼当中。因此,作为生产商的我国外贸企业可以通过合同条款来避免卷入诉讼。例如,在合同中可以规定,任何针对生产商的起诉,均在中华人民共和国进行。对于这样的条款,外国法院一般承认其效力。

如果外贸企业只是生产零部件,则可采取的措施包括:第一,尽量生产可以装配到多种产品上的部件,而不生产专门组装到某一国的产品上的配件。根据美国法院的判例,部件生产商没有专门设计生产用于装配到销往美国的产品的部件,一般不受美国法院管辖。第二,美国法院的判例表明,外国部件生产商一般不受美国要求诉讼第三人参加诉讼的程序管辖。这样,主要产品的生产商如果以"补偿"或"分摊"理论为理由要求外国部件生产商承担责任时,外国生产商即可断然拒绝。对于美国法律的这一制度,我国外贸企业应该了解并充分利用。

再次,产品生产者和经营者尽管可采取各种缜密的防范措施,以避免发生产品责任,但要完全避免产品责任事件的发生几乎是不可能的。而在处理针对我方的涉外产品责任诉讼时,当涉及管辖问题,我方应该实事求是地决定是否应诉。产品责任案件属于侵权责任案件,根据国际私法的一般原则,该类案件通常应由侵权行为地法院管辖,就(出口)产品责任案件而言,所谓侵权行为地具体是指:造成损害之产品的设计制造地、包装检验地、运输仓储地、广告宣传地、出口销售地,以及出口产品损害结果发生地。收到传票后,我方如果发现受案法院并非上述任何"一地"法院的话,即可提出管辖错误抗辩并拒绝出庭应诉。

最后,产品责任的义务主体是致损的有缺陷产品的制造者或销售者等。为此,接到诉状后我方应确认诉讼标的产品(致损产品)是否确系我方生产或出口的产品,如果结果是否定的,我方自然无须承担产品责任。即使是我方生产或出口的产品,也要看是哪一家企业、公司生产或销售的。如果原告起诉状中未列明作为义务主体(即被告人)的致损产品的具体生产者或出口者,或者所列"被告人"并非目前收到传票之人时,我方均可拒绝应诉,因为在我国生产、出口同类产品的企业、公司可能是几家甚或多家,而这些企业或公司都是独立的法人,相互之间并不承担连带法律责任。具体来说,就是在几个或数个生产者、出口者中,谁生产或出口的致损产品,谁就应承担产品责任(当然,生产者与出口者之间还是要承担连带责任的)。

第三节 欧盟产品责任法

欧盟在产品责任立法方面,主要包括欧洲共同体理事会 1985 年颁布的《产品责任指令》和 1992 年颁布的《通用产品安全指令》。此外,还可包括欧洲理事会于 1977 年通过的《斯特拉斯堡公约》。[①]

---

① 《斯特拉斯堡公约》,全称为《关于造成人身伤害与死亡的产品责任欧洲公约》(European Convention on Products Liability in Regard to Personal Injury and Death)。该公约由欧洲理事会(Council of Europe)于 1977 年 1 月 27 日在斯特拉斯堡通过,然后供各成员国签署批准加入。根据该公约第 13 条规定,"本公约自第三份批准书、接受书或认可书交存之日起六个月后的第一月的第一天生效。"目前(截至 2007 年 5 月),该公约只有法国、比利时、卢森堡和奥地利四个签约国。

一、《产品责任指令》

欧共体理事会为了协调统一各成员国之间的产品责任法律,于1973年组织专家委员会起草制定欧共体各成员国统一的产品责任法。经过多年努力,欧共体理事会于1985年7月25日制定通过了欧洲经济共同体《产品责任指令》。该指令全称为《使各成员国产品责任法律相互接近的理事会指令》(以下简称为《指令1985》)。根据《指令1985》第19条的规定,各成员国有义务在《指令1985》颁布后三年内将指令的内容转化为国内法。《指令1985》的颁布,为欧盟各国的产品责任立法制定了相对统一的标准。

《指令1985》实施后,为了进一步提高产品责任的保护水准,应对部分领域的产品安全危机,欧盟议会和理事会于1999年5月10日通过了《修订指令85/374/EEC的指令1999/34/EC》(以下简称为《指令1999》)。《指令1999》共4条,内容围绕对《指令1985》第2条的修订,扩大了产品责任的适用范围。

(一) 产品

根据《指令1985》第2条的规定,产品是指所有的动产(all movables),包括组装在其他动产或不动产中的动产,此外包含电(electricity)。但《指令1985》强调动产不包括初级农产品(primary agricultural products)和狩猎物。因此,《指令1985》的产品范围,涵盖经过工业加工的动产,排除了不动产和未经过加工的天然农产品。

到20世纪90年代,随着疯牛病危机的发生,农产品安全成为欧盟各成员国关注的突出问题。为了让消费者重拾对农产品安全的信赖,进一步统一各成员国的法律,欧盟修订的《指令1999》第1条明确规定,产品包含所有的动产,而没有任何的例外规定。这也就意味着把初级农产品和狩猎物纳入"产品"的范围,并且不允许各成员国对此提出保留或排除适用。

(二) 缺陷

根据《指令1985》第6条的规定,如果一个产品不能提供人们有权期待的安全性,产品即为有缺陷。产品的缺陷不在于产品是否适合使用,而在于产品是否满足一般大众对产品的安全期待。

在界定产品是否具有缺陷的问题上,《指令1985》指出,应将所有相关因素考虑在内,包括:①产品的使用说明;②可以合理预见的产品使用状况;③产品投入流通的时间。此外,《指令1985》前言指出,在缺陷的认定上应排除消费者对产品不合理的误用,这意味着产品的合理误用所产生的危险应作为认定产品缺陷的考虑因素之一。

(三) 责任主体

根据《指令1985》第3条的规定,产品责任的承担者是指产品的生产者。生产者具体又包括:①成品生产者(manufacturer of a finished product);②原料生产者或零部件生产者;③通过在产品上标明其姓名、商标或其他可辨识的特征,表明其为生产者的任何人;④在不减损产品生产者责任的情况下,任何将产品输入欧共体市场用于销售、租用、出租或任何形态之商业销售者,都将被认为本指令意义上的生产者,并将承担与生产者相同之责任;①⑤如果生产者不能被确认,产品的供应商(supplier)将被视作生产者,除非在合理的时间内,其能够向消费者告知生产者或向其提供产品的供应商的身份。此规定同样适用于上述④情况中的进口产品,即使在产品上标有生产者,但如果供应商不能向消费者提供产品进口商或向其提供产品的供应商的身份,其将被视作生产者。

此外,根据《指令1985》前言所述,对于缺陷产品给消费者造成的损害,如果有两个以上的责任承担者,他们将承担连带责任。

（四）归责原则

《指令1985》规定产品责任的归责原则为无过错责任(principle of liability without fault)。受害者提出赔偿请求,只需证明产品存在缺陷、缺陷产品所造成的损害以及两者之间的因果关系,而无须证明生产者是否存有过错。

（五）责任的免除或减轻

根据《指令1985》第7条的规定,如果生产者能够证明存有下列情况,则不承担责任: ①生产者尚未将产品投入流通;②根据情况表明,造成损害的缺陷很可能是在产品投入流通时并不存在或者是在产品投入流通后形成的;③产品并非用于销售或以经济为目的的任何形式之分销,也并非由生产者在商业经营过程中制造或分销;④产品的缺陷是由于执行政府的强制性法规所致;⑤依产品投入流通时的科学或技术水平无法发现缺陷的存在。此规定,即所谓产品的发展缺陷(defect of development),可以作为生产者免责的抗辩理由;⑥之于零部件生产者,零部件产品缺陷因为须符合成品之设计或依照成品生产者的指示所致。此产品缺陷其实并非产品零部件之缺陷,而是成品存在缺陷,因此零部件生产者无须承担产品责任。

同时,《指令1985》指出,产品存在缺陷造成损害,产品生产者的责任不能因为损害的造成部分是由于第三人的行为或疏忽所致而受影响或减轻;但是,依情况考虑,如果损害的造成,亦可归因于受害人自身的过错(contributory negligence),生产者的责任可以相应的减轻甚至免除。此外,根据《指令1985》第12条规定,生产者对受害人应承担的责任,不能依据任何免除或限制生产者责任的条款而减轻或免除。该条规定主要针对生产者利用不合理的格式条款,规避法定的责任,从而损害消费者的合法权益。

（六）损害赔偿

根据《指令1985》第9条的规定,损害包括人身伤害和财产损害。

对于人身伤害,其具体的赔偿项目,《指令1985》没有作出规定,只是特别提到,本指令不影响各成员国规定受害者可以提出精神损害赔偿(compensation for pain and suffering

---

① 本项规定旨在更好地保护消费者的权益,从而把非欧盟生产商生产的产品进入欧盟市场的第一进口商视作是产品的生产者,使消费者在欧盟领域内更为便利地展开产品责任诉讼。当然在发生产品责任的情况下,欧盟的消费者亦有权选择非欧盟的生产商作为产品责任的承担者。

and other non-material damages),而且《指令1985》也没有对赔偿的最高限额做出规定,而是允许各成员国自行决定。但《指令1985》第16条规定,对于同类产品的相同缺陷(identical item with the same defect)所导致的损害,各成员国规定的赔偿限额,不得低于7 000万欧洲货币单位(ECU)。

对于财产损害,《指令1985》规定财产损害不包括缺陷产品本身,并对缺陷产品以外的其他财产的损害,规定了赔偿的门槛,即该财产损害不得低于500欧洲货币单位。《指令1985》亦指出,损害的财产,须是消费者用于私人使用或消费的产品。

(七) 诉讼时效

根据《指令1985》第10条的规定,原告提起赔偿请求的诉讼时效为3年,从原告知道或应当知道损害、缺陷和生产者的身份之日起计算。但是如果自缺陷产品投入流通后10年内,受害者没有提起诉讼请求,那么受害者将不再享有此权利。

二、《通用产品安全指令》

为了确保投放于市场的产品达到足够的安全,从而保护消费者的合法权益和公共健康,并促进欧盟市场内部法律规则的统一,消除欧盟市场内部自由贸易的障碍及对竞争的扭曲现象,欧共体理事会于1992年6月29日颁布了《通用产品安全指令》(Council Directive 92/59/EEC on general product safety)。该指令实施后,欧盟议会和理事会于2001年12月3日颁布了修订后的《通用产品安全指令》(Directive 2001/95/EC of the European Parliament and of the Council on general product safety,以下简称《指令2001》),该指令于2002年1月15日生效,2004年1月15日正式实施。《指令2001》的实施,不仅提高了欧盟各成员国的产品安全水准,同时对非欧盟国家进入欧盟市场的产品,提出了更高的安全要求。①

《指令2001》包括前言、正文(共7章24条)和附件,内容主要包括指令的适用范围、生产者和销售者的产品安全义务和各成员国执行产品安全措施的相关义务和相关职权等。

(一)《指令2001》的适用范围

《指令2001》的适用范围,主要涉及对产品、安全产品、生产者和销售者的定义。

1. 产品

根据《指令2001》第2条(a)项的规定,产品包括任何产品(any product),如果产品是通过商业活动意图提供给消费者使用,或者并非意图提供给消费者,但在可以合理预见的情况下,使消费者获取使用的产品,而且不论消费者获取产品是否支付对价

---

① 例如,在2002年,欧洲标准化委员会公布打火机的CR(Child Resistant)标准,打火机CR标准即指打火机需要加装防止儿童开启的装置,该标准针对售价2欧元以下的廉价打火机。该标准一旦正式实施,将对中国的打火机出口造成不小的冲击。通过磋商,2003年年底,欧盟委员会决定暂不将打火机CR标准作为欧盟《通用产品安全指令》的参考标准。但在2006年5月11日,欧盟委员会公布决议(Decision 2006/502/EC),要求各成员国采取措施确保只有加装防止儿童开启装置的打火机进入欧盟市场。

(consideration),也不论产品是否是新的、使用过的或修理过的。《指令2001》对产品范围的界定是非常广泛的,但其对两种"产品"作了特别规定。

其一,关于二手产品(second-hand products)《指令2001》的适用包含二手产品,但如果二手产品是作为古董而提供的,或者供应商明确告知消费者,该二手产品在使用前是需要经过修理的,则《指令2001》不适用于该二手产品。

其二,关于服务(service)《指令2001》前言指出,服务过程中提供的产品,应属于本指令所指的产品,如美容服务商提供的美容产品,但对于服务过程中使用的设备,本指令不包含,尤其是那些由服务提供者操作,供消费者乘坐或旅行的设备,如汽车、飞机等,因为该设备的安全与服务提供者所提供的服务安全是相关联的。由此可见,欧盟目前将产品安全和服务安全是分别考虑的。

2. 安全产品(safe product)

根据《指令2001》第2条(b)项的规定,安全产品是指,产品在正常使用或可以合理预见的使用情况下,不构成任何危险(risk)或只构成最低程度的危险。所谓最低程度的危险,是指该危险是与产品的使用相共存的(compatible),并且是可以被接受的,同时亦与对公众安全与健康的高水准保护的要求是相一致的。而不符合安全产品定义的产品,即可称为"危险产品"(dangerous product)。

在认定产品是否安全的问题上,除了上述的定义,《指令2001》认为,需特别考虑下列因素:①产品的性质,包括产品的成分、包装、产品的安装与维护说明等;②在可以合理预见的情况下,产品与其他产品混合使用所产生的效果;③与产品相关的指示和信息,如产品的描述、标签、警告、使用和处置的说明等;④因使用产品而处于危险的消费者的类别,特别是老人和儿童。但《指令2001》亦指出,不能以有更安全产品的存在而作为认定产品存在危险的理由。

3. 生产者(producer)

《指令2001》所指的生产者包括:①在欧共体内设立的产品制造商;任何通过在产品上加贴其名称、商标或其他显著性标记,表明其为产品制造商的人;或者修理产品的人;②如果产品制造商并非在欧共体内设立,那么其代表机构(representative)作为生产者;如果其在欧共体内又没有设立代表机构的,那么进口商作为生产者;③在产品流通环节中的其他执业者(professionals),只要他们的行为可能会影响到产品的安全性能。

4. 销售者(distributor)

《指令2001》所指的销售者是指,在产品流通环节中,对产品安全性能不构成影响的任何执业者。需要注意的是,《指令2001》对于生产者与销售商的区别,关键在于他们的经营行为是否会构成对产品安全性能的影响。① 因此,一个传统意义上的销售商,如果其销售行为改变了产品的安全性能,如通过改变产品的使用说明等,则将被视作《指令

---

① 杜志华:《欧盟通用产品安全法律制度初探》,载《现代法学》,2003(6)。

《2001》概念上的生产者。

（二）生产者和销售者的产品安全义务

生产者和销售者的基本义务是确保只将安全产品投放市场。同时，《指令2001》第5条又分别规定了生产者和销售者的其他义务。

1. 生产者的义务

其一，生产者提供信息的义务。生产者应向消费者提供相关信息，以便让消费者在合理的时间内对于产品的固有危险（inherent risk）做出评价并采取相关的预防措施。其二，生产者对产品安全实施监督的义务。此项义务的实施，首先要求生产者应该建立一个畅通的信息渠道，以便让生产者能够被告知产品可能引发的危险，比如在产品或产品包装上，标示生产者和产品的详细信息，以及生产者对已经投放市场的产品进行抽样检测、调查、建立消费者投诉登记制度等；其次，根据产品的性质和危险，生产者应采取适当的措施避免危险的发生，包括从市场撤回产品，或对消费者做出充分有效的警告，或者召回产品。① 此外，《指令2001》强调，单纯的警告并不能免除生产者依本指令所应承担的其他义务。

2. 销售者的义务

《指令2001》所规定的销售者的安全义务主要是一种辅助义务。销售者应该尽合理的注意义务（due care）确保产品安全，特别是不应销售其已经知道或应当知道的不符合安全要求的产品，并积极参与对市场产品的安全监控，传递产品危险的相关信息等。

此外，《指令2001》要求生产者和销售商应该与各成员国有关机构就产品安全互通信息、积极合作。总之，《指令2001》对生产者和销售者各项义务的规定，旨在确保欧盟市场产品的安全，防止危险产品的进入，并通过各种措施以便能迅速有效地将危险产品清除出欧盟市场。

第四节　产品责任的国际立法

由于各国在经济发展水平和法律制度方面的巨大差异性，目前在产品责任实体法方面，除了欧盟的区域性立法外，尚未产生统一的国际性公约。但是，由海牙国际私法会议制定的《产品责任法律适用公约》，在解决产品责任冲突法方面的问题上，具有重要意义，

---

① 根据《指令2001》的规定，撤回（withdrawal）和召回（recall）的区别主要是，撤回所涉及的危险产品已经进入市场，但还未被消费者获取；但召回所涉及的危险产品已经进入消费者手中。《指令2001》亦指出，召回是作为生产者防范危险的最终手段（last resort），也就是当其他措施不足以防范危险的发生时，生产者方才自愿或依政府的命令召回产品。

发挥了重要作用。

《产品责任法律适用公约》(Convention on the Law Applicable to Products Liability,以下简称《海牙公约》),由海牙国际私法会议①于 1973 年 10 月 2 日制定通过,自 1977 年 10 月 1 日起生效。截至 2010 年 8 月,共有 11 个国家已经成为《海牙公约》的缔约国 (contracting states)②。《海牙公约》虽然只是一部产品责任的冲突法公约,但在统一的实体法公约难以建立的情况下,其制定的产品责任准据法适用的冲突法规则,能够在一定程度上减少跨国产品责任诉讼的不确定因素,有利于跨国产品责任案件的最终解决。

一、《海牙公约》的适用范围

《海牙公约》在前言中指出,公约意图对于产品责任的国际诉讼,建立普遍的准据法适用规则。因此,"公约只是关涉法律的选择,并不意图对产品责任的实体法规则施加任何的影响。"③也就是说,《海牙公约》对产品责任的界定,以及一些相关术语的定义,如"产品""损害"等,并非从产品责任实体法的角度来考虑,而是从扩大或限制《海牙公约》的适用范围、确定准据法适用的角度来考虑的。

《海牙公约》的适用范围,规定在第 1 条至第 3 条。根据《海牙公约》第 1 条的规定,公约适用于产品责任准据法的确定,产品责任的范畴系指产品生产者或其他人对于产品所造成的损害,包括因为产品的错误描述(misdescription)以及对于产品质量、性质或使用方法缺乏充分的警示而致损害,而产生的责任。但是如果产品的所有权或使用权是由责任人直接转让给受害者的话,那么它们之间的责任不适用《海牙公约》。

由此可见,《海牙公约》不适用于具有合同关系的生产者与消费者之间产生的产品责任,尽管从产品责任实体法的角度,他们之间的责任亦属于产品责任的范畴。

《海牙公约》第 2 条主要对"产品"和"损害"做出了定义。出于公约的立法目的,产品是指一切产品,包括天然产品和工业产品(natural and industrial products)、制成品或非制成品(manufactured or raw products),以及动产或不动产(movables orimmovable)。

《海牙公约》所指的损害,包括人身伤害和财产损害以及相应的经济损失。对于产品本身的损失,以及因此而导致的间接损失(consequential economic loss),《海牙公约》不适用,但是如果上述损失与其他损失相关联(association)的话,《海牙公约》适用于该损失。④

---

① 海牙国际私法会议(Hague Conference on Private International Law, HCCH),为政府间国际组织,共有六十多个成员国,包括中国。
② 签约加入《海牙公约》的国家共有 14 个,但其中有 3 个国家尚未批准《海牙公约》,已经批准《海牙公约》的国家包括法国、荷兰、卢森堡、挪威等国。
③ See W. L. M. Reese, 1974, Explanatory Report on the 1973 Hague Products Liability Convention, HCCH Publications, from: www.hcch.net.
④ 例如,某人驾驶一辆汽车去签订合同,途中汽车因产品缺陷而垮塌,从而导致汽车本身的损失和合同利益的损失,对此损失即属《海牙公约》所指的产品本身的损失和因此所致的间接损失,《海牙公约》不适用;但是如果此间,驾驶者本人亦遭受到了人身伤害,哪怕是轻微的人身伤害,因此受害者提出的赔偿请求包含上述所有的损失,那么《海牙公约》适用于上述损失,因为此时汽车损失和合同损失与其他损失(人身伤害)产生了关联。See W. L. M. Reese, Explarmtory Report on the 1973 Hague Products Liability Convention.

同样需要注意的是，上述损失能否得到赔偿是准据法所解决的问题，《海牙公约》只是确定上述诉讼是否属于《海牙公约》冲突法规则调整的范畴。

《海牙公约》第3条规定，产品责任主体，既包括法人，也包括自然人。具体包括：①成品生产者和零部件生产者；②天然产品的生产者；③产品供应商；④产品修理者、保管者（warehouseman），以及在产品制备和销售的商业流通环节中的其他人。此外，上述人员的代理人和雇员亦属于《海牙公约》的调整范围。

二、准据法的确定

《海牙公约》第4条至第7条规定了确定产品责任准据法的规则。在这个问题上，《海牙公约》设计的冲突法规则有一个明显的特点，即由两个以上的连结点来确定适用的准据法，单独的连结点不具有决定性的作用，以此保证所适用的准据法与案件有较为密切的联系，防止偏颇。

《海牙公约》在确定准据法时，主要设置了四项规则：

（1）根据《海牙公约》第4条的规定，准据法为损害地（place of injury）所在国的国内法，如果该损害地所在国同时又是下列所在地之一：①直接受害人（the person directly suffering damage）的经常居住地；或②被控责任人（the person claimed to be liable）的主要营业地；或③直接受害人的产品获取地。

（2）根据《海牙公约》第5条规定，准据法为直接受害人经常居住地所在国的国内法，如果该所在国同时又是下列所在地之一：①被控责任人的主要营业地；或②直接受害人的产品获取地。

上述两项规则，在设置上有先后顺序，《海牙公约》首选考虑的准据法是损害地法。但是《海牙公约》亦赋予了受害人一定的选择权，即在满足条件的情况下，例如，损害地和产品获取地为同一国家，而受害人经常居住地和责任人主要营业地又同在另一国家，受害人可以在损害地法和受害人经常居住地法之间进行选择。同时，上述两项规则基本涵盖了绝大多数的案件，但也难保发生例外，如四个连结点分处于四个不同的国家。

（3）根据《海牙公约》第6条的规定，在上述（1）（2）两项不能适用的情况下，准据法为被控责任人主要营业地所在国的国内法，除非权利请求人提出的权利请求是基于损害地所在国的国内法。这项规定，对于受害人而言，在准据法的选择上还是存有一定的余地，即他可以在责任人主要营业地法与损害地法之间进行选择。

（4）根据《海牙公约》第7条的规定，即使按照《海牙公约》第4～6条的规定本应适用损害地所在国法或适用受害人经常居住地所在国法的情况下，如果被控责任人能够证明他不可能合理地预见产品会经由商业渠道进入上述国家，那么上述国家的国内法将不被适用。本条规定给了责任人一个有条件的排除适用损害地法或受害人经常居住地法的机会，如果排除适用能够成立的话，那么责任人主要营业地所在国的国内法将被适用。

此外，《海牙公约》对于准据法的选择和适用，还有一些其他规则，如《海牙公约》第

10 条规定,如果确定的准据法与本国的公共政策(public policy)相违背的话,法院有权拒绝适用该准据法。

三、准据法的适用范围

《海牙公约》第 8 条列举了准据法的适用范围,即准据法所能解决的问题,具体包括:①责任的条件和范围;②免除责任、限制责任和责任划分的理由;③可予赔偿的损害种类;④赔偿的形式和范围;⑤损害赔偿的权利是否可以转让或继承的问题;⑥依自己的权利可以要求损害赔偿的人。比如,受害人死亡后,其家属遭受损失而导致的求偿权利问题;⑦委托人对其代理人的行为或雇主对其雇员的行为承担责任的问题;⑧举证责任;⑨关于时效的规定(rules of prescription and limitation),以及关于时效起算、中断和中止的规定。

思 考 题

1. 产品责任的术语有哪些?
2. 为什么各国要完善产品责任的相关法律?
3. 简述产品责任的风险划分。
4. 我国在产品责任相关法律中的努力,有哪些成效?

第八章　国际环境法律

国际环境法律,是调整国际自然环境保护的国家间相互关系的法律规范的总称,是当代国际法中的一个新领域。国际环境法是由各国为了保护自然环境而缔结的一系列条约组成,1972年在瑞典斯德哥尔摩举行联合国人类环境会议以后,才真正形成的,因此斯德哥尔摩人类环境会议是国际环境法诞生的标志。学习本章内容,要求了解和掌握环境与社会经济的关系,以及环境法在当代社会中的重要地位。

第一节　环境与人类

Contemporary efforts to comprehensively protect the environment date back only to 1968, when the United Nations adopted Resolution 2398 convening the Stockholm Conference on the Human Environment. In 1972, the Conference issued the Stockholm Declaration, adopting a list of principles that define both new human rights and new state responsibilities. Among the recommendations of the Stockholm Conference was a proposal that the United Nations General Assembly create a United Nations Environment Program (UNEP). This the Assembly did in December 1972. Since its beginning, UNEP has been active in monitoring the earth's environment, drafting international and regional treaties, and adopting recommended principles and guidelines.

Twenty years after the Stockholm Convention, the United Nations Conference on the Environment and Development (UNCED) convened in Rio de Janeiro in June 1992. The Rio Declaration reaffirmed the principles set forth in the Stockholm Declaration. In addition, it linked protection of the environment and development as related goals.

国际环境法是国际社会经济发展,特别是人类环境问题发展的产物。大约在1940年以前,环境污染还只是一种区域性的污染;而最近四十年中,由于工农业生产突飞猛进,已逐渐发展为全球性的环境污染与破坏。这种环境污染与破坏不仅降低了大气、水、土地等环境因素的质量,直接影响到人类的健康、安全与生存;而且造成资源、能源的浪费、枯竭与退化,影响到各国的经济发展。环境污染与破坏所造成的危害,具有流动性、广泛性、持续性及综合性等特点,从而发生全球性的相互联系,以致各国都要承受污染危害。所以,解决国际自然环境的污染与破坏的问题,就要求有国际环境法来调整和制裁。

当前,环境保护已成为举世瞩目的一个重大课题。为了人类千秋万代的幸福与健康,为了确保社会经济的持续发展,各国人民要求加强自然环境保护的呼声日益高涨,形成推动国际环境法迅速发展的强大力量。与此同时,保护环境的国际机构也纷纷成立,至今已有一百多个。如1948年成立的国际自然和自然资源保护联合会,1972年成立的联合国环境规划署等。这些国际组织是现代国际环境保护中重要的合作的法律形式,它们的活动与决议,为国际环境法的制定与健全提供了条件。由于存在一种与地理环境资源相联系的经济关系,又因大气、水域污染是流动的,无论哪一国都不能单独取得切实持久的环境保护效果,以及解决诸如全球性气候恶化等类综合问题。于是消除污染保护环境与合理利用资源这些任务,便成了促使每个国家在国际交往中不得不考虑的问题,从而推动着不同类型国家之间在环境保护领域的合作。目前,环境保护领域中的国际合作政策已成为各国对外政策的一个组成部分,这就使国际环境法的不断发展有了保证。

近年来,国际环境法有了不同寻常的发展。大规模的国际环境灾害频频爆发,例如切尔诺贝利核灾变事故、山德士(Sandoz)化学物质流入莱茵河事件、"埃克森瓦尔迪兹号"油轮石油泄漏事件、波斯湾战争石油泄漏事件。与此同时,对臭氧层可能变薄和全球可能变暖的担心加剧了。围绕环境问题的各种"绿色"政治组织纷纷成立。因此,各国都积极制定环保法规和签订环保条约。虽然国际法在这一领域的发展没有那些几个世纪以来就一直是争论焦点的领域那样完备,但环境对商业活动的影响已越来越值得人们关注。

实际上,所有的人类活动都在某种程度上改变着环境。环境法的核心问题在于确定哪些改变环境的活动到了不可接受的程度。就像人类所有的判定一样,这些判定随做出判定的人的情况不同而不同。砍伐大片的森林对于巴西先驱而言是可以接受的,正如北美先驱——如亚伯拉罕·林肯——那样将伊利诺伊州和印第安纳州的广袤密林变成了平原地带的中心。但在20世纪末,大多数的北美人都发现巴西砍伐森林是不可接受的,然而没有人提出皮若亚(Peoria)森林再造的方案。

大多数人喜欢清洁而美丽的环境。然而并不是所有的事物都相同。贫穷国家更倾向于抵制广泛的国际环境法规,因为这些法规削弱了它们从初级生产流程中获利的能力。富裕国家则倾向于保护环境,这不仅因为它们能够负担得起,还因为它们能从中获得经济利益。实际上,有时富裕国家以环境和健康问题作为抵制外国竞争的借口。了解为什么各国对环保抱有不同的看法是了解传统的和新兴的法律补救措施动态的关键所在。

各国情况和观点的不同导致各自环境法的不同。首先,有关任何环境改变的成本收益分析在不同的国家往往不同。一个有可能从硫黄发电厂获益的国家比起它的邻国来说更可能认为发电厂对环境的影响是可以接受的,而邻国不仅没有从中受益,反而还会遭受酸雨的危害。其次,拥有更优越经济地位的国家更倾向于采用环保措施。例如,相对富裕的国家比起遭受严重灾荒的国家而言,更倾向于制定更多的法律来减少工业生产过程中产生的污染。再次,一些国家缺乏进行无污染生产的技术性基础设施。从严格的经济意义上来说,制定一个授权购买这样的技术性基础设施的法律体制,会极大地有利于生产和销售这种设备的较富裕国家,同时却阻碍了必须花费稀缺资源去购买这种设备的不发达国家的发展。最后,一些政府允许官员从环境规划中谋利。因此,如果行政官员从这些活动中得到大量好处,该国家也许在控制危险废物处理的过程中会十分宽松。

显然,以上许多因素促使较富裕的发达国家支持国际环境保护,而不发达国家则处于对立的立场。富有的"北方"和贫困的"南方"之间的分歧构成了在国际环境法有关的所有问题上的原则性分歧。

对于海外投资者而言,这种分歧意味着他们可以通过在环保限制较少的国家中建立分支机构而获利。如果一家钢铁厂在韩国设立,比起在要求有复杂的防污染设备的美国建厂要节省几百万美元。一个危险废物堆在加纳比在德国更容易形成,因为德国有一套更广泛的法律体系来保护地下水免受这些废弃物的污染。

即使在追求环保的发达国家中,这些刺激因素也仍然存在。因为大自然是不会有政治边界意识的。如果一个国家的邻国坚持生产氟化物,那么即使这个国家禁止氟化物的使用,也只能起到延长臭氧层耗尽时限的作用。如果其南方邻国——美国,不制定类似的法律,则加拿大反酸雨法并不能有多大的成效。而且,更糟的是,有环保意识的国家由于有环保法的限制,其产品相对于其他不太关心环保的国家而言较为昂贵,从而将自己置于一个不利的竞争地位。因此,环保主义者正通过国际争端解决办法、进口限制、多边协定等方式来寻求法律救济。

1972年联合国斯德哥尔摩人类环境会议全体会议通过《斯德哥尔摩宣言》,宣言提出,健康的环境是人类的一项权利,不得损害其他国家的环境,是一个国家应尽的责任。

【法律阅读8-1】

在决定一个项目是否进行下去的问题上,环境扮演了日益重要的角色。在发达国家,项目发起人已经习惯于看到项目因环保压力而受阻甚至搁浅。而现在,无论在世界上的任何一个地方,情况都是一样的。例如,在泰国的普吉岛,一家钽冶炼厂将要建成。银行家们对经济状况持乐观态度,合适的项目合作方已经到位,甚至连国际金融组织(IFC)也愿意给项目提供一笔直接贷款,然而当地居民并没有怀着同样的热情。出于对冶炼厂对当地环境破坏的恐惧,他们把工厂烧为平地。又如,在加拿大的沃伊斯海湾,一个世界最大的镍矿开发由于因纽特部落人民的反抗而被迫推迟一年进行。再如,美国的一家石油公司——西方石油公司,原本经哥伦比亚政府同意,将于3月开采哥伦比亚东北部的油田。然而,现在却有人以死相威胁阻止开采活动。这片地区的土著威胁说如果开采进行下去的话,他们将集体跳崖自杀。

环境风险,是项目面临的最大和最易变的风险。越来越多的项目发起人、律师、银行家不得不对这种不断变化的风险给予充分的重视。这可以从加拿大废地沃伊斯海湾得到证实。此外,在酷热的、黄沙蔽日的澳大利亚的沙漠中,矿山开发的投资者也因这种风险而得到了痛苦的体验。环境风险这一名词因其含糊的定义而有广泛的应用。正是一件上升到环保高度的小事使得项目夭折。

认识是没有边界的

环境风险不仅仅是指项目直接或间接地破坏环境,而且,更普遍地来说,还指项目本身面临的在环保运动者推动下建立起来的环境法规所带来的风险。环境风险可分为两种:一种是物质风险,又称绿色风险。这种风险是直接风险,包括项目给环境造成的直接风险和相应的环境影响项目可行性的直接风险。另一种风险是间接的,更难以消除或预测的风险。这种风险包括项目之间的全球关系,以及项目与其他影响该项目实施的事件之间的关系。例如,一国发生的石化泄漏事件会影响另一国类似项目的融资。然而,一个重要的新因素是新兴市场国家环境法规的加强。新兴市场国家在传统上被看作通过使用更便宜的技术来发展有污染的项目,而今却大不相同。"在新兴市场,环境标准和环境法规正取得引人注目的发展。"纽约标准普午公司项目融资等级评估负责人威廉·丘说道。

多边驱动

多边驱动是在多边机构的组织下进行的,这些多边机构在许多项目的私募中起了重要作用。世界银行、其地区分支机构以及 MIGA 都有环保方针来规定哪些符合环保要求的项目能够得到它们的援助。例如,亚洲发展银行已经决定将 50% 的资金用于援助以环境和社会为主要目标的项目。它还和一些政府一道打算引入项目以使环保政策与国民经济政策相结合。

商业银行也制定了各种环保规定。1992 年,几家举足轻重的国际银行签署了《银行环境与持续发展宣言》。这些银行保证对它们国内和国际业务实施相同的环境风险评估标准。甚至连出口信贷机构也开始融入这一环保浪潮。

1992 年,美国国会下令让美国进出口银行对其支持的项目执行环保标准,以此作为其重新授权程序的一部分。1997 年年初,该银行决定不签署向 Caterpillar 公司、Rotec 公司以及 Voith Hydro 公司提供贷款担保的意向书。到目前为止,美国进出口银行是唯一一个有清晰的环保条例的出口信贷机构。

然而,新兴市场本身并未清楚地表明其对环境的态度。环境法规和政治之间的关系暧昧。另外,对环境的关注被滥用,被当作刺激政治和经济的借口。印度 Dabhol 发电厂被公认为是掩饰为环保主义的政治牺牲品。此时环境风险和国家风险联系在了一起。

如果环境风险能以许多不同的形式表现自身,那么它对项目发起人和银行家的影响将不会如此多样化。这些影响包括:

- 当变化需要被详述或为进一步研究提供融资时,成本会不断增加;
- 对于一个依照流水日程完成的项目,工期延误会造成成本超支;
- 净化项目投产前产生的污染会带来意想不到的成本;
- 将来的净化法规会造成义务持续增加。

但从现金流量角度来看,最危险的是由于对环境的担心而造成的工期延误。在项目融资基础上,任何阻碍项目完成的事情都会对项目的融资造成威胁。而且,这种延误会使银行家焦虑不堪,并使任何具有类似性质的进一步的项目将被银行索取更高的借款成本。

例如,看起来并不像开采矿产那么有害的道路修建也会引起强烈的环保抗议。在波兰,因当地居民反对,一条长 2 500 公里、价值 80 亿美元的公路的建设工期被迫放慢。另外,在英国,一些政府修路计划的反对者成了家喻户晓的人物。

水也存在严重的环境风险。在美国国会的关注下,饮用水和废水可接受的污染指标更严格了,从而迫使各公司加大对新技术的投资以达到新颁布的标准。美联储向这些公司和市政当局提供低息贷款。然而对于新兴市场国家,这将是更为重要的。"当你沿着顾客食物链向前走,对于价格的政治敏锐性通常会增加。零售关税尤其具有很大的政治敏锐性。"汤姆——纽约 Moody's 项目/基础设施融资信贷等级评估部的执行经理——如是说。

如何避免绿色风险

看来有两种方法能解决这个问题。第一种方法与环境风险的直接绿色方面有关,最佳的选择是运用先进而干净的技术。这可能会增加成本,但与因延期产生的超额成本相比还是小巫见大巫。

然而,发达国家和不发达国家的分化在这种方法上产生了明显的分歧。"你会发现发达国家和不发达国家有不同的投资敏感性,"Moody's 的汤姆说,"在成熟的市场上,为达到最新的环保标准而花费的新增费用不仅会使成本增加,而且可能使一个项目收不抵支。然而,在发展中的市场,市场扩大和需求增长的前景通常能弥补这些新增成本。"

另一方面是敏感度。"成功的发展商意识到他们必须有更宽广的眼界,"标准普尔的威廉·丘说,"部分发展商认为一旦一个项目获得了相关政府部门的批准,这个项目就有了保障,其他事情都无所谓。事实并非如此。实际上当地人的反对必须得到慎重而有效的处理。"

作为与环境风险相关的成本的增加和工程延误的结果,许多项目发起人在发达国家与发展中国家的经营运作没有任何区别。"新兴市场受到环保条例的严格限制。"Minorco's 的汤普森说,"在法律法规不健全的市场上,我们努力采用最优的行业运作方式来使环境风险最小化。"①②

第二节 环保与贸易之潜在冲突

在过去的很多年前,当环境问题逐渐成为国际间重要的议题时,贸易措施的工具性也就日益明显,不仅国际协议中纳入贸易条款以鼓励各国参与,个别国家也陆续采取贸易措施以解决本国的环境问题。例如,丹麦规定一切饮料瓶必须是可再使用的,因此一般常见的铝灌饮料即无法输销。德国于 1991 年规定禁用保丽龙作为包装材料,且一切运输包装材料不论材料如何,购买者退换时,厂商有义务回收,因此就包装材料而言,易使外国厂商较德国本地厂商处于不利竞争地位。此外,《规范破坏臭氧层物质之蒙特利尔议定书》中各签约国同意逐年减少使用破坏臭氧元凶氟氯碳化物(CFC),而目前 CFC 被使用于冷媒、电子清洗剂、耐冲击材料等。另有《国际濒临绝种野生动植物国际贸易公约》(简称《华盛顿公约 CITES》),于 1989 年规定无限期禁止象牙贸易,此措施引起主要出口国家如南非、津巴布韦等的反对。

此外,联合国大会曾于 1989 年、1990 年、1991 年分别通过决议,呼吁全球远洋渔业停用刺网(dreftnet)于公海捕鱼,美国于 1992 年通过《公海流刺网捕鱼施行法案》,对于违反国施以禁止其渔产品、鱼类制品以及钓鱼器具产品进口之制裁,并对于违反之渔船取消其停泊美国港口的权利。

这些措施无论是多边或是片面,都会对国际贸易的进行造成影响。1992 年 GATT 秘书处颁布的《环保与贸易》报告,其中含贸易条款者占 17 项。基本上,环保协议会有贸易限制条款,主要系环保主义者确信若非经由贸易制裁很难使各国愿意签署国际环境协议或切实遵守各项协议。环保主义者认为国际贸易规范和各国贸易政策经常忽略环保目标,过于强调商业利益,而对环境保护标准较低的国家造成环保资源的耗竭,因而主张限制性贸易措施是调和各国环保标准的必要手段。

环保主义者将环保标准与贸易管制相结合的理念,除导致国际环保协议的贸易条款外,还表现在美国环保团体以墨西哥环保标准低且执行不力为由,反对北美自由贸易区

---

① Philip Carter Project Finance© Project Finance November 1997. Euromoney Publications. Reprinted by permission
② 110 法律咨询网。

(NAFTA)的设立,进而促成 NAFTA 中加列环保条款。就贸易政策观点而言,国内环保措施对贸易障碍所形成的误用和误导倾向是人们所关切的,贸易保护主义者可借对环保规定的支持达到其保护的目的;另外,在利用贸易限制促使他国政府改变特定环保政策时,则常衍生贸易限制措施不符合多边贸易规范,而阻碍贸易与经济发展的事情。事实上,环保主义与贸易政策间潜在的矛盾,表现于各国在 GATT 中讨论相关议题的立场上。其中,美国和欧盟等工业国家普遍承认贸易与环保政策的相互影响,特别是环保问题的解决可能对贸易或他国利益造成影响。

至于以东盟(ASEAN)为主的发展中国家,则除强调环保对贸易的负面影响,更主张 GATT 有关环保之例外,不应成为处理环保问题的通则,以免各国以环保为由,采取片面措施。

第三节 作为反竞争工具的环境法

"对环保负责"的国家并不能说就没有过失。通常这些国家制定严厉的环境法规并不是为了保护环境,它们的主要目的是防止外国企业的竞争。

欧盟屡次被指责运用这一工具来保护其受到强大海外竞争的肉类和畜产品产业。1993 年,欧盟发现意大利牲畜所患的口蹄疫源于克罗地亚。为此,欧盟不仅仅禁止进口意大利和克罗地亚的肉类,而且还禁止整个东部集团的肉类进口。显然,仅仅因为某一个小国的牲畜患有疫病就武断地禁止半个欧洲肉类的进口,这对于许多牲畜的饲养者而言是不公平的。然而当我们考虑到东部集团的肉类更便宜这一事实时,我们就不难明白了。另一起类似事件是欧盟成员国禁止进口美国牛肉,其原因是美国牛肉供应商使用了加速牛生长的激素。尽管没有证据能证明这些激素对人体有什么副作用,然而关键在于美国的牛肉不仅便宜而且广受欧洲消费者的欢迎。

美国也同样受到了以环保作为贸易壁垒的指控。欧盟抱怨美国实施的一系列关税和罚款,它们声称这些关税和罚款不成比例地针对从欧盟的汽车进口。近几年,美国颁布了"公司平均油效标准"(CAFE Standard)以及所谓的"嗜油者"附加税以此来表面上鼓励燃油节约和减少空气污染。与此同时,美国还对某些高价汽车征收奢侈品税。以上税种名义上对国内和欧洲进口的汽车同样适用,但有趣的是,欧洲的汽车制造商交纳了约 90% 的"嗜油者"附加税、奢侈品税以及 CAFE 罚款,虽然欧洲汽车制造商仅占 4% 的美国汽车市场份额。[①]

---

① http://www.econet.apc.org/ciel.

第四节　对违背环保目标产品的管制

对于更具环保观念的国家而言,更为常用的还击方法是宣布这些产品非法或禁止这些产品的进口。这些管制措施有两种基本形式:(1)由于产品本身违反了制定法规国家的环保要求,从而被法令所禁止;(2)由于生产产品的工艺违反了环保要求,从而被法令所禁止。然而,这种类型的还击在某种程度上受到关贸总协定(GATT)——几乎所有重要的贸易国都是其成员国的条约——的限制。

从理论上来说,这些关贸总协定的限制不会阻碍国家排斥那些其特性不利于环保的产品。事实上,某些国家正是利用这种灵活性将其他国家的肉类、泳衣等产品拒之门外。在以下这个案例中,美国以加拿大的龙虾的大小没有达到美国要求的最小尺寸为由,拒绝进口加拿大的龙虾。虽然生长在寒冷的加拿大水域中的龙虾天然个头就较小,但是美国仍然坚持所谓的"非歧视性国内法规",因此加拿大的龙虾所受到的影响和美国国内的龙虾所受的影响就极为不成比例。

【背景与案情 8-1】

在太平洋的东部热带海域(ETP),黄鳍金枪鱼和海豚经常非常亲近地在一起游动。实际上,在这片海域的渔人可以通过跟踪海豚找到成群的金枪鱼或故意在海豚周围撒下"袋状"渔网来捕捞水下的金枪鱼。除非捕鱼者使用特别的程序,否则这一做法同时会造成大量海豚被无辜捕捉和杀害。

美国通过《海洋哺乳动物保护法案》(MMPA)努力减少海豚的意外伤亡。这一法案规定了海豚意外死亡的绝对数量限制。而且,为防止意外捕到海豚,法案通过法规对金枪鱼的捕捞有广泛的限制,包括禁止使用袋状渔网。法案 101(a)(2) 部分也要求财政部长禁止进口那些使用误杀海豚的捕捞技术捕来的金枪鱼。根据法案 101(a)(2) 部分,而且基于墨西哥捕鱼船在太平洋东部热带海域的金枪鱼捕捞活动中杀死了大量海豚这一发现,美国政府禁止从墨西哥进口所有的黄鳍金枪鱼。墨西哥要求 GATT 争端解决专家小组受理其起诉,声称法案 101(a)(2) 部分违反了 GATT。尤其是,墨西哥争辩说,海洋哺乳动物保护法案(MMPA)应适用 GATT 第 11 条,而且该法案的条款并不符合 GATT 第 20 条的例外规定。正如加拿大龙虾案例那样,美国认为法案 101(a)(2) 部分是一项受第 3 条管制的"国内政策"。

主席苏朋士(Szepesi),拉姆沙格(Ramsauer)和罗赛里(Roselli)诸位先生

专家小组注意到,墨西哥认为美国所实施的禁止进口墨西哥黄鳍金枪鱼及金枪鱼制品的措施是第 11 条规定下的对进口品的数量限制,然而美国认为,根据第 3 条第 4 款,这些措施是在进口时或进口地实施的国内措施。《海洋哺乳动物保护法案》并不对这样的金枪鱼产品做出规定,而且,尤其不对金枪鱼和金枪鱼制品的销售作做出规定。它也没有对金枪鱼产品造成影响的捕捞技术做出规定。在专家小组看来,这就提出了这样的问题:依据第 3 条的含义,金枪鱼捕捞规定能否被看作是一种"适用于"进口的和本国的金枪鱼政策,因此,也是一种美国按照第 3 条在产品进口时和进口地可以执行的措施?

第 3 条第 1 款的文本指的是影响进口品和国产品的国内销售……的法律、法规和规定以及关于产品组合、生产或使用的国内数量法规的实施。它提出了这样的原则:不应实施以保护国内生产为目的的产品法规。很显然,对于专家小组而言,隐含的比较必然是针对进口产品的措施和针对同类国内产品的措施之间的比较。出于以上考虑,专家小组得出结论:第 3 条仅适用于针对该种商品的措施。专家小组注意到,《海洋哺乳动物保护法案》对国内黄鳍金枪鱼捕捞进行管制以减少海豚的意外捕获,但这些措施不可以看作适用于同类的金枪鱼制品,因为这些措施并没有直接规定金枪鱼的销售而且也不可能对金枪鱼产品产生影响。因此,专家小组裁定对墨西哥的黄鳍金枪鱼及其制品的进口限制以及这些限制赖以实施的《海洋哺乳动物保护法案》的有关条款并不构成适用第 3 条的国内法规。

专家小组注意到,根据总协定,对进口的数量限制是被第 11 条第 1 款所禁止的。

因此,专家小组裁定,对墨西哥黄鳍金枪鱼及其制品的进口限制以及这些限制赖以实施的《海洋哺乳动物保护法案》的有关条款并不符合第 11 条第 1 款规定。专家小组继续检查第 20 条(b)或第 20 条(g)能否解释《海洋哺乳动物保护法案》的条款。专家小组注意到第 20 条规定:本协定的规定不得解释为阻止缔约国采用或实施以下措施,但对情况相同的各国,实施的措施不得构成武断的或不合理的差别待遇,或构成国际贸易的变相限制:

(b)保护人类、动植物的生命或健康所必需的措施;

(g)与国内限制生产与消费的措施相配合,为有效保护可能用竭的天然资源的有关措施。

美国认为,对墨西哥黄鳍金枪鱼及其制品的进口限制可以为第 20 条(b)所解释,因为这些措施仅仅是以保护海豚的生命和健康为目标。专家小组援引前任专家小组的裁定,即第 20 条中该段的目的是允许合同各方实施与总协定要求不一致的贸易限制措施,为了实现公共政策的目标,在某种程度上出现不一致是不可避免的。专家小组认为,如果美国所提出的第 20 条(b)的广泛解释是可以接受的,那么任何合同方都可以单方面制定生命或健康保护政策,而其他合同方根据总协定的规定不可能在遵守这些政策的情况下不损害自己的权利。那么,总协定也不再构成一个各合同方的多边贸易框架,而仅向有着一致国内法规的有限的合同方之间的贸易提供法律保障。专家小组继续检查对于墨西哥黄鳍金枪鱼及其制品的进口限制以及这些限制赖以实施的《海洋哺乳动物保护法案》的有关条款能否为第20条(g)的例外规定所解释。专家小组注意到,第20条(g)要求涉及保护可耗尽自然资源的措施应当"与国内生产与消费限制一同实施"。前任专家小组已经裁定,仅当措施的主要目的是有效实施这样的限制时,一项措施才会被看作与生产限制一同实施。一国只能对其司法管辖权范围内的可耗尽自然资源的生产与消费实施有效的控制。专家小组认为,如果美国提出的第20条(g)的特别管辖权解释能被接受,任何合同方都可以单方面制定环保政策,而其他合同方按照总协定的规定不可能在遵守这些政策的同时却不损害其自身的权利。因此,使专家小组拒绝接受第20条(b)的特别管辖权应用的考虑也同样适用于第20条(g)。

基于以上考虑,专家小组裁定美国对于墨西哥黄鳍金枪鱼及其制品的进口限制以及这些限制赖以实施的《海洋哺乳动物保护法案》的有关条款不能为第20条(g)所解释。

专家小组指出,在考虑这个案例的过程中,显然总协定的条款对合同一方实施国内环保政策几乎没有任何限制。合约一方可以自由地向进口产品和同类国内产品征税或进行管制,只要其税收或法规没有对进口品产生歧视性效果或对国内生产者提供保护。合约一方还可以出于环保目的自由地征税或针对国内生产制定法规。这些权利的必然结果是,合约一方不能仅仅因为进口产品来自环保政策和本国不同的国家而限制该产品的进口。

裁决:专家小组裁定《海洋哺乳动物保护法案》和美国在GATT的义务不一致。专家小组要求美国修订《海洋哺乳动物保护法案》,使其与GATT一致。因为美国和墨西哥已经解决了争端,双方都不要求专家小组的裁判被GATT理事会所采用。因此,该判决在技术上并不具有强制性,但其合理性保持了说服力。

评论:美国国会对GATT的判决不满,而且不像GATT专家小组所期望的那样做出反应。1992年10月,美国国会制定了《国际海豚保护法案》。根据该法案,现在被禁止进口的国家可以通过同意减少海豚死亡和遵守自1994年起袋状渔网禁用5年的禁令来免除进口限制。如果一国同意了,但后来并没有遵守该禁令,则执行机构有权重新行使进口限制。《国际海豚保护法案》本来对GATT提出了新的挑战,但北美自由贸易区的压力和消费者对袋状渔网捕捞的金枪鱼的联合抵制,有效地导致了这一争端的"自愿"结束。

第五节 不断涌现的问题和解决办法

一、北美环保条约

在北美洲,通过双边条约和《北美自由贸易协定》,在达到共同的环保标准方面已经取得了很大的进步。在《北美自由贸易协定》通过之前,美国已经和墨西哥就危险废弃物和跨境空气污染问题进行了双边磋商。美国也和加拿大就大量环保问题,包括酸雨问题,进行了一些条约的磋商。《北美自由贸易协定》是在更为长远的基础上开展了大量合作。首先,为了说服美国国会通过这一条约,墨西哥对其环保法规做了大量的修改。其次,《北美自由贸易协定环境附带协议》成立了北美环境合作委员会(CEC),总部设在蒙特利尔。北美自由贸易委员会名义上负责解决所有的贸易纠纷,包括环保纠纷,而北美洲环境合作委员会则负责判定北美自由贸易区成员国是否"总是不能有效地执行其环保法规"。一旦做出这样的判定,就会导致大范围的制裁活动,包括暂缓享受北美自由贸易协议带来的好处。根据条约,签约各国同意联合资助一系列的边境废水和水污染的处理项目。最后,《北美自由贸易协定》成立了永久性委员会来制定与标准相关的措施和动植物卫生措施,从而协调各国的环保法规。这一做法的目的是将这种法规变成《北美自由贸易协定》成员国可接受的标准,并最终消除那些成为贸易障碍的标准。

正如我们所看到的,这些协议仍然不允许美国和加拿大将它们的政策施加在欠发达的墨西哥身上。实际上,在1995年年末,委员会就广为宣布它无权调查由《北美自由贸易协定》成员国的立法机关所采取的行动,即使这些行动使其他法律无效。自由贸易的诱惑足以说服墨西哥制定更为环保的法令,并且第一次建立了多国合作体系来执行环保标准。然而,在墨西哥,这种新的法律体系的执行状况仍然不太令人满意。

二、欧盟环保的首创精神

欧洲的许多主权国家,就其绝对数量而言,需要一个多边解决方案。1985年11月,欧盟的《单一欧洲法案》将保护环境列为欧盟的官方义务,而且还修订了《罗马条约》第13部分,增加了新的"标题7——环境保护条例"。1987年10月,欧洲理事会制定了一项详尽的环保行动计划。欧共体部长理事会总计收到了超过125个不同的有关环境保护的指令,要求成员国必须通过国家立法来执行这些指令。

欧盟也发布了一份"绿皮书",希望建立一个对破坏环境行为负有民事责任的统一体系。这一提议将使"公司需赔偿破坏环境所造成的损失"这一原则得以标准化。它还详细规定了适用这一严格民事责任的条件以及责任方无法界定时的赔偿机制。成员国在贯彻这些欧盟首创的环保精神方面一直进展缓慢。1990年2月,欧盟负责环保事务的委员会成员不寻常地公开指责成员国在执行欧盟的环保指令方面的疏忽与遗漏。自此以后,欧盟委员会首创了约250个对成员国的干预程序,以此推动环保法令的强制执行。现在,许多欧盟成员国在环保体系的完善性方面足以与美国匹敌。然而,欧盟的新成员在采用更为严格的环保体系方面落在了后头。例如,西班牙在加入欧盟许多年以后,才开始遵守委员会的全部指令。

三、地区性海洋公约

共享同一片海域的国家在制定地区性环保合作体系上成绩斐然。这类环保协议的先驱是1972年的《伦敦海抛公约》,该公约禁止向海里倾倒船上的特定危险废弃物,并对可倾倒的物品做出了规定。《波罗的海海洋环境保护的赫尔辛基公约》比《伦敦海抛公约》更进了一步,它提出建立一个有效的国际调查和执行网络。《保护地中海不受污染的巴塞罗那公约》更深入地扩大了《伦敦海抛公约》中被禁物品的范围。关于红海、亚丁海湾、加勒比海、东南太平洋以及南太平洋的环保问题也达成了类似的公约。

四、亚洲和南太平洋的发展

亚洲和南太平洋国家在执行环保政策上并没有取得明显的成就。这些地区更为重视工业的发展,而不是减少工业发展所带来的环境污染方面的副作用。1997年的东南亚金融危机更加减少了用于环保的有限资源。然而,该地区的一些国家已经在环保合作上做出了努力。很多国家已经加入了《自然和自然资源保护的东盟协议》,该协议要求协议各方明白"自己有确保在自身司法管辖权或控制下的行为不会对处于别国司法管辖下的环境和自然资源造成损害的义务"。而且,大量的地区性环保计划被制定出来,以协调各国政策:(1)南亚环境合作计划(阿富汗、孟加拉、印度、伊朗、马尔代夫、尼泊尔、巴基斯坦和斯里兰卡);(2)东盟(新加坡、泰国和文莱);(3)南太平洋地区环境计划(21个南太平洋岛国)。

五、多边机构首创的环保措施

多边机构通过对它们资助的项目应用统一的环保标准,从而为环保做出贡献。例如,世界银行出版了一本460页的环保手册,供其员工在评估工业项目的污染控制措施的充分性和有效性时使用。如果一国希望其项目获得世界银行或其附属机构——国际金融公司(IFC)的贷款,该项目必须符合世界环保标准。鉴于这些融资来源对第三世界国家的重要性,这些融资来源对新项目产生的影响也就十分巨大了。

六、全球性解决方案

对于全球性问题——环境污染就其影响而言本身就不可避免地具有全球性——只有全球性解决方案才能起作用。联合国自1972年12月开始在这些方面展开了工作。1972年12月,联合国采纳了《联合国人类环境会议宣言》,并创立了联合国环境规划署(UNEP)。在UNEP的催化下,将近30种强制性多边解决办法和10套非强制性环保指导方针和原则得以制定和采用。

七、世界贸易组织

正如前面回顾传统的环保救济办法时所表明的,《关贸总协定》明确禁止环保国家通过贸易政策对别国施加其环保政策。环保主义者通过在《关贸总协定》中增加将会在其继任者——世界贸易组织——中执行的条款,来努力改变这种状况。大部分发达国家赞成成立一个永久性的贸易和环境委员会来提出和执行环保提议。欠发达国家则强烈反对这种做法。因为在它们看来,来自环保委员会的每一项这类提议实质上都会影响它们对发达国家的出口。目前正被考虑的一个重要提议是,对所有进口商品征收附加从价税,以此来促进落后国家的环保发展。该提议强调第三世界国家无力支付必要的环境净化技术。但是贫困国家对这项提议没有多大的热情。首先,对它们出口的商品支付税收会降低其产品相对于进口国国内产品的竞争力;其次,资金最终总会回流到制造反污染基础设施的富裕国家。欠发达国家提出了它们自己的设想:发达国家只需将它们的技术无偿提供给其他国家共享。这一建议在《生物多样性公约》的谈判过程中引起了相当大的争议,遭到包括美国——大多数这种环保设备的制造商的母国——的强烈反对。欠发达国家愿意保证那些对生物医学研究有重要意义的物种能够存活。但作为回报,知识信息的所有者不得不将这些信息与大家分享。毫不奇怪,美国——拥有大多数重要的生物医学信息的厂商的母国——也不支持《生物多样性公约》的这部分提议。将一些更困难的问题留待以后解决的技巧性条款使美国加入了该公约。但是这些困难在将来还是必然要面对的。

八、《巴塞尔公约》

在环保问题上进行多国合作的一个最好的例子是《巴塞尔管制有害废弃物越境转移及其处置公约》。该公约在联合国环境规划署的资助下为116个国家所接受。巴塞尔体系并不严格,但它在前面讨论过的危险废弃物转移问题方面比美国法律规定的范围要更为广泛。在20世纪80年代,随着废弃物数量的迅速增多,一种将美国和西欧国家的废弃物运送到发展中国家的重要的贸易形式应运而生。因为发达国家对废弃物处理有严格的环保限制,而发展中国家很少或几乎没有限制,因此,废弃物制造者可以以很低的成本处理掉这些危险的废弃物,只需将废弃物装上驳船运往发展中国家即可。例如,新几内亚5年内签订了价值超过6亿美元——相当于其一年的国内生产总值——的接受美国和西欧垃圾的合同。当然,这一体制的缺陷在于危险废弃物进入了全球生态系统,而不论它们是被倾倒在新几内亚,还是在伊利诺伊州的尚佩恩。从中获得了大量收入的新兴国家并不愿意改变这种安排。

《巴塞尔公约》对具有某种"危险特征"的废弃物的运输做出了规定。这种运输是被禁止的,除非废弃物处理者告知接收或转运国政府船上废弃物的性质和数量。然后这些政府必须批准装船;接收国还必须确认已做好了"处理有问题的废弃物的环保措施方面的准备"。在装船过程中,废弃物必须在装船清单中明确列出。一旦装船完毕,出口方必须通知接收国;如果不能装船,出口国必须收回全部的废弃物。为防止"废弃物非法"的国家利用这些废弃物,《巴塞尔公约》的所有签约国都不得将废弃物转运到非签约国。

公约的障碍在于缺乏对大量关键概念性问题的一致认同。"危险"这个概念如何定义,至今仍没有一个被广泛接受的答案。如何才能有效地处理废弃物,例如使其对环境无害,也尚未得到广泛的认同。这些领域的困难被加剧了,因为接收国的官员有许多刺激因素引诱他们放松对废弃物的运输限制,从而他们比起发达国家的官员来说没有那么严格。如果接收国的当权者——他们中的许多人并不民主——对执行《巴塞尔公约》毫无热情,那么《巴塞尔公约》就不可能有效。联合国环境规划署和其他组织正努力克服这些定义和执行上的难题。

九、濒危物种国际贸易公约

国际间对野生动物的贸易已有好几个世纪的历史,由于国际贸易量的急剧扩张,造成野生动植物逐渐减少,甚至有些较为人类喜爱的物种处于濒临灭绝的边缘。此现象已引起国际环保人士的关切,早在1911年起,国际生态学家便已开始呼吁管制野生动植物的国际贸易。1963年国际自然及自然资源保育联盟大会(INCN)更寻求制定一项国际公约,以限制稀有或濒临灭绝野生动物的进出口、交换以及剥皮或利用其任何一部分作为纪念品。《濒危物种国际贸易公约》(CITES)制定于20年前。它证明了一个公约得到广泛的政治支持时才会有效。濒危物种国际贸易公约建立了一个确认和列出濒危物种的体系。它禁止这类物种的进出口,除非有"科学界权威"认定进出口不会破坏该物种的生存状况。不遵守这一公约的国家,无论它是否该公约的签约方,都会面临因违反公约而可能带来的多边贸易制裁。由于该公约得到发达国家和大多数发展中国家的广泛支持,因此被普遍认为是有效的。前面提到的违反公约的国家在强大的政治压力下,也不得不改变它们的态度。

十、《蒙特利尔议定书》

1931年杜邦公司开始大量生产一种名为"FREON"的化合物,即为氟氯碳化合物,此种化合物具有性质安定、毒性低、不自燃也不助燃以及具有选择性溶解力等优点,因而被广泛运用为塑料发泡剂、喷雾剂、冷媒及电子零件清洗溶剂等。1974年两位美国科学家发现这种化合物由于化学性质稳定,其分子要上升至大气层中的平流层才会分解出氯,这将破坏平流层中的臭氧分子。1985年南极上空首次被证实出现臭氧破洞,以及自1970年起大气中的臭氧总量发现逐年减少。由于臭氧能吸收阳光中大部分的紫外线,以免人畜受其伤害,如今因臭氧层的破坏致使地球表面收到紫外线直接照射的机会大增,使皮肤癌症患者增加、免疫系统受抑制、白内障患病率增加、农作物减产、水生物生态受到破坏、室外塑料加速老化、地面臭氧加速产生、气候改变及温室效应等,进而造成海平面上升。

因此,联合国环境规划署倡导了一个特别广泛的全球性环保问题的全球性解决办法,即"关于消耗臭氧层物质的蒙特利尔议定书"。该议定书要求逐渐减少会破坏臭氧层的物质的使用。议定书规定,从1990年起这些物质的消费量不能增加,而产量增长不得超过10%,到1993年为止消费量和产量都要下降20%,到1998年为止产量再下降30%。该草案借鉴《濒危物种国际贸易公约》对违约者采用的制裁办法是:所有的议定书签署国都须保证对违约者实施贸易制裁。

议定书为缓解第三世界国家的忧虑,允许它们在执行该议定书时拥有比发达国家更大的弹性。换言之,工业发达国家不得不比新兴国家更快地降低氟氯碳化合物

(chloroluoro-carbon)的水平。在一段时期内,对新兴国家的工厂要求的标准将比对发达国家的工厂要求的标准要低一些。随着时间的推移,发达国家的氯化氟产量将逐渐与不发达国家持平,然后最终一起下降。这一不平等待遇在美国引起了很大的政治争议,因为厂商和工人发现,他们很难和设在国外的、使用便宜且没有净化功能的设备和采用没有净化步骤的生产流程的工厂竞争。实际上,美国处于受影响行业的工厂纷纷将生产设施转移到这些低成本的国家。《蒙特利尔议定书》将要关注的可能是发达国家如何处理这一不平等的过渡时期。

十一、气候控制公约

解决臭氧层问题尚且这样困难,那么要在《气候变化框架公约》中提出的"全球变暖"问题上达成一致就更难了。毕竟,氯化氟和液态氟只是很不起眼的化学物质,它们能够使我们的生活在一定程度上更为轻松,但对于工业发展却并不重要。但是如果地球确实存在全球变暖的问题,解决办法就是大量降低热能的使用。问题不仅仅在于汽车和割草机的内燃发动机;而是美国大部分的电力都是通过燃烧石油产生的。因为能源使用是经济增长的核心,欠发达国家不可能立刻同意接纳会阻碍它们经济发展的限制措施。不只是欠发达国家持反对意见,美国和英国这两个严重依赖石油作为能源的国家,它们既"自由"又"保守"的政府也坚决反对限制二氧化碳排放的任何数量或期限目标。而日本和法国这两个依赖于不会产生二氧化碳的核能的国家,则很高兴能借此机会还击对它们用核能发电的批评。使问题更复杂的是,全球变暖并不会对所有国家都产生负面影响。虽然在某些现在很肥沃的地区可能会出现干旱;但是另一方面,更暖、更湿的气候却可能带来更长的无霜生长期。根据联合国环境规划署所做的一份研究,在苏联的欧洲中部地区,气温每升高1.5摄氏度,该地区的小麦产量就会增加30%。

最后,科学家依然不认为具有温室效应的大气层的变厚会引起全球温度上升。关于大气里的气体循环,以及其他人造的空气中物质的冷却效应——例如硫酸盐的颗粒能够阻止太阳光穿过大气层——的不同理论,为反对《全球变暖协议》的国家提供了充足的理由。总之,一个有意义的公约也许并不是可预见未来的真实反映。在1992年联合国关于环境与发展的里奥会议中,世界各国在用多边协商的办法来解决这一问题上迈出了试验性的一步。会议并没有解决前面提到的任何一个争端,也不要求它的签约方采取什么措施。然而,它为以后的讨论建立了一个框架,以期就这些争端制定更为具体的条约。该公约明确指出了将国内法规用作伪装的歧视性进口壁垒的地区。

当世界上越来越多的公众强烈支持环保运动时,我们不应低估全球性解决办法出台的潜力。例如,10年前,捕鲸国和非捕鲸国的环保主义者之间的分歧被认为是很难消除的。捕鲸国的公众意见可以有力地促成该国遵循国际法规。今天,商业化的捕鲸行为要受到国际捕鲸委员会的管辖,该委员会定期举行会议来决定捕鲸的数量应限制在什么水平。从1986年到1992年,该委员会有效地限制了捕鲸行为。随着鲸的数量不断上升,这些受威胁的哺乳动物免于遭受灭顶之灾。对于外国投资者而言,类似《蒙特利尔议定书》——如果该议定书在没有政治压力的作用下也仍然有效的话——的协议,表明他们建在不发达国家的工厂在将来的某个时候也必须奉行国际标准。而且,因为《蒙特利尔议定书》禁止在签约方之间或签约方与非签约方之间进行氯化氟贸易,那么在第三世界国家生产产品然后将产品出口到发达国家的外国投资者必然会认为,如果他们的工厂设在公约的非签约国的话,发达国家不会开放它们的市场。外国投资者发现在不同的环保法规中钻空子变得越来越困难。

思 考 题

1. 国际环境为什么成为世界关注的焦点?
2. 环境与经济的关系是什么?
3. 与环境相关的国际法律有哪些?
4. 各国之间应该如何合作共同解决环境的问题?
5. 国际组织与各国企业,针对环境有哪些矛盾冲突?